U0929543

山东省课程思政教学研究示范中心
济南大学课程思政教学研究发展中心

培根铸魂 立德树人

——高校课程思政优秀教学案例集

刘宗明　主编

PEIGEN ZHUHUN
LIDE SHUREN

山东人民出版社·济南
国家一级出版社　全国百佳图书出版单位

图书在版编目（CIP）数据

培根铸魂　立德树人：高校课程思政优秀教学案例集/刘宗明主编.--济南：山东人民出版社，2021.12

ISBN 978-7-209-13594-8

Ⅰ.①培… Ⅱ.①刘… Ⅲ.①高等学校－思想政治教育－教案(教育)－中国 Ⅳ.①G641

中国版本图书馆CIP数据核字(2021)第267348号

培根铸魂　立德树人

——高校课程思政优秀教学案例集

PEIGEN ZHUHUN LIDE SHUREN

——GAOXIAO KECHENG SIZHENG YOUXIU JIAOXUE ANLIJI

刘宗明　主编

主管单位　山东出版传媒股份有限公司
出版发行　山东人民出版社
出 版 人　胡长青
社　　址　济南市英雄山路165号
邮　　编　250002
电　　话　总编室（0531）82098914
　　　　　市场部（0531）82098027
网　　址　http://www.sd-book.com.cn
印　　装　山东新华印务有限公司
经　　销　新华书店

规　　格　16开（169mm×239mm）
印　　张　19.5
字　　数　260千字
版　　次　2021年12月第1版
印　　次　2021年12月第1次
ISBN 978-7-209-13594-8
定　　价　68.00元

如有印装质量问题，请与出版社总编室联系调换。

编 委 会

目　录

工科篇

理科篇

文科篇

工科篇

GONG KE PIAN

光伏电站设计运行及控制课程群

一、课程概况

“光伏电站设计运行及控制课程群”包含光伏电站设计专业核心理论课程、光伏电站设计课程设计及新能源综合实验三部分组成，本课程在介绍光伏设计基本知识同时，引导学生建立系统工程概念，培养解决复杂工程问题能力，并通过爱国精神、工匠精神、团队精神、创新精神等教育融入，传递正确的政治知识和社会知识，培养学生的社会主义核心价值观，最终使学生成为德育一

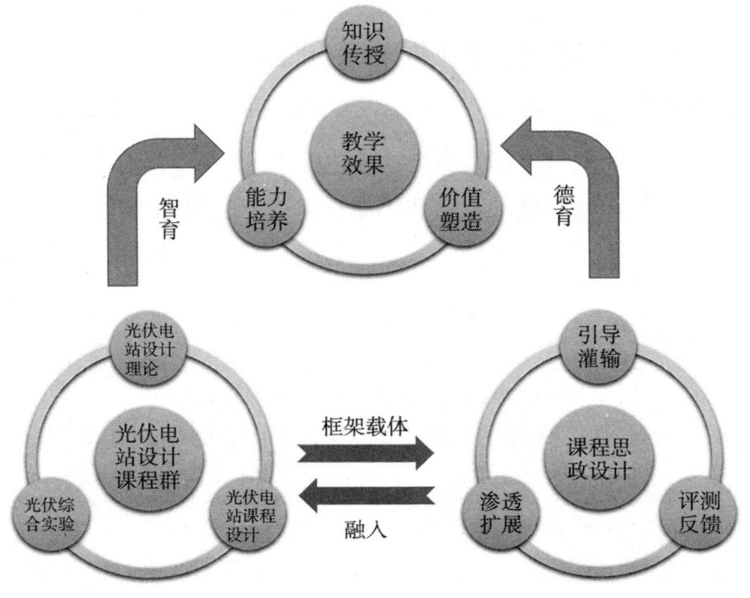

图1 “三位一体”光伏设计类课程教育新模式

智育的双料人才。本课程授课团队6人，拥有济南大学教学名师1人、青年教学能手2人、全国样板党支部书记1人。自团队组建以来，相继完成教育部产学合作项目2项、校级重点教研立项1项、校级教研项目6项，发表教研论文13篇，指导学生参加并获得国家级/省部级竞赛10项/12项。

二、课程教学目标

1.知识目标：了解光伏发展历程，掌握光伏设计基本知识，系统掌握资源评估、设计、计算、建设及维护等有关方面的知识及技能，为学生将来从事光伏电站设计提供理论参考和技术指导。

2.能力目标：引导学生建立系统工程概念，具备发现问题、分析问题、解决复杂工程问题能力、具备团队意识、沟通与协调及终身学习能力。

3.素养目标：融入爱国精神、工匠精神、团队精神、创新精神等教育，传递正确的政治知识和社会知识，培养学生的社会主义核心价值观，具备责任担当、家国情怀、忧患意识、文化自信等正确的价值评判、选择能力。

三、思政育人目标

1.给学生传递家国情怀、敬业精神、文化自信。

2.培养学生学以致用能力，启发学生整体、联系、动态的多元化思维方式。

3.培养学生责任担当与忧患意识。

4.引导学生开展独立思考及团队协作，培育长远谋划能力。

毕业要求	毕业要求指标点	思政目标			
		1	2	3	4
1.工程知识	具有新能源领域扎实的基本理论和工程技术专业知识、系统的工程实践经历，全面了解本业前沿趋势	0.2	0.3	0.3	0.2
3.设计/开发解决方案	了解相关的工程设计、施工等行业标准和规范，并具有工程设计、施工、生产组织和管理的基本能力	0.1	0.5	0.2	0.2

续表

毕业要求	毕业要求指标点	思政目标			
		1	2	3	4
4.研究	具备初步的科学研究、技术开发能力和较强的创新能力	0.2	0.3	0.1	0.4
9.个人和团队	具有较强的团队意识、表达能力、人际交往能力和良好的职业道德、人文素养及组织协调能力	0.2	0.1	0.2	0.5

四、思政案例设计

授课知识点	思政设计	载体途径
光伏发电行业的发展	家国情怀、文化自信 我国古代及近现代太阳能应用的发展历史及实例，增强学生的文化自信。结合近代我国太阳能技术发展挫折，了解学习引进、发展革新、欧美双反、扩大内需、行业领先的发展过程	图片+视频+讨论
光伏系统核心光伏组件	工匠精神及社会主义制度优越性 通过光伏组件设计、生产及应用的各环节事实实例，介绍大量数据对比，让学生知道我国从工业制造大国到制造强国的转变需要一代又一代人不断锐意进取的钻研精神及普普通通技术工人精益求精的工匠精神	图片+数据
生产工艺及流程	敬业精神、工匠精神、技术操守 通过神舟飞船上天视频短片，让学生看到技术发展的艰辛与航天人的敬业及工匠精神，类比到我们光伏系统从国内无一片硅晶体到世界80%晶硅生产都在中国的巨大变化	视频+数据图表
容量及阵列的串并联设计计算	工匠精神、技术操守及钻研精神 通过亲身经历的一次技术改造失败的教训引起学生的反思，理解设计人员身负的责任，只有不断钻研提高自身技术水平才能保证每个项目的	讲授+图片视频

续表

授课知识点	思政设计	载体途径
容量及阵列的串并联设计计算	高质量完成，也通过讨论启发学生作为一名设计人员应该具有的工匠精神的特质	
铅酸蓄电池	社会主义核心价值观、技术操守 通过体操技术动作视频入手，启发学生对于科学话语权制定的思考，同时对比铅酸蓄电池命名编程规则的变化，引发学生的讨论	视频+图片+对比
电站维护	吃苦耐劳精神及社会主义核心价值观 通过长征精神的小视频展示，希望学生感受到坚定信念克服艰难的老一辈精神。启发学生对于就业工作的思考，光伏电站工作环境艰苦，但也非常重要，举证了一个电站3名技术人员在野外半年电站维护的苦与乐，培植学生吃苦耐劳、爱岗敬业的核心价值观	视频+图片
大型地面光伏电站系统	社会主义制度优越性、技术操守、家国情怀及文化自信 通过大量实例列举我国近20年大型地面光伏电站的发展，从1MW的小机组到千万kW的超大型国家项目建成，我国的社会主义制度优越性显露无遗，同时类比国外的发展，提升学生的民族自豪感，更让学生明白，这些成果的取得也有我们这些普通技术人员的技术支撑，增强学生对于专业的热情	大量数据+图片视频
仿真软件	钻研精神及社会主义核心价值观 通过一系列进口软件的价格介绍及后台管理分析，引发学生对于软件设计技术的思考，前期我国投入的巨额引进的超多限制使用的软件的原因，反思技术受制于人带来的危害，同时列出现阶段我国设计的高性价比的软件产品，以此强调独立研发的重要性及刻苦钻研的必要性，使学生感到为国出力带来的民族自豪感的喜悦	设计软件类比+图片数据分析

续表

授课知识点	思政设计	载体途径
课程设计	评价德育渗透的教学成效 通过整个设计过程中资源评估、方案设计、系统设计、设备选型及仿真分析各环节能力表现及思考、钻研、协作、逻辑等方面的表达来具体评测学生价值塑造的成果	PPT答辩及报告

五、教学实施过程

章节名称	光伏建筑一体化	学时	1
一、教学目标			
知识目标：了解光伏建筑一体化基本知识，掌握基本分类及设计原则 能力目标：对交叉学科知识有一定了解，对未学过的知识系统有自我学习能力 德育目标：理解实事求是、因地制宜思想；培养精益求精的工匠精神；增强勇于探索、敢于创新的自信心			
二、教学实施过程			

教学环节	教学活动	学生活动	课程思政
模块一：课程导入	复习光伏电站系统特点需求，明了技术问题背景	启发思考	
模块二：课程目标	对本节内容及讲述思路详细讲解，建立全局概念	听课	
模块三：光伏建筑一体化分类	通过房屋居住基本属性讨论，加深两种不同分类理解，增强学生进一步探究光伏建筑设计兴趣	讨论	
模块四：设计原则	逐条逐项分析设计原则要点，深入浅出地结合图片、实例等加深学生理解	听课	

续表

二、教学实施过程			
教学环节	教学活动	学生活动	课程思政
模块五：工程设计实例（思政点）	通过亲身经历的失败设计案例及收获，加强学生对于专业技能要扎实、工作要精益求精的理解	反思	引出设计原则的尺度把握要依靠设计人员经验，希望学生在工作中多学习，依此培养学生精益求精、终身学习的工匠精神
模块六：应用形式	通过大量结合生活的应用实例，进一步强化学生对光伏建筑一体化设计原则理解，培养专业学习兴趣	听课	
模块七：光伏应用设计实例（思政点）	通过一件教师指导过的学生科创作品的讲述，启发学生勇于创造新生事物，敢于解决专业问题的正确价值观，通过现实的成功案例鼓舞学生自信心	启发思考	在光伏建筑发展的介绍中引入本系高年级完成科创作品的艰辛历程及收获，启发学生建立敢于创新、勇于探索的价值观念
模块八：小结	对知识点进行归纳总结，采用本节内容回答模块一提出的问题，前后呼应	听课	
模块九：课后思考题	设置思考题，引起学生探索欲望，并引出下节内容	查阅、思考	
三、教学反思			
光伏建筑一体化是光伏应用中的重要内容，有赖于近年国家对分布式光伏系统的支持，光伏系统与建筑的有机结合是新兴的应用领域，发展迅速，该部分内容总结提取了该课程的基础知识为同学们开阔视野。该部分内容工程实践性较强，具有非常强的工程背景及专业特性，利用大量工程实例将工程问题转化为易于理解的内容，采用BOPPPS教学思路，整体逻辑性较好，便于学生理解记忆。同时设计安全失败案例、教师所带科创作品发展历程的思政教学融入，可有效培养学生精益求精的工匠精神及敢于创新、勇于探索的价值观念			

（物理科学与技术学院　新能源科学与工程专业　李飞）

工程力学

一、课程概况

《工程力学》是新能源科学与工程专业二年级学生开设的专业基础课，在专业培养体系中具有承前启后的作用。课程通过课堂教学与实验教学，使学生掌握工程力学的基本概念、基本理论和基本分析方法；培养工程力学问题的分析和计算能力；尤其注重培养学生从工程实际中提出、研究、解决力学问题的能力，培养科学思维方法。课程团队始终坚持“以学生为中心，以产出为导向，持续改进，教书育人”的教学理念，积极开展教学改革，在研教育部产学合作协同育人项目2项，已完成与本课程相关的校级教研项目5项，在研1项；2017年开展混合式教学模式改革，改革成果在2019获济南大学教学成果奖二等奖；2021年该课程被评为山东省一流本科课程。课程组有2位教师获得“济南大学教学能手”荣誉称号；13人次获济南大学本科教学贡献奖；近五年课程组共指导学生参加省级及以上科创活动获奖17人次，结题23项校SRT项目；发表高水平科研论文36篇。

二、课程教学目标

济南大学是省部共建综合性大学，致力于培养高素质应用型人才。《工程力学》是本校新能源科学与工程专业二年级学生开设的专业基础课，根据专业人才培养要求，结合本课程既有基础理论，又有丰富实践内容的特点，以学生发展为中心、以产出为导向、坚持立德树人，将课程目标解构为以下三个方面。

1.知识目标：掌握工程力学的基本概念、理论、分析方法和力学实验技能。

2.能力目标：培养学生力学建模能力、分析和计算能力、实验测试能力和自主学习能力，提高工程意识和创新意识。

3.素养目标：培养学生科学的思考方法，具有开展科学研究和从工程实际中提出、分析、解决复杂力学问题的工程实践能力，树立强烈的工程责任意识，成为有使命担当的工程技术人才。

三、思政育人目标

课程采用“点—线—面—体”相融合的建设模式，通过在内容层面凸显专业知识与工程案例的融合，在方法层面强调兴趣挖掘，在实施层面注重资源建设及信息技术的运用。

1.具有正确的人生观、价值观和世界观，激发科技报国的家国情怀。

2.树立强烈的工程责任意识，尊重公平和正义，培养严谨求实的科学态度和科学的质疑精神。

3.养成认真、严谨的工作作风和精益求精的工匠精神，成为有使命担当的工程技术人才。

<table>
<tr><th rowspan="2">毕业要求
（工程教育认证毕业12条）</th><th rowspan="2">毕业要求指标点
（新能源科学与工程专业培养要求）</th><th colspan="3">思政目标</th></tr>
<tr><th>1</th><th>2</th><th>3</th></tr>
<tr><td rowspan="2">3.1　工程知识</td><td>3.1：具有扎实的数学、物理学等自然科学和工程技术基础知识</td><td rowspan="2">0.3</td><td rowspan="2">0.3</td><td rowspan="2">0.4</td></tr>
<tr><td>3.2：具有新能源领域扎实的基本理论和工程技术专业知识</td></tr>
<tr><td>3.2　问题分析</td><td>3.3：具备初步的科学研究、技术开发能力和较强的创新能力</td><td>0.3</td><td>0.4</td><td>0.3</td></tr>
<tr><td>3.6　工程与社会</td><td>3.7：具有较高的思想道德素质和健康的身心素质</td><td>0.2</td><td>0.4</td><td>0.4</td></tr>
<tr><td>3.8　职业规范</td><td>3.4：具有较强的团队意识、表达能力、人际交往能力和良好的职业道德、人文素养</td><td>0.2</td><td>0.4</td><td>0.4</td></tr>
</table>

四、思政案例设计

授课知识点	思政设计与融入点	教育方法和载体途径
工程力学引论	通过介绍中外力学家的事迹、中国古代在力学方面的成就、中国古建筑中的力学原理，提高学生的文化自信，培养科学精神	讲授法；文献资料、视频资料、多媒体课件、课堂讨论
静定与静不定的概念	通过桥梁结构（长江大桥）、古建筑（云冈石窟）等具有思政教育特色的工程案例引入课堂教学，使学生体会力学之美、爱国主义精神和科学探索精神	讲授法；视频资料、多媒体课件、课堂讨论
材料力学基本概念	介绍典型工程事故案例，加强学生的社会责任感，强化学生工程伦理教育	讲授法，启发式教学；视频资料、多媒体课件、课堂讨论
胡克定律	介绍郑玄关于力与变形的研究，让学生体会中华文明，坚定文化自信，提高学生的爱国热情和自豪感	师生互换；视频资料、多媒体课件
连接件的强度计算	通过飞机起落架、北京电梯螺栓事故引出课题，培养学生严谨的工作态度，进行职业素养教育	讲授法；视频资料、多媒体课件、课堂讨论
材料的力学性能	介绍勾践剑、瘊子甲的特点，让学生体会中华文明，坚定文化自信，提高学生的爱国热情和自豪感	师生互换，学生讲授；视频资料
弯曲变形的概念	介绍港珠澳大桥岛隧总工林鸣的事迹，培育学生精益求精的工匠精神	课后学习；视频资料、多媒体课件
弯曲强度正应力	介绍弯曲理论的发展历史（伽利略、马略特、胡克、伯努利、纳维等力学家的贡献），培养学生的批判、质疑和勇攀科学高峰的科学精神	讲授法；文献资料，视频资料、多媒体课件、小组讨论

续表

授课知识点	思政设计与融入点	教育方法和载体途径
提高梁的弯曲强度措施	通过工程事故（重庆彩虹桥、台湾桥梁）引出课题；分析过程中介绍古建筑（云冈石窟、悬空寺、《营造法式》）、中国桥；培养学生的工程意识，职业素养和社会责任	采用启发式、问题驱动式和讨论式的教学方法，视频资料，多媒体课件，演示实验
压杆稳定的概念	通过魁北克大桥和脚手架的坍塌事故引出课题，培养学生的工程意识，强化学生工程伦理和职业道德教育	讲授法；视频资料、多媒体课件、小组讨论

五、教学实施过程

<table>
<tr><td>章节名称</td><td>梁的合理强度设计</td><td>学时</td><td>1</td></tr>
<tr><td colspan="4">一、教学目标</td></tr>
<tr><td colspan="4">知识目标：了解提高弯曲强度的主要措施；掌握措施的理论依据，认识工程中的梁的合理设计
能力目标：掌握将力学基本理论用于解决工程实际问题的方法，从梁结构的优化设计中培养学生科学、严谨的创造性思维和研究性思维
素养目标：通过案例教学，塑造工程师爱岗敬业的使命感和责任感；通过古建筑及现代建筑的介绍，提高学生的文化自信和制度自信；通过等强度梁的设计思想，培养学生安全、节约的工程素质和可持续发展理念</td></tr>
<tr><td colspan="4">二、教学实施过程</td></tr>
<tr><td>教学环节</td><td>教学活动</td><td>学生活动</td><td>课程思政</td></tr>
<tr><td>知识回顾
（2分钟）</td><td>知识回顾
1.梁横截面上的正应力分布规律
2.梁的正应力强度条件</td><td>回顾相关知识</td><td></td></tr>
<tr><td>新课导入
（3分钟）</td><td>通过重庆彩虹桥、台湾南方澳跨港大桥等桥梁结构的坍塌事故分析提高梁弯曲强度的重要性</td><td>观看相关视频</td><td>社会责任、工程伦理教育</td></tr>
</table>

续表

二、教学实施过程			
教学环节	教学活动	学生活动	课程思政
教学过程（30分钟）	从梁弯曲正应力强度条件入手，引导学生分析提高梁强度措施 强度条件： $\sigma_{max}=\frac{M_{max}}{W_z}\leqslant[\sigma]$ 引导分析讨论得出结论	互动思考，回答问题	问题驱动式教学方法，层层设问，问题引领学生主动思考，交流讨论
	1.实验探究减小弯矩的具体措施：通过演示实验引导学生探究减小弯矩的措施 工程案例分析：分析介绍南京长江大桥、云冈石窟等中国建筑的力学特点	主动思考，小组讨论，回答问题	通过对工程案例分析，一方面提高学生的文化自信和制度自信；另一方面提高学生的理论联系实际的能力
	微助教随堂测试：设计与工程实际密切相关的测试题目	思考讨论，回答问题	提高学生解决实际问题的能力
	2.结合工程实例图片引导学生分析截面形状的设计准则	讨论、互动	培养归纳、类比、总结的科学思维
	分析介绍自然界中植物、动物等结构，培养学生的力学素养	思考、讨论	引导学生体会力学之美
拓展应用（10分钟）	通过工程案例视频（阳台坍塌事故）引导学生分析事故发生的可能原因： （1）超载 （2）材料质量有问题（没有钢筋） （3）施工问题（钢筋位置不合适） 通过“如何简化阳台力学模型？”“弯曲内力分布情况？”“应力分布情况？”“钢筋与水泥、石子沙子力学特性有啥区别？”	深度思考、分析讨论，发现问题、解决问题	培养学生的工程思维和解决实际问题的能力，工程伦理和职业道德教育

续表

二、教学实施过程			
教学环节	教学活动	学生活动	课程思政
拓展应用（10分钟）	“钢筋铺设位置如何选择？”“如果屋内大梁钢筋如何铺设？”等一系列问题，引导学生发现问题、分析问题、解决问题		
课堂小结（3分钟）	采用思维导图和顺口溜的形式对本节内容进行总结	总结本节课所学知识，加深对重难点的理解	
布置作业及课后拓展问题（2分钟）	课后拓展：分析计算双杠的支座布置问题	课下实际测量、计算分析	培养学生科学严谨的态度
三、教学反思			
本节的教学重点内容是让学生学会如何提高梁的强度，同时学会利用梁的弯曲理论进行结构的合理设计。从教学内容和育人目标出发进行了课题的教学设计和组织。通过实际工程案例的引入，引导学生利用所学知识，进行力学建模，发现问题、分析解决实际问题的能力；通过启发式教学法，启发、引导学生的思维；讨论式教学方法应用提高学生对课堂的参与度。在教学过程中秉承“课程承载思政，思政寓于课程”的理念，知识传授与能力培养和价值塑造深度融合，落实教书育人的目的			

（物理科学与技术学院　新能源科学与工程专业　魏平）

流体力学与设备

一、课程概况

《流体力学与设备》是材料科学与工程专业的一门专业必修课，通过学习，学生能够对流体的基本性能、静止特性、运动特性进行分析与计算、泵与风机的工作特性有全面系统的理解，为今后生产实践和科学实验中运用该设备奠定理论和技术基础。

课程教学团队含山东省青年教学比赛二等奖获得者1人，济南大学教学名师1人，济南大学优秀教学奖获得者2人，济南大学青年教学比赛二等奖获得者2人。团队成员具有丰富教研经验和深厚科研积淀，创新教学过程，从工程实践、科研项目凝练教学案例，积极探索知识讲授与价值引领相融合的有效机制，历经多年教研改革，形成了“价值引领、素养培育、贯穿全案”的创新课程思政建设模式。2019年课程被认定为山东省一流本科课程、山东省在线精品课程、山东省课程思政项目建设课程；同时被认定为济南大学课程思政示范课程、济南大学“专创融合”线上示范课程、济南大学精品在线课程。

二、课程教学目标

1.知识目标：掌握流体静力学、动力学、流体阻力等基本知识与理论，学会针对具体流体问题形成数学建模，掌握流体设备：泵与风机的基本参数、理论与操作。

2.能力目标：培养学生科学思维方法以及利用理论解决材料工程领域制备、生产中流动的复杂工程问题的能力；并针对工程需要，培养学生选择、调节、操作、维护流体设备的能力。

3.素养目标：增强学生的适应能力，激发学生的探索创新精神、大国工匠精神，培育学生建立学生的民族自豪感及为国家、为民族、为科技献身的高尚品格。

三、思政育人目标

1.总结提炼古今人物事迹、流体力学发展简史，引导学生树立科学思维精神，培养学生的民族自豪感与职业道德。

2.引入行业先进科技成果与卡脖子技术，引领学生追求卓越的科学精神，树立科技强国的使命担当。

3.引入国家大型水利、航空、航海等大国重器、超级工程典型案例，激发学生为国为民奋斗的家国情怀及民族自豪感。

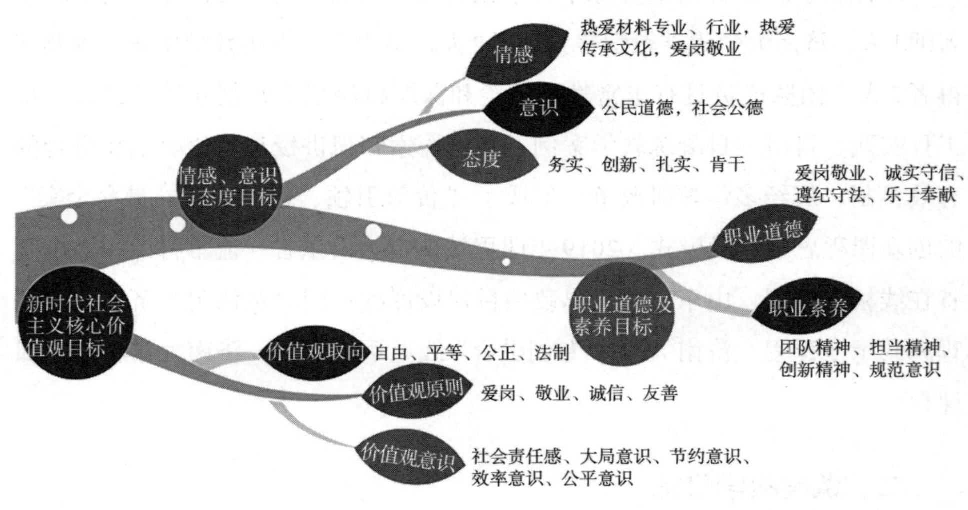

图1　课程培养目标

毕业要求	毕业要求指标点	思政目标		
		1	2	3
理论知识	1-2：能针对一个系统或过程，建立合适的数学模型或原理方程，并利用恰当的边界条件求解	0.5	0.3	0.2
工程应用	2-1：能够分析材料合成与制备过程中的工程问题，识别和判断影响产品质量的关键因素 2-2：能够运用工程知识表达窑炉系统复杂工况，分析材料生产过程中相关问题	0.4	0.4	0.2
职业规范	3-2：能够针对任务需要，进行单元装备设计和工艺计算	0.4	0.3	0.3

四、思政案例设计

授课知识点	思政设计	载体途径
流体性质与基本理论	民族自豪感、使命担当 我国古代大型水利工程、大飞机与飞行器的研发与应用	视频、图片
流体静力学	大国工匠、科学精神 蛟龙号潜艇制作过程、三峡大坝运行工作原理分析，引导学生弘扬精益求精工匠精神及科学精神	视频引导
流体动力学	锲而不舍、辩证思维 培养学生解决实际问题过程中锲而不舍的精神；个体与整体的辩证思维及抓事物主要矛盾的辩证思维	照片、文献、视频等内容
流体流动型态	守正创新，匠心精神 培养学生养成遵守标准、准则的习惯；培养学生的实证主义精神以及孜孜不倦的科学匠心精神	视频、实践验证

续表

授课知识点	思政设计	载体途径
流体阻力	责任担当　民族自豪感 以流体阻力判断依据为出发点，强化学生认真负责的责任感，塑造学生心有精诚的责任担当精神。引入周培源、汪兴华等优秀科研工作者，提升民族自豪感	文献、图片、视频
相似理论	大国工匠，爱国主义情操 引述周旭华制造核潜艇历程，培育学生大国工匠精神及爱国主义情怀	学术论文、网络视频
流体机械	工匠精神　追求卓越、家国情怀 我国大型风机、应用及在世界上的地位，突出我国大国工匠精神及爱国主义情操	新闻报道、网络视频

五、教学实施过程

<table>
<tr><td>章节名称</td><td colspan="2">流体的粘性</td><td>学时　2</td></tr>
<tr><td colspan="4">一、教学目标</td></tr>
<tr><td colspan="4">理解粘性的定义和物理意义；会用牛顿内摩擦定律进行计算，并理解粘度概念；掌握牛顿流体和非牛顿流体的定义、区别及应用；引入教学案例，培养大家思维创新、理论联系实际，团结协作的精神，鼓励学生坚持到底、持之以恒、永不放弃，坚持不怕输、求真务实。同时培养学生的爱国主义情怀</td></tr>
<tr><td colspan="4">二、教学实施过程</td></tr>
<tr><td>教学环节</td><td>教学活动</td><td>学生活动</td><td>课程思政</td></tr>
<tr><td>课前探究</td><td>掌握流体的力学概念：受到剪切应力后连续变形的物质
举杠杆和蜂蜜的例子，说明固体和流体的区别；明确流体的惯性效应：密度、定义与物理意义</td><td>复习旧知，通过视频体会流体的基本性质</td><td>固体与流体的区别，锻炼学生抓住主要矛盾的主要方面及对比分析的意识</td></tr>
</table>

续表

二、教学实施过程			
教学环节	教学活动	学生活动	课程思政
新课导入+前测（2分钟）	视频导入，油漆和水，不同流体的流动的状态，引入不同流体粘性的主观感受	观看视频，得出不同流体流动差异	培养学生实证精神，通过现象看本质
揭示目标（3分钟）	提出本节课教学目标：认知、技能、素质、思政四方面具体目标，强调教学重点和难点	学生明确教学目标	引导学生了解理论+实践+思政目标，不断反思自我，提升自我
参与式学习（75分钟）	1.流体粘性的定义 介绍牛顿发现粘性的存在以及库仑实验验证 给出动画：槽道里面流体的数值模拟图，说明流体粘性存在 2.牛顿内摩擦实验 详细介绍牛顿内摩擦实验装置、实验过程，给出计算公式 讨论：静止的流体的切应力与粘性。分析不同流体粘度系数变化规律及原因 案例讨论：如何测定某特定温度下未知液体的粘度系数 3.牛顿流体与非牛顿流体 给出牛顿流体与非牛顿流体的性质与应用 互动思考：常温下沥青是固体还是液体	认真听讲，参与课程的问题的思考、讨论，进行现场演练，发现问题，及时与老师共同解决问题	1.说明牛顿内摩擦定律是牛顿及助手经过多次实验得出的，体会做任何事情锲而不舍的精神及团队协作精神 2.通过设定某特定温度下未知液体的粘度系数的实验，培养学生思维创新、理论联系实际，团结协作的精神 3.通过沥青滴漏实验，鼓励大家做任何事情都要坚持到底、勇于创新、持之以恒、永不放弃，坚持不怕输、求真务实 4.引入钱学森在空气动力学中的杰出贡献。突出思政内容：爱国主义情怀，增强学生文化自信

续表

<table>
<tr><th colspan="4">二、教学实施过程</th></tr>
<tr><th>教学环节</th><th>教学活动</th><th>学生活动</th><th>课程思政</th></tr>
<tr><td>参与式学习
（75分钟）</td><td>案例讨论：消防水中添加少量聚乙烯氧化物，水龙头喷出水的高程提高一倍的原因
介绍钱学森发展边界层理论，解决了空气动力学中压缩空气粘度处理的难题</td><td></td><td></td></tr>
<tr><td>后测
（5分钟）</td><td>通过一个实际例题介绍牛顿内摩擦定律的应用，加强学生反向思维能力</td><td>融会贯通，发挥学习主动性，锻炼利用学过知识解决实际问题能力</td><td>培养学生实践是检验真理唯一标准的认知</td></tr>
<tr><td>总结
（5分钟）</td><td>总结操作要领，强调重点。结合实例，引出下次课程内容——液体的表面张力</td><td>体会流体力学是一个完备的知识架构</td><td>提升专业认同和职业认同，体会实证主义的重要性</td></tr>
<tr><th colspan="4">三、教学反思</th></tr>
<tr><td colspan="4">本课时运用BOPPPS+PBL教学法进行教学环节设计，效果良好。课程以生活实践案例为引导，通过理论+实践+实验方法逐层递进的形式开展教学，该方法有助于培养学生的实践能力。同时，课时坚持立德树人的思想，通过课程知识+思政学习，塑造与传输新时代价值观，培养学生高度的责任感和使命感、对未来职业的高度认同感、热爱本职专业的创新拼搏精神，厚植学生主人翁精神，培育学生的民族自豪感及为民拼搏精神</td></tr>
</table>

（材料科学与工程学院　材料科学与工程专业　段广彬）

硅酸盐工业热工设备（水泥）

一、课程概况

《硅酸盐工业热工设备（水泥）》课程是材料科学与工程专业水泥方向大三学生学习的一门主干专业必修课程，是一门具有浓厚工程色彩应用性强的核心课程，是学生步入毕业后工作岗位所需的一门关键性课程。本课程着重阐述水泥热工设备的结构、特点、工作原理、设计方法等。本课程坚持以学生发展为中心，坚持“思政引领、知识传输、能力培养、思维创新”四位一体的教学理念，实现了课程网络化教学，2021年被评为山东省一流课程。本课程的教学团队有4名教师组成，其中校级教学名师1人，优秀教学奖2人、山东省青年教学比赛二等奖获得者1人。教学团队近年来主持山东省教研项目5项，济南大学教学项目4项，获山东省教学成果三等奖1项，济南大学教学成果一等奖1项、二等奖3项，发教学论文11篇。

二、课程教学目标

1.知识目标：要求学生掌握水泥热工设备结构、工作原理、设计方法与调节控制。

2.能力目标：培养具有水泥热工设备的初步生产、设计、研究与开发能力，具有解决复杂热工问题综合能力和高级思维能力。

3.素质目标：引导学生具有正确的世界观，激发学生具有探索科学的创新精神和大国工匠精神，培养学生具有热爱科学和奉献科学的态度，具有高层次创新思维的素养，升华学生个人价值素养。

三、思政育人目标

1.通过本课程的知识+思政学习，树立学生正确的世界观，塑造与传输新时代价值观，培养学生对祖国的热爱，对中国梦实现充满信心，对共产主义的向往。

2.通过本课程的知识+思政学习，建立学生热爱专业，激发学生的对科学的探索创新精神、大国工匠精神，培育学生建立学生的民族自豪感及为国家、为民族、为科技献身的高尚品格。

3.通过本课程的知识+思政学习，建立学生热爱专业，培养学生对自己专业的高度的责任感和使命感、对未来职业的高度认同感、热爱本职专业的创新拼搏精神，厚植学生主人翁精神。

毕业要求	毕业要求指标点	思政目标			
		1	2	3	4
毕业要求2：能应用自然科学和工程科学知识并结合文献分析材料生产尤其是建筑材料生产中复杂工程问题，以获得有效结论	指标点2-2：表达与分析：能够运用工程知识表达窑炉系统复杂工况，分析材料生产过程中相关问题	0.4	0.3	0.2	0.1
	指标点2-4：有效结论：正确表达工程问题的解决方案，并分析解决方案的合理性	0.4	0.3	0.2	0.1
毕业要求3：能设计材料生产复杂工程问题的解决方案，设计满足特定材料尤其涉及建筑材料的生产装备或工艺流程，并能够在设计环节中体现创新意识，考虑社会、健康、安全、法律、文化以及环境等因素	指标点3-2：能够针对任务需要，进行单元装备设计和工艺计算	0.4	0.3	0.2	0.1

续表

毕业要求	毕业要求指标点	思政目标			
		1	2	3	4
毕业要求6：能够基于工程相关背景知识进行合理分析，评价材料的设计、生产、成型加工等复杂工程问题解决方案对社会、健康、安全、法律以及文化的影响，并理解应承担责任	指标点6-2：能分析、判断材料新产品、新技术、新工艺的开发和应用对社会、健康、安全、法律以及文化的潜在影响	0.4	0.3	0.2	0.1
	指标点6-3：能客观评价材料生产、开发和应用对社会、健康、安全、法律以及文化影响，并理解应承担的责任	0.4	0.3	0.2	0.1

四、思政案例设计

授课知识点	思政设计	载体途径
水泥窑炉设备发展史和热工设备重要性	大国精神、爱国情怀 介绍当今中国水泥国际地位，展示大国精神；以老一辈水泥专家奉献的故事引出爱国情怀	通过视频和图片展示的形式引入
水泥熟料煅烧系统工艺流程	自主创新、民族自豪感 强调中国新型水泥煅烧设备先进性，展示中国水泥行业自主技术创新，使学生增强自豪感	通过视频和图片展示的形式引入
预热器结构、工作原理、影响因素和技术参数	创新思维、奋斗精神 通过国内外水泥旋风预热器结构的开发过程分析，提高学生创新思维。展示水泥创建者奋斗精神	通过视频和图片展示的形式引入
分解炉工作原理、分类、评价指标与设计	热爱专业、自主创业精神 引入国内外水泥分解炉开发过程，鼓励学生热爱专业，勇于探究自主创业精神	通过视频和图片展示的形式引入
回转窑结构与功能、控制参数和设计计算	严谨态度、担当精神 通过回转窑窑体断裂案例，强调设计中参数选择重要性，引出责任心，严谨态度和敢于担当精神	通过视频和图片展示的形式引入

续表

授课知识点	思政设计	载体途径
冷却机工作过程和代表性冷却机介绍	热爱科学，勇于探索 通过水泥熟料冷却机设备更新换代，展望科技进步的红利，鼓励学生热爱科学，勇于探索	通过视频和图片展示的形式引入
煤粉燃烧设备工作原理和煤粉燃烧设备介绍	“绿水青山是金山银山”理念 突出清洁燃烧重要性，建设生态文明是中华民族发展的千年大计，人与自然是生命共同体	通过视频和图片展示的形式引入
系统稳定操作和异常操作现象分析	爱岗敬业、责任使命感 引入工程案例，设计参数不合理导致企业停产案例，加强爱岗敬业精神责任心和使命感	通过视频和图片展示的形式
耐火材料	担当精神、社会责任感 通过窑炉事故案例引出耐火材料对构筑高温热工设备重要性，强调工程安全教育，培养学生担当精神、社会责任感	通过视频和图片展示的形式
未来发展动态	坚定信仰、追求共产主义 通过对未来生活的美好展望，说明人民的安居乐业离不开水泥工业的发展，激发学生对中国未来有信心，对共产主义实现有追求	通过视频和图片展示的形式

五、教学实施过程

章节名称	新型干法水泥回转窑概述	学时	1
一、教学目标			
知识目标：了解和认识新型干法水泥窑炉系统的主要设备，能叙述新型干法水泥窑炉系统的工艺流程 能力目标：学会剖析结构设备的能力，归纳分析问题的能力 素质目标：培养学生工程思维能力及工匠精神			

续表

二、教学实施过程			
教学环节	教学活动	学生活动	课程思政
导言（3分钟）	复习上节课内容，通过超星学习通发布问题进行提问，引入思政元素	手机弹题方式回答问题	图片引出我国是水泥强国并改变生活，加强同学们热爱水泥专业
目标（2分钟）	利用头脑风暴导入新课，强调教学重点和难点	学生明确教学目标	
参与式学习（4分钟）	1.旋风筒设备讲解 介绍洪堡公司标准型旋风筒；合肥水泥设计院研发旋风筒；鲁中水泥厂旋风筒实际应用	学生听老师讲述旋风筒知识点	引出德国洪堡公司设备开发过程，强化学生开发思维；引出我国自主研发旋风筒得到全世界应用，展示中国水泥人创业精神
参与式学习（4分钟）	2.分解炉设备讲解 介绍标准型分解炉工作原理；介绍合肥水泥设计院自主研发分解炉；鲁南水泥厂的分解炉	学生听老师讲述分解炉知识点	引出合肥水泥设计院自主研发脱氮效果好分解炉，引出科学探索；介绍鲁南水泥厂为中国做出贡献，引出水泥敬业精神
测试（4分钟）	3.请学生讨论旋风筒和分解炉设备	小测试，抢答问题，使课堂动起来	
参与式学习（4分钟）	4.回转窑讲解 介绍申丰水泥回转窑和鲁南水泥厂回转窑	学生听老师讲述回转窑知识点	由回转窑图片“不为过失找理由”，引出回转窑设计与操作要求精益求严谨认真工作作风

续表

二、教学实施过程			
教学环节	教学活动	学生活动	课程思政
参与式学习（4分钟）	5.喷煤管讲解 以动画图介绍喷煤管工作原理；以鲁中水泥厂喷煤管分析其应用	学生听老师讲述喷煤管知识点	由烧固体废弃物的喷煤管引出保护环境、绿水青山就是金山银山的思想
参与式学习（4分钟）	6.冷却机结构讲解 以CP冷却机结构介绍工作原理；以篦板变迁引出各种冷却机结构	学生听老师讲述冷却机知识点	利用案例图说明水泥设备极其复杂，需要精益求精工匠精神以此保证水泥生产正常进行
测试（5分钟）	7.小结前面所讲内容 利用超星学习通提出问题	学生小组讨论后，请同学分析问题	
参与式学习（8分钟）	8.新型干法水泥窑炉系统的工作过程 从“料、煤、风”角度分析窑炉系统的工作过程	学生听老师讲回转窑知识工艺流程	工艺流程的复杂性需要精益求精精神
测试（5分钟）	9.请同学们讨论三种工作流程的差异	学生思考，小组讨论，同学抢答	
总结与巩固（3分钟）	10.教师总结课程及布置课后教学活动		

三、教学反思
1.由于课前准备充分，很好地凝练与探讨，所以课上运用BOPPPS教学法进行各环节的设计，环环相扣，节奏很好地完成各项教学目标，达到了教学期望，培养了学生解决问题的能力和创新精神 2.课堂采用多种手段进行大量互动教学，学生始终保持较高注意力，较高的热情，感受到信息技术带来的新鲜体验 3.通过学生反馈及答题表现，表明学生掌握了该节课程的教学内容

续表

三、教学反思
4.课程思政：通过引入小知识点，使学生能够感受大国重器，培养学生家国情怀，创业精神、工匠精神、科学精神、精益求精的精神 5.不足之处：在小组讨论过程中，由于学生对相关知识掌握与理解程度不同，所以还需要可适当提示引导，提高效率

（材料科学与工程学院　材料科学与工程专业　赵蔚琳）

无机非金属材料工艺学

一、课程概况

《无机非金属材料工艺学》是济南大学材料科学与工程专业（国家级特色专业、国家一流本科专业建设点）的一门主干专业基础课，对于学生的专业知识体系构建和实践能力培养具有非常重要的作用。本课程具有符合无机非金属材料规律的课程体系，在系统全面掌握无机非金属材料工艺的基本知识和基本技能基础上，突出培养学生的工程应用能力。课程组通过对课程体系、教学内容、教学方法等全方位改革，取得了丰硕的成果。课程先后被评为山东省一流本科课程、国家级精品课程、国家级精品资源共享课程；无机非金属材料工艺学课程教学团队荣获山东省级优秀教学团队；《无机非金属材料工艺学》教材获山东省高等学校优秀教材一等奖；无机非金属材料工艺系列课程的改革与建设项目获山东省教育教学成果二等奖。

二、课程教学目标

1.知识目标：本课程定位为面向材料科学与工程专业学生所开设的一门主干专业基础课。课程教学的知识目标是培养学生掌握无机非金属材料性质、组成、结构、制备这四者之间的关系和规律，为学生进一步学习专业方向课程打下坚实的基础；使学生全面系统地掌握无机非金属材料的基本概念、基本理论、组成设计与制备原理、生产过程及其共性与个性、结构与性能，构建无机非金属材料工艺学知识体系，具备材料设计、改进材料性能、开发新材料及新工艺的能力。

2.能力目标：使学生掌握无机非金属材料加工工艺的基本理论知识及应用技能，从而培养学生综合应用能力、自主学习能力和独立分析问题、解决问题的能力；通过不断补充国内外本学科的最新研究成果，将科研成果引入课堂，开阔学生的视野，了解与本课程有关的新材料、新技术和新工艺，以利于学生工作后更好地适应我国经济发展的需要。

3.素养目标：充分利用专业课课堂教学这个主渠道，将思想政治元素全方位、多角度融入课堂，促进思政教育和专业教育相结合，实现知识传授、能力培养与价值引领的有机统一，落实立德树人根本任务。

三、思政育人目标

1.本课程从政治认同和国家意识、学术志向和专业伦理、品德修养和人格养成等方面对学生进行价值引领，使学生树立正确的世界观、人生观、价值观，践行社会主义核心价值观，增强“四个自信”，具有民族自豪感和爱国情怀、责任担当和国家使命感。

2.树立学术志向，具有批判性和创造性思维、创新意识和精神、探索精神和能力，具有求知欲、实事求是、追求创新、合作分享的科学态度和学思并重、锐意进取的科学精神。

3.具有学习、沟通和创新能力，具有专业认同感、工匠精神、环保意识，具有坚持不懈、追求卓越的品格和仁义之心，具有辩证唯物主义思想。

毕业要求	毕业要求指标点	思政目标		
		1	2	3
1.工程知识	毕业要求1-3：掌握无机非金属材料的成分、结构（组成）、性能之间的关系并能够应用于材料工程问题的分析中	0.4	0.3	0.3
2.问题分析	毕业要求2-1：能够根据所学学科知识的基本原理识别和判断材料工程问题的关键环节和参数	0.3	0.4	0.3

续表

毕业要求	毕业要求指标点	思政目标		
		1	2	3
7.环境和可持续发展	毕业要求7-1：掌握材料制备工艺流程中原料选取、“三废”排放及工艺环节对环境和社会可持续发展的影响	0.3	0.3	0.4

四、思政案例设计

授课知识点	思政设计	载体途径
水泥的特性及应用	通过解读港珠澳大桥、三峡大坝等伟大工程，引出其所用工程材料——水泥/混凝土，及其相关的科技、企业、品牌，外加习近平总书记的高度评价，以激发学生的民族自豪感、爱国情怀、责任担当和专业认同感	新闻报道 课堂讨论 案例教学
水泥物化性能	通过引入我校所获2项水泥相关国家技术发明二等奖，以及材料科学与工程专业为建材行业培育的杰出校友，培育学生专业认同感、责任担当及科技报国的家国情怀	科技报道 资料查阅 课堂讨论
粘土质原料	通过引入工业固废造成的环境破坏、国家战略政策、水泥工业利废、企业转型等素材，激发学生生态环保意识和专业自豪感，增强责任担当和使命感，树立学术志向、科学精神和科学态度	资料查阅 新闻报道 讨论对比
配料计算	配料计算及性能测试数据处理过程中，注重学生实事求是、严肃认真的工作态度，培育学生的科学精神和终身学习的能力及责任感，并树立工程质量和安全意识	资料查阅 习题练习
陶瓷成型	通过引入中华悠久的陶瓷文化，使学生充分感受陶瓷作品中所体现的中华文明发展历程、所表达的人文情感、所传承的传统技艺。从而使学生产生浓厚的学习兴趣，激发民族自豪感和文化传承意识	参观体验 课堂讨论
水泥熟料煅烧	以我国水泥行业的发展、规模、首创项目、核心竞争力、国际化程度、国际地位和声誉，增强学生的专业自豪感和社会责任感，培养科学精神和传承与创新精神，树立环保意识	参观体验 案例教学

五、教学实施过程

章节名称	注浆成型及选择成型方法的依据	学时	1
一、教学目标			
掌握注浆成型的工艺原理、影响因素、工艺特点及成型方法的选择依据；培养学生的归纳总结能力及创新思维；激发学生民族自豪感和文化传承意识，培养学生执念细节的态度和追求卓越的工匠精神			
二、教学实施过程			
教学环节	**教学活动**	**学生活动**	**课程思政**
导入新课	从日常生活中随处可见且外形丰富多样的陶瓷制品，引入中华悠久的陶瓷文化及陶瓷成型的定义与重要性，列出三大类成型工艺，导出本节课所要讲授的注浆成型	课前观看教师通过雨课堂推送的中国陶瓷相关纪录片	让学生感受陶瓷作品中所体现的中华文明发展历程、所表达的人文情感、所传承的传统技艺
注浆成型工艺原理及影响因素	结合图片，讲授注浆成型的定义；结合注浆成型的实际操作视频，讲授注浆成型的流程；采用启发式教学引导学生结合所学粘土工艺性能，分析讨论泥浆对注浆成型的影响；总结注浆成型法的特点，分析优缺点	思考泥浆工艺性能的影响因素 分析总结工艺特点	结合传统与现代成型工艺特点，培养学生执念细节的态度和追求卓越的工匠精神
新型注浆成型工艺简介	为学生简介热压铸成型、凝胶注模成型和直接凝固成型三种新型注浆成型工艺，开阔学生视野	观看视频，体会我国科技发展之迅速和取得的伟大成就	热压铸成型制作航天用特种陶瓷器件，提升学生的民族自豪感和爱国情怀
三种成型工艺总结对比	绘制表格，对塑性滚压成型、压制成型、手工注浆成型三种成型工艺的设备、模具、制品、坯料、坯体质量和工艺特点进行对比分析，并导出成型方法选择的重要性	对比学习，分析注浆、可塑、压制成型的工艺特点的异同点	增强学习主动性，树立正确的学习价值观；培养学生的归纳总结思维

续表

二、教学实施过程			
教学环节	教学活动	学生活动	课程思政
成型方法选择的依据及应用	讲授成型方法选择的依据；以薄胎瓷和高压电瓷瓶为具体实例，组织全班学生投票选择成型方法，并让学生分组讨论选取依据，最后从质量、产量、经济效益等多方面综合分析为何选用相应的成型方法进行实际生产	小组讨论；学生代表发言，说明选择理由全体学生雨课堂投票	让学生感受传统陶瓷“工艺之美、制作之精”激发学生民族自豪感、对中华文明的认同感，并培养学生的归纳总结能力及创新思维
课后思考题	学生课后思考近年来出现的陶瓷刀具及陶瓷手机壳应选用何种成型方法？可随时与授课教师在教学QQ群中进行沟通交流	课后思考，查阅资料	增强中国制造的民族自豪感，引导学生树立远大理想和爱国主义情怀
三、教学反思			
本节课遵循学生中心、产出导向、持续改进的OBE教育理念。教学目标及思政目标明确、重点/难点突出，引导学生深入学习注浆成型的工艺原理、影响因素及成型方法的选择依据，注重培养学生把理论知识与生产实际相结合的能力。通过具体实例，使学生对陶瓷这一中华优秀传统文化产生浓厚的兴趣，激发民族自豪感，培养学生的审美能力和文化传承意识，促进思政教育和专业教育相结合，实现知识传授、能力培养与价值引领的有机统一			

（材料科学与工程学院　材料科学与工程专业　宋鹏）

高分子物理

一、课程概况

《高分子物理》课程是高分子材料与工程的专业核心课程，自1989年开设至今三十二年，一直为本专业大三学生开设。2006年山东省精品课程，2012年省精品课程群核心课程，2019年山东一流课程和山东省课程联盟在线课程，2020年济南大学课程思政示范课和2021校级课程思政优秀案例，教育部“新工科”项目重点建设核心课程。

课程团队是一支年龄结构合理、高职称、高学历、学术造诣高、师德优良、具有工程背景的“双师型”省级精品课程教学团队，其中2名教授和2名副教授均具有博士学位，课程负责人为山东省教学名师、国家工程教育认证专家、校级教学名师、师德标兵、优秀教学奖获得者和优秀教师。团队拥有校级优秀教学奖和青年教学能手获得者、青年龙山学者、大学生科创奖优秀指导教师等。评教均为优秀，多人多次获得校级本科教学贡献。主持完成教育部“新工科”研究与实践项目等10余项国家省级校级教学项目，获得山东省优秀教学成果特等二三等奖，主编国家级教材，指导学生获得国家级竞赛奖项6项和10多项省级奖。团队始终将思政教育融入整个教学过程中，使其成为解决大学课堂问题的钥匙，培养具有扎实专业知识、解决复杂工程问题能力和强烈社会责任的具有家国情怀的高素质工程技术人才。

二、课程教学目标

1.知识目标：掌握并能够运用高分子物理的三基知识，表达高分子材料的工程问题，建立高分子材料的结构与其性能的关系，并能正确理解和分析。

2.能力目标：能够运用高分子物理的工程思维和方法针对确定高分子材料合成，加工、应用等设计/开发目标和解决方案提供理论依据，为解决本领域复杂工程问题奠定基础。

3.素养目标：培养学生科学精神、环保意识、社会责任感和家国情怀。

三、思政育人目标

1.以中国高分子学科先驱们的科研成果以及高分子材料在人类社会中应用，引导学生热爱自己的专业和学科，激励学生的理想信念和家国情怀，使命担当。

2.以教师自身科研成果，激发学生的科技自信和科学精神，真正懂得高分子物理知识对高分子材料研发的指导作用，激发学生学习课程的热情和投入科研活动中。

3.以当前高分子材料存在的使用问题，培养学生具有工程环保意识、国际视野和社会责任感。

4.以高分子材料特性“天生我材必有用”，塑造学生健康心理、顽强性格和积极人生态度。

毕业要求	毕业要求指标点	课程目标			
		1	2	3	4
1.工程知识	毕业要求1-3：掌握高分子材料专业基础知识和相关领域的工程知识，用于解决高分子材料领域的复杂工程问题	0.4	0.2	0.2	0.2
2.问题分析	毕业要求2-1：能够运用数学、物理及化学等自然科学知识和专业基础知识对高分子材料与工程及相关领域的工程问题进行识别和表达	0.2	0.4	0.2	0.2

续表

毕业要求	毕业要求指标点	课程目标			
		1	2	3	4
3.设计/开发解决方案	毕业要求3-1：能够针对高分子材料合成、加工、应用及相关领域复杂工程问题，确定设计/开发目标和解决方案	0.2	0.2	0.4	0.2
4.研究	毕业要求4-1：能够根据专业理论和对象特征，针对高分子材料的结构、性能、加工、应用等复杂工程问题，确定研究路线，选择可行的实验方案	0.2	0.2	0.2	0.4

四、思政案例设计

授课知识点	思政设计	载体途径
绪论	引导学生热爱自己的专业和学科，激励学生的理想信念和家国情怀，使命担当 导言：人类文明史即是材料发展史 课程内容：材料的种类；高分子材料结构与性能；高分子材料在人类文明发展进程中产生的作用 思政要素：（1）我们祖先在材料制备中一直处于领先世界地位：陶器、青铜器和铁器等，中国一直处于是世界文明前列。后来在新材料研发与制备方面落后，导致我们一些科技领域的落后；（2）2020年疫情中高分子材料发挥着巨大作用，呈现了建筑史上的奇迹；（3）嫦娥五号在月球取土	材料发展史、科技报道、图片
聚合物结构决定性能	激发学生的科技自信、科学精神 导言：聚合物结构决定能是高分子物理核心，高分子物理学习的主线 课程内容：高分子结构及表征；聚合物结构决定性能，以酚醛树脂为例说明 思政要素：济南大学高分子专业周春华教授团队自主研发出新型酚醛树脂，突破酚醛树脂合成原理，设计和实施新工艺，解决热固性酚醛树脂生产“卡脖子”技术，完成了“中国第一线”的投产，并替代岩棉成为新的中央空调保温材料	任课教师自己科研成果、视频、图片、科技报道

续表

授课知识点	思政设计	载体途径
聚合物的分子运动和转变	科学态度、创新意识、爱国情怀 导言：高分子运动的本质特征是松弛特性，导致聚合物力学行为强烈依赖外界条件 课程内容：分子运动的特点、聚合物力学状态 思政要素：（1）神舟十二号宇航员的所穿宇航服隔热层材料聚酰亚胺复合材料，“卡脖子”技术；（2）美国航天飞机“挑战号”爆炸的原因	视频、图片、科技报道
高分子材料改性途径及目的	工程伦理、社会责任感、环保意识 导言：“白色污染”影响着人类未来生存 课程内容：聚合物结构决定性能，影响聚合物性能的因素；“马克三界原理”对聚合物性能的调控 思政要素：“白色污染”解决途径：（1）例如，济南大学三万多学生一天少用一个塑料袋，就会减少3万个丢弃到大自然中；（2）研发绿色高分子材料	视频、图片、科技报道、调研报告
聚合物流变性	大国工匠精神、科技报国 导言：人类生活中广泛使用的包装材料PP曾遇到过前所未有的加工问题，如何解决 课程内容：聚合物熔体的流动机理；影响聚合物熔体流动影响因素 思政要素：杨玉良院士团队利用高分子物理理论作指导，解决了PP加工难题，生产出性能超越国外产品的BOPP薄膜，解决卡脖子技术	视频、图片、科技报道
聚合物粘弹性	塑造学生健康心理、顽强性格和积极人生态度 导言：聚合物力学行为强烈依赖于外界条件，形成了塑料和橡胶两类不同应用的材料。“汽车轮胎是否能代替飞机轮胎”等 课程内容：聚合物粘弹性具有4种力学松弛，静态和动态粘弹性产生原因，高分子材料具有优异性能，成为人类社会不可替代的材料 思政要素：我们每一个人要像高分子材料一样具有韧性，能屈能伸，即使遇到困难也能积极乐观对待。“天生我材必有用”，高分子材料给予了我们人类最好的诠释	

五、教学实施过程

<table>
<tr><td>章节名称</td><td>聚合物的分子运动和转变</td><td>学时</td><td>1</td></tr>
<tr><td colspan="4">一、教学目标</td></tr>
<tr><td colspan="4">学生能够以高聚物的分子运动机理和结构与性能之间的关系因素，对高分子材料的改性和应用等工程问题进行识别和评估预测，深化对“结构决定性能，性能影响应用”的理解与应用。培养科学精神和专业追求，树立运用专业知识改造现有材料应用领域的科学态度和创新意识；感受国家科技进步，强化爱国情怀</td></tr>
<tr><td colspan="4">二、教学实施过程</td></tr>
<tr><td>教学环节</td><td>教学活动</td><td>学生活动</td><td>课程思政</td></tr>
<tr><td>引入主题
（约5分钟）</td><td>生活中案例：（1）饮料瓶装热水会变形；（2）汽车轮胎是否代替飞机轮胎；（3）美国“挑战号”航天飞机为何会爆炸？引导学生分析：这三种情形有何共同点
总结：聚合物的化学结构没有改变，仅仅是外界条件发生了变化，它们的宏观力学性能产生了很大变化，直接影响它们的使用
提出问题：原因何在</td><td>学生认真聆听并积极思考，甚至回答</td><td>通过三种高分子性能变化与应用不同的三个案例的引入，吸引学生听课注意力，激发学习兴趣，引导学生独立思考，发现问题提出问题，并探究之，从而引出本次课的教学目标和主要内容</td></tr>
<tr><td>前测
（约2分钟）</td><td>雨课堂客户端推送题目：聚合物的结构特点有哪些
知识回顾之后，继续设疑：这些结构在运动时会有什么样的特点</td><td>学生思考、用雨课堂客户端回答问题</td><td>继续设疑，引出后续内容，承前启后，引领学生逻辑思维和科学思维</td></tr>
</table>

续表

二、教学实施过程			
教学环节	教学活动	学生活动	课程思政
参与式学习（约30分钟）	重点讲授：大分子运动三个特点，本质特征是松弛特性；无定形聚合物的模量温度曲线及三种力学状态两种转变 提问：为什么聚合物的模量是温度的函数	认真听课，积极思考，回答问题	通过设问与互动，学生真正理解聚合物力学行为强烈依赖外界条件，表现出不同性能与用途。“天生我材必有用”，塑造学生健康心理、顽强性格和积极人生态度
	FLASH动画展示力学状态转变过程中分子运动机理。边看动画边提问，聚合物力学状态是多重运动单元运动的宏观表现	观看动画，积极思考，课堂互动	以动画的方式演示该过程。能让学生直观“看”到微观分子运动如何变化。强化其对抽象知识的理解和独立思考能力
后测（约9分钟）实际案例分析	引导学生讨论“饮料瓶装热水时会变形？”案例，点评学生的讨论结果 提问、拓展：如果你作为研发设计师，研发工作中遇到如何提高塑料材料耐热性的问题，你会怎么做 举例：从“聚合物结构决定性能”分析，神舟十二号宇航员的所穿宇航服隔热层材料聚酰亚胺复合材料的制备与作用。可是，至今我们国家都不能将PI工业化	头脑风暴：学习小组讨论分析案例，角色扮演，发表自己的见解，达成学习目标	使学生真正懂得高分子物理知识对高分子材料的研发与应用的指导作用，激发学生学习课程的热情和投入科研活动中

续表

二、教学实施过程			
教学环节	教学活动	学生活动	课程思政
总结（约2分钟）	梳理、总结本次课的主要内容，强调重、难点。了解聚酰亚胺（PI）树脂工业化是我国高分子材料的“卡脖子”技术	认真听课，快速回顾内容，明确重、难点	引导学生热爱自己的专业和学科，激励学生的理想信念和家国情怀
作业和预习（约2分钟）	作业：要求学生根据所学弄清美国航天飞机“挑战号”爆炸的原因，以及对自己学习高分子物理的启发，以小论文形式完成作业 预习：结晶聚合物和交联聚合物的温度，形变曲线又会如何	课下查阅资料、撰写小论文。举一反三，分析问题，融会贯通	培养学生自主学习能力、科学态度和大国工匠精神
三、教学反思			
本次课以实际生活中的不同高分子制品在环境条件变化时，其使用性能会明显变化这一现象作为教学导入，激发了学生的好奇心，成功吸引学生融入课堂。以BOPPPS教学模式为主，融入讲授法、情景教学法、案例教学法、小组合作探究法等，并结合了雨课堂，课堂互动深度得到有效加强。同时，秉承“思政与专业课程教学无缝接融入”的教学理念和做法，自觉把立德与育人落实到言传身教中，培养德智美劳全面发展的具有家国情怀的高素质工程技术人才。在今后课堂教学过程中优化小组讨论合作学习节奏和时间			

（化学化工学院　高分子材料与工程专业　周春华）

材料科学基础

一、课程概况

《材料科学基础》曾获得山东省高等学校在线课程、济南大学精品在线开放课程、专创融合线上特色示范课程立项建设。课程团队4人，其中省级、校级教学名师各1人，优秀教学奖1人，青年教学能手2人，工程教育认证现场考查专家、秘书各1人。课程立足于专业毕业要求和培养目标，从知识、能力和素养三个维度开展教学和改革，提高学生分析解决高分子材料领域复杂工程问题的能力，培养高分子材料领域德智体美劳全面发展的高素质工程技术人才。团队完成教育部新工科研究与实践项目在内的省部级教研项目8项，获得山东省优秀教学成果奖二等奖1项，济南大学优秀教学成果特等、二等、三等

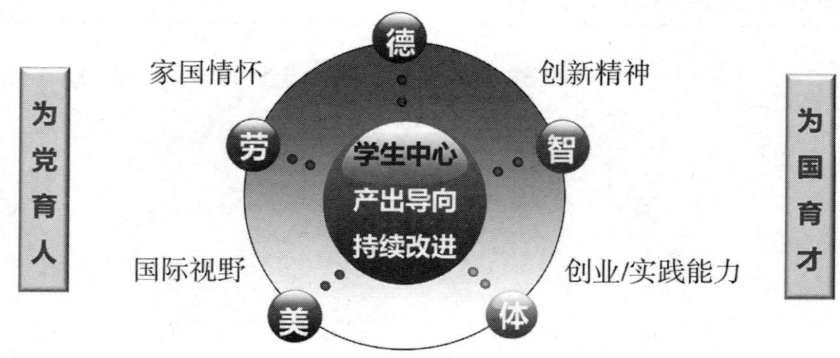

图1　育人理念

奖各1项。主编“十三五”规划教材1部，发表教研论文23篇。指导学生完成国家级大创项目3项，获得全国二等奖2项、三等奖1项，省奖3项。

二、课程教学目标

1.知识目标：理解高分子、金属、无机非金属及复合材料的组成、结构与性能，掌握材料组成、结构决定性能的材料基因组理念。

2.能力目标：能够进行初步的材料设计和性能优化，具备材料制备和加工能力，具备分析解决材料科领域的复杂工程问题的能力。

3.素养目标：正确看待材料与人类的辩证关系，树立绿色可持续发展观念，塑造正确的人生观、价值观，培养大国工匠精神和家国情怀，志存高远，德智体美全面发展，积极投身社会主义现代化建设。

三、思政育人目标

1.充分挖掘材料科学发展演变和各种概念理论中所蕴含的哲学内涵，培养学生的辩证思维能力和运用哲学方法解决专业问题的能力。

2.培养学生的人文、工程专业素养和伦理等，如：工匠精神、诚信务实、热爱专业等专业素养以及正确的人生观、价值观。

3.培养学生的社会责任感和使命担当，结合节能降耗、绿色制造、新能源战略、卡脖子技术等国计民生问题，从材料成分设计、加工、服役等工程应用方面提升学生的专业站位，树立责任担当。

毕业要求	毕业要求指标点	思政目标		
		1	2	3
1.工程知识	毕业要求1-3：掌握高分子材料专业基础知识和相关领域的工程知识，用于解决高分子材料领域的复杂工程问题	0.4	0.3	0.3
2.问题分析	毕业要求2-2：能够根据所学学科知识的基本原理识别和判断分析高分子材料工程问题的关键环节和参数，寻求解决复杂工程问题的办法	0.3	0.3	0.4

四、思政案例设计

授课知识点	思政设计	载体途径
材料的起源	家国情怀 材料与人类文明，中国为四大文明古国之一，司母戊鼎等文物的材料	中国历史、文物照片、视频
材料发展现状	能源危机、环境污染、工程伦理 材料是把双刃剑，要正确使用	新闻报道、视频、照片等
晶体结构	家国情怀、工匠精神 卢柯院士团队的国家重量级原创性成果：纳米孪晶、梯度结构	学术论文、科技报道
固体表面结构	中华古典文化、人文精神 周敦颐的爱莲说：予独爱莲之出淤泥而不染，濯清涟而不妖	古诗句诵读
塑料材料	环保观念、绿色可持续发展 2021年，史上最严“禁塑令”的实施，引发学生思考	国家政策解读报道、投票
神奇的碳	工匠精神、人文精神 石墨烯与金刚石，细节决定成败	成语典故、工程案例
人造电子皮肤	工匠精神、工程伦理 人造电子皮肤，科技改变生活	学术论文、科技报道
魔角石墨烯	中华古典文化 差之毫厘、谬以千里	成语、工程案例
导热高分子	家国情怀、工匠精神 华为、小米等国产手机的导热材料创新	图片、视频、科技报道
聚丙烯熔喷层	家国情怀、工匠精神、中国速度 新冠疫情、口罩极度紧缺，把需要一年的建设工期压缩至35天	新闻报道、新冠疫情以来学生的自身体会
半导体材料	家国情怀、工匠精神 “中国芯”打破技术封锁、中国科技突破	时政、科技新闻报道

续表

授课知识点	思政设计	载体途径
注塑成型设备	工程伦理、工匠精神 化工设备拟人化，注塑成型设备如同人体大脑、心脏、躯干、四肢以及血肉	图片、视频、动画
挤出成型模具	工程伦理、工匠精神 塑料挤出成型灵感来源于面食加工	面条挤出视频
3D打印技术	家国情怀 电影《十二生肖》中兽首快速复制 FDM 3D打印，国宝的回家路	电影片段、圆明园遗址

五、教学实施过程

章节名称	热塑性聚合物的成型加工	学时	2
一、教学目标			
理解热塑性聚合物的加工特性，掌握注塑、挤出成型原理和流程；辨别常见塑料制品加工方法，运用“组成结构决定性能”原理实现聚合物定构加工、解决复杂工程问题；培养学生的工程伦理、科学精神，树立可持续发展观念			
二、教学实施过程			
教学环节	教学活动	学生活动	课程思政
课程导入、明确学习目标（4分钟）	生活中没有了聚合物会怎么样。问题：矿泉水瓶的材质和加工方法	思考聚合物对人类的重要性，讨论矿泉水瓶加工	工程伦理、工匠精神 日常生活中常见聚合物制品加工方法讨论，从生活中学习
前测（8分钟）	随堂检测：区分热塑性、热固性聚合物；分析常见热塑性聚合物制品及其加工方法	通过雨课堂完成在线检测，前测结果反馈、讨论	

续表

二、教学实施过程			
教学环节	教学活动	学生活动	课程思政
热塑性聚合物的加工特性（5分钟）	引导学生分析热塑性聚合物分子结构特点，讲授热塑性聚合物可以反复熔融的特性	互动思考，列举常见热塑性聚合物材料，分析、判断热塑性聚合物三种力学状态	哲学内涵、辩证思维 热塑性聚合物经历的热历史决定了制品的结构与性能一过程决定结果
项目式教学（32分钟）	项目式教学 布置随堂项目任务；引导学生考虑技术、非技术、经济、环保等因素；参与各组学生的交流讨论，培养创新意识，提升解决复杂工程问题的能力；评价学生随堂项目、海报的完成情况	项目式学习 以小组为单位，自主选择感兴趣的热塑性聚合物样品；分析材料、形状、用途用量和性能要求；讨论其可能的成型方法；制作随堂项目海报；分组介绍展示项目海报的主要内容和设计思想	工程伦理、创新思维、团队合作 通过随堂项目，引导学生考虑技术、非技术、经济、环保等因素，培养创新意识、团队合作能力，提升解决复杂工程问题的能力
挤出、注塑、吹塑成型工艺（15分钟）	重点讲授挤出、注塑、吹塑成型的工艺原理、流程、特点和应用领域，制作工艺流程动画，加深学生的认知，并与学生项目式学习的成果呼应	对比学习，分析挤出、注塑、吹塑成型过程在产品特点、加工原理、原材料类型以及成型过程工艺特点的异同点	工匠精神、道法自然 面条的挤出成型、月饼的制作、气球的充气膨胀，与挤出、注塑、吹塑成型的对比

续表

二、教学实施过程			
教学环节	教学活动	学生活动	课程思政
矿泉水瓶加工过程的案例式教学（5分钟）	针对导入提出的矿泉水瓶加工问题，开展案例式教学，将注塑、吹塑、挤出等加工工艺综合应用	分析塑料制品中数字1—7的含义，分析矿泉水瓶加工过程，思考能否实现注塑/吹塑一体成型	工匠精神、工程伦理 讨论生活中常见塑料制品的使用条件、循环利用的等级
前沿拓展（10分钟）	引入共挤成型、气辅/水辅成型、微孔发泡、工业4.0、3D打印等科学和工程技术前沿	通过视频直观体验工业4.0，智能制造的理念，参与式领会3D打印技术，了解前沿知识和技术	家国情怀、工匠精神 德国工业4.0，中国的现状与差距；电影《十二生肖》，3D打印、国宝回家路
后测（9分钟）	随堂检测学生对热塑性聚合物成型方法的掌握情况，分析常见生活用品、医疗卫生、工业用品、电器产品等的成型方法	通过雨课堂完成在线检测，后测结果反馈、讨论	工程伦理、工匠精神 在检测学生学习效果的同时，引导学生贴近生活，从社会需求的角度思考聚合物制品的作用和价值
课程总结（2分钟）	重申课程的主要内容、重难点，明确各知识点具体要求	总结本节课所学知识，加深对重难点的理解	
话题讨论（6分钟）	结合2021年1月1日实施的史上最严“禁塑令”，讨论塑料袋的功与过，探讨解决办法	思考：为什么要实施“禁塑令”，禁的时哪种塑料？结合生活中所见所闻，讨论交流	工程伦理、环保、可持续发展 讨论塑料袋与“禁塑令”，引导树立绿色可持续发展的观念，渗透课程思政

续表

二、教学实施过程			
教学环节	教学活动	学生活动	课程思政
作业、预习（4分钟）	1.师生互动讨论、思考聚合物“定构加工”思想，学生课后阅读学术论文并撰写阅读报告 2.引导学生以小组为单位，将随堂项目式学习的内容进一步深化，开展创新、创业探讨，并完成创业计划书 预习：热固性聚合物的成型加工	明晰作业和预习内容，课后独立完成文献阅读报告，并以小组为单位，完成创业计划书	创新精神、工匠精神、团队合作 通过学术论文阅读，塑造科技创新精神；在创业计划书的项目分工合作中，培养学生的工匠精神、工程伦理和团队合作能力
三、教学反思			
本节课遵循学生中心、产出导向、持续改进的OBE教育理念。教学目标及思政目标明确、重点/难点突出，引导学生深入学习热塑性聚合物的成型原理和加工方法，将BOPPPS教学与研究导向的项目式教学有机结合，有效激发学生学习的积极性，凸出教学过程中学生的主体地位。在传授理论知识、锻炼创新创业和工程实践能力的同时，注重培养学生的家国情怀、人文素质、工程伦理和工匠精神。课程的知识、能力、素养三维教学目标及思政目标得以有效达成			

（化学化工学院　高分子材料与工程专业　刘继涛）

化工仪表与自动化

一、课程概况

《化工仪表与自动化》是化学工程与工艺专业的一门专业方向课。通过学习，应了解自动化的基本知识、理解自动控制系统的组成、基本原理及应用；强化学生对于化工智能制造的认识，能根据工艺要求、提出合理的自动控制方案，增强学生独立思考问题和解决问题的能力。

课程团队包括2位副教授、1位讲师。团队坚持党在高等学校教书育人方面的方针政策，安教乐教，敬业爱岗，近几年主持济南大学教研项目5项，发表教研论文10余篇，获得济南大学本科教学贡献奖3人次，本课程为济南大学线上线下混合式课程在建项目。

本课程在专业人才培养目标中主要夯实学生的工程知识基础，并进一步强化学生使用现代工具的能力，强化学生对于化工智能制造的认识，增强学生的工程素养。

二、课程教学目标

1.知识目标：了解自动化的基本知识、理解自动控制系统的组成、基本原理及各环节的作用；掌握各种化工仪表的工作原理及特点，掌握化工生产过程中主要工艺参数（温度、压力、流量及物位）的测量方法及控制的基本原理。

2.能力和素养目标：能够根据工艺要求，发现和分析出现的一些问题和现象，应用一些控制论、系统论、信息论的观点来分析思考，根据基本控制规律及其控制器参数与被控过程的控制质量之间的关系，考虑到安全、环保、经济等影响因素，正确地选用测量仪表和控制装置，提出合理的自动控制方案。理解化工工程师在经济、社会、行业发展中应承担的责任。

三、思政育人目标

落实高校立德树人根本要求，培养社会主义建设者和接班人是高校教育工作者的根本任务，本课程坚持思政育人理念，落实三全育人，提升学生的工程素养，主要内容如下：

1.以专业知识为载体，充分挖掘化工生产过程中控制理论中所蕴含的哲学内涵，培养学生的辩证思维能力和运用哲学方法解决专业问题的能力。

2.关注化工生产安全问题以及控制理论在生活中的应用，激发学生的专业自信，引导学生注重科学思维和工程伦理，提升学生的工程素养。

3.挖掘整理大国工匠的先进事迹，增强学生的社会责任感，激发学生的家国情怀。

毕业要求	毕业要求指标点	思政目标		
		1	2	3
1.工程知识	1.4：能够综合运用专业知识和数学模型方法用于专业工程问题解决方案的优选，完成化工过程设计	0.3	0.5	0.2
5.使用现代工具	5.2：能够选择与使用恰当的仪器、信息资源、工程工具和专业模拟软件对复杂工程问题进行分析、计算与设计等	0.3	0.4	0.3

四、思政案例设计

授课知识点	思政设计	载体途径
自动控制系统	工程伦理、专业自信 自动化生产过程——催化剂生产、药品包装	视频资料

续表

授课知识点	思政设计	载体途径
自动信号和联锁保护系统	工程伦理、辩证思维 安全联锁装置违规停用——某化工公司爆炸事故分析	视频资料、新闻报道等
过渡过程	工匠精神、辩证思维 最大偏差的控制——某生物科技公司爆炸事故	视频资料
精确度	工匠精神、家国情怀 汽车导航精度对生活的影响	网络图片、多媒体课件
电接点压力表	工程伦理、专业自信 预防某生物科技公司爆炸事故的方式	多媒体课件
流量计	家国情怀、专业自信 自来水、天然气、暖气等的流量检测	多媒体课件
物位检测仪表	家国情怀、工匠精神 水位监测在汛期的重要性	视频资料、多媒体课件
温度计	家国情怀、专业自信 温度计在新冠疫情的使用	网络图片、多媒体课件
执行器	工匠精神、工程伦理 某化工公司发生反应釜爆炸事故、某铝合金公司爆炸事故分析	网络图片、视频资料
简单控制系统	工匠精神、专业自信、工程伦理 古代的控制系统、钱学森《工程控制论》、烟台招远爆裂着火事故	网络图片、视频资料、多媒体课件
复杂控制系统	专业自信、工程伦理 分析化工安全事故，分析控制减少化工安全事故发生的方法	多媒体课件

五、教学实施过程

<table>
<tr><th>章节名称</th><th colspan="2">简单控制系统</th><th>学时</th><th>2</th></tr>
<tr><td colspan="5">一、教学目标</td></tr>
<tr><td colspan="5">掌握简单控制系统的组成以及被控变量、操纵变量和控制规律的选择方法；应用所学知识解决复杂工程问题，对于典型化工生产过程能够提出控制方案，提升学生的社会责任感、工程素养、专业自豪感</td></tr>
<tr><td colspan="5">二、教学实施过程</td></tr>
<tr><td>教学环节</td><td>教学活动</td><td>学生活动</td><td colspan="2">课程思政</td></tr>
<tr><td>课堂导入：
启发式教学
（5分钟）</td><td>以钱学森《控制论》的撰写为代表进行控制的介绍</td><td>思考古代的控制系统有哪些，并探讨对于《控制论》的认识</td><td colspan="2" rowspan="2">通过《控制论》的撰写过程以及典型的控制过程介绍，增强学生的专业自信、民族自豪感</td></tr>
<tr><td>前测
（5分钟）</td><td>控制系统的组成及方块图的画法</td><td>通过雨课堂完成，前测结果反馈</td></tr>
<tr><td>简单控制系统的结构和组成：
研究导向式教学
（10分钟）</td><td>燃煤锅炉介绍以及课题要求</td><td>分组讨论燃煤锅炉换热器如何实现资源最大化利用、减少干扰</td><td colspan="2">通过学生讨论资源利用、减少干扰等方法，培养学生的辩证思维，增强学生的经济意识、可持续发展理念</td></tr>
<tr><td>某市爆裂着火事故分析：问题导向
（5分钟）</td><td>介绍事故经过，引导学生思考如何控制可预防事故的发生</td><td>思考如何改进控制方法</td><td colspan="2">通过典型案例分析，增强学生的安全控制意识、精益求精的工匠精神</td></tr>
<tr><td>简单控制系统的设计：案例式教学
（50分钟）</td><td>化工生产中常用的精馏设备分离苯—甲苯体系：1.被控变量、操纵变量、干扰作用的确定；2.控制规律的选择</td><td>思考分析精馏设备的控制过程</td><td colspan="2">分析控制系统中不同变量的选择对于结果产生的影响，增强学生精益求精的工匠精神；为了实现控制系统的负反馈控制，明确各组成相互协作的重要性</td></tr>
</table>

续表

二、教学实施过程			
教学环节	教学活动	学生活动	课程思政
典型案例分析：研究导向式教学（10分钟）	奶粉的生产介绍 通过案例分析确定学生所学简单控制系统是否能够灵活运用	分组讨论完成奶粉生产的控制过程	培养学生的工程素质以及智能制造理念
拓展与总结（10分钟）	对于所学知识进行总结，并分析煤化工、石油化工生产中控制的重要性	学习典型化工生产控制过程的实现；思考在化工生产中控制的应用	增强学生的专业自信和家国情怀
布置作业（5分钟）	查阅文献资料说明自动控制系统在口罩生产环氧乙烷灭菌中应注意的问题；预习下节课内容	自主查阅文献资料了解口罩灭菌过程并分析得出结论	培养学生的自主学习能力，并增强学生的工程素养
三、教学反思			
本节课程基于OBE理念，遵循成果导向，坚持以学生为本的教学原则。以钱学森《控制论》为代表进行了课程思政元素融入作为课堂导入，将BOOPS教学与研究导向、案例教学等有机结合，有效激发了学生对于简单控制系统的选择及控制论的学习兴趣，在授课环节实现混合式教学与思政育人理念有机融合，增强学生专业素养的同时强化了学生的专业自信心、家国情怀以及社会责任感，把知识传授、能力培养、思想引领融入课堂教学中			

（化学化工学院　化学工程与工艺专业　彭翠娜）

互换性与技术测量

一、课程概况

《互换性与技术测量》课程是机械工程专业的核心专业课程。以机械产品结构几何精度设计及其测量为主要内容，具有显著的学科交叉性、实践性和综合应用性等特点，旨在培养学生机械结构几何精度设计能力和检测能力，为学生将来开展机电产品设计、制造、管理等技术工作奠定良好基础。

该课程为省级一流课程（2019）、省级精品课程（2009）、省级精品课程群核心课程（2011），校级思政示范课程（2021）。课程教学团队有教师8名，其中教授3名、副教授3名、高级实验师1名。团队成员具有厚实的工程背景和丰富的教学经验，始终秉承以学生为中心的OBE教学理念，结合对科研项目的凝练，经过多年的教学改革与研究，形成了“项目引领—任务拉动—案例示范—思政融合”的创新思政课程教学模式，获得济南大学首届优秀教学团队荣誉称号，主持省级、校级教学研究项目12项，获得省级教学成果奖3项、校级教学成果奖8项。评教成绩在学院名列前茅，指导学生获得省级、校级优秀教学论文41人次，获得国家级、省级创新设计大赛30余项。积极开展科学研究，主持国家自然基金项目4项、省级科研项目20项，获得省局级科研奖励12项。

二、课程教学目标

1.知识目标：掌握机械零部件尺寸精度、形位精度及表粗糙度设计原则，掌握典型机械结构的精度设计与检测方法。

2.能力目标：培养学生整体结构及零部件精度设计能力；培养学生标准意识、精度与经济协调意识；培养学生典型零部件精度检测能力，以解决实际工程问题。

3.素养目标：使学生形成实践的观点、科学思考的方法及严谨的工作作风，具备解决复杂机械工程问题的能力，勇于创新，有使命担当、政治素养高的技术人才。

三、思政育人目标

1.挖掘秦国依靠统一规范理念下的弩机等先进武器装备制造实现中国大统一等类似案例，增强学生对中国传统文化的自信。

2.面向国家重大战略需求，引入大国重器、超级工程典型案例，激发学生的家国情怀。

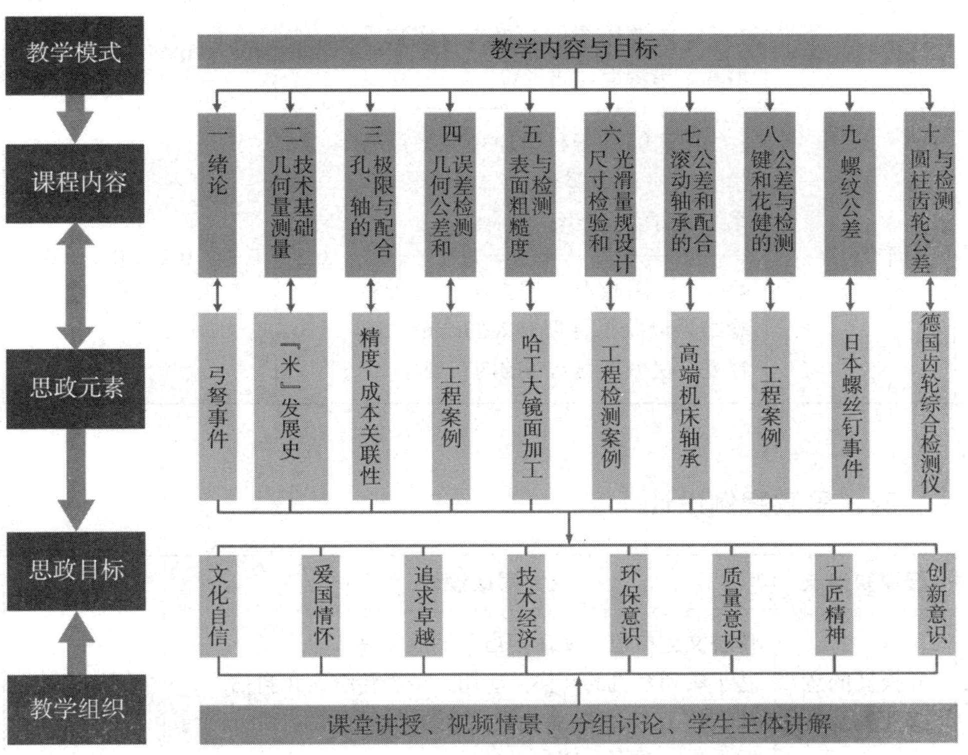

图1　思政课程建设总体思路及目标

3.聚焦先进科技成果和受制于国外的瓶颈技术，引领学生追求卓越的科学精神，树立科技强国的使命担当。

4.挖掘整理时代楷模、大国工匠的先进事迹，培养学生严谨求实和精益求精的工作作风。

5.整理连杆压套、蜗轮组合设计等典型工程案例，培养学生技术经济意识和创建环境友好及资源节约型社会的理念。

<table>
<tr><th rowspan="2">毕业要求</th><th rowspan="2">毕业要求指标点</th><th colspan="5">思政目标</th></tr>
<tr><th>1</th><th>2</th><th>3</th><th>4</th><th>5</th></tr>
<tr><td>问题分析</td><td>2-2：能够应用数学、自然科学和机械工程科学的基本原理，对复杂机械工程问题进行识别与判断，并结合专业知识进行有效分解</td><td>0.2</td><td>0.3</td><td>0.2</td><td>0.1</td><td>0.2</td></tr>
<tr><td>设计开发</td><td>3-4：能够用图纸、报告或实物等形式，呈现设计成果</td><td>0.2</td><td>0.1</td><td>0.3</td><td>0.2</td><td>0.2</td></tr>
<tr><td rowspan="2">研究</td><td>4-2：能够基于科学原理并采用科学方法对机械零件、结构、装置、系统制订实验方案</td><td rowspan="2">0.3</td><td rowspan="2">0.2</td><td rowspan="2">0.2</td><td rowspan="2">0.1</td><td rowspan="2">0.2</td></tr>
<tr><td>4-4：应用数据处理方法，分析实验结果以获得合理有效的结论，解释复杂机械工程问题的内在规律</td></tr>
</table>

四、思政案例设计

授课知识点	思政设计	载体途径
互换性的意义及其发展	传统文化自信　使命担当　民族复兴 基于秦朝弩机的互换性应用，培养传统文化自信 从我国互换性标准化发展历史与国际的差距分析，增强爱国意识，使命担当	网络视频 授课PPT

续表

授课知识点	思政设计	载体途径
长度单位“米”的发展史	精益求精　工匠精神 通过对度量单位米几百年来，从“子午线长度”到“光波”的发展史，引导学生弘扬一丝不苟、精益求精的工匠精神	网络图片 授课PPT
轴孔标准公差及基本偏差	标准化思维 通过某品牌汽车的大规模生产成功实例，引导学生掌握互换性标准化的基本原则，培养标准化意识	网络图片 互换性标准
轴孔配合的选择原则	技术经济性　辩证思维 通过$T_f=T_h+T_s$的关系，让学生理解技术性和经济性之间的矛盾，引导学生在精度设计中应用辩证思维，合理解决这一矛盾，从而达到技术经济性的完美统一	授课PPT
形位公差的选择原则	责任担当　匠心精神 以形位精度设计为出发点，强化学生认真负责的责任感，塑造学生心有精诚、手有精艺的匠心精神	软件操作
表面粗糙度	大国重器　家国情怀　使命担当 通过哈工大精密加工实验室“镜面加工”实例及登月车设计任务，激发学生的家国情怀	图片 授课PPT
光滑轴孔尺寸检验	追求卓越　工匠精神　团队合作 通过介绍导弹制造小误差，在发射后会造成着地点几十公里的误差，使学生理解“失之毫厘，谬以里千”的含义，结合实验操作及数据处理，培养学生精益求精的工匠精神	图片 授课PPT 实验操作 数据处理
轴承及配合件的选用	专业认同　责任担当 通过介绍高端轴承是装备制造业的卡脖子技术，使学生了解我国轴承行业的与发达国家的技术差距，厚植学生爱国情怀、责任担当	网络图片 小视频

续表

授课知识点	思政设计	载体途径
键和花键	追求卓越　工匠精神 通过键的失效案例，帮助学生理解键槽及轮毂槽的形位公差设计标注方法，使学生树立追求卓越精益求精的工匠精神	图片 授课PPT
螺纹互换性	责任担当　民族复兴 通过高铁螺母—日本螺丝钉案例，分析我国与发达国家的技术差距，培养学生的责任担当意识	新闻报道
圆柱齿轮公差与检验	大国重器　创新意识　使命担当 通过沈阳机床历时5年，完成i5数控系统的创新的实例，解决我国数控系统多年受制于人的困局，增强创新意识、民族自豪感及责任感 德国的齿轮综合测量仪可满足齿轮精度各项指标的测量要求，并提供软、硬件支持，我国的技术有明显差距，从而激发学生的责任心、使命感	图片 授课PPT
大作业	创新意识　技术经济性　环保节约意识 通过对变速箱、连杆压套及蜗轮组合件装配图及零件图的精度设计，完成复杂零部件的创新表达，使学生融会贯通，举一反三；培养学生技术经济意识和环境友好及资源节约型社会的理念	综合练习

五、教学实施过程

<table>
<tr><td>章节名称</td><td>滚动轴承的公差与配合</td><td>学时</td><td>2</td></tr>
<tr><td colspan="4">一、教学目标</td></tr>
<tr><td colspan="4">知识目标：了解滚动轴承的精度等级及其选用；掌握滚动轴承配合的轴、孔公差带的规定，掌握轴、孔的尺寸公差及其他技术要求的选用与标注
能力目标：能根据机械结构的使用工况，正确选择轴承的精度；根据结构类型，正确设计轴承配合件的精度；根据设计结果，正确标注装配图及零件图
思政目标：激发学生的爱国热情和斗志，始终将经济性、环保意识根植于设计中</td></tr>
</table>

续表

二、教学实施过程			
教学环节	教学活动	学生活动	课程思政
导言 （5分钟）	播放一组装配设备，引导学生从中找到滚动轴承，展示常见的深沟球轴承结构及其在装配图中的标注，请学生思考：滚动轴承配合件有哪些？滚动轴承配合件的尺寸公差是如何确定的	理解滚动轴承的功能，对课程内容产生兴趣	锻炼科学观察能力，培养严谨的学习精神
学习目标 （2分钟）	提出本节课学习目标：知识、能力、思政三方面具体目标，提出教学重点和难点	明确学习目标	培养全局观
前测 （8分钟）	请学生回顾以下内容：（1）滚动轴承内外圈采用何种配合制；（2）滚动轴承与其配合件之间有怎样的配合性质；（3）几何公差项目：形状、方向、位置、跳动；（4）表面粗糙度的一般标注方法	积极听课，回答问题	巩固专业知识，提升专业素养
参与式学习a （10分钟）	滚动轴承的公差等级：（1）提问学生滚动轴承的使用场合，展示具体分类；（2）播放滚动轴承公差等级，提醒学生注意深沟球轴承和圆锥滚子轴承的特殊性；（3）讲解各个公差等级的滚动轴承应用范围	认真思考，积极讨论，回答问题	理解矛盾的普遍性和特殊性，体会矛盾的特殊性是认识事物的基础
参与式学习b （20分钟）	滚动轴承内径、外径公差带及特点：（1）提问学生轴承内圈和轴颈、外圈和外壳孔之间的相互运动关系；（2）播放轴承内圈基准孔公差带位置图片并分析；（3）播放轴承外径公差带位置图片，并跟内径公差带位置进行对比	听取讲解，体会思路，回答问题	培养学生不断探索的科学精神，注意思维的全面性

续表

二、教学实施过程			
教学环节	教学活动	学生活动	课程思政
参与式学习c（20分钟）	滚动轴承配合的选择：（1）查表法确定滚动轴承配合的选择依据 ①套圈与载荷方向的关系 ②载荷大小 ③径向游隙 ④其他因素：温度、转速、公差等级 （2）指导学生查表7-4—7-7	听取讲解，体会思路，回答问题	树立经济性理念，推动建设节约型社会
参与式学习d（20分钟）	轴承配合件的几何公差与表面粗糙度： （1）从防止安装变形出发，引导学生明确轴颈、外壳孔的几何公差项目，并指导学生查表7-8 （2）从轴承配合表面出发，引导学生确定表面粗糙度的标注位置，并指导学生查表7-9	听取讲解，体会思路，回答问题	具备前瞻思维，未雨绸缪，有备无患
后测（9分钟）	1.请学生尝试完成P143例题7-8a 2.根据学生答题情况进行答案解析	完成题目，听取讲解	培养独立思考的科学精神，重视批判性思维和沟通能力
总结（4分钟）	1.回顾本节内容并总结重点难点 2.给出课后作业：P144，题7-2、题7-5 3.预习内容：键和花键的公差与检测	回顾知识点，形成体系	认识事物的联系性，培养融会贯通的综合能力
拓展（2分钟）	展示我国高端轴承的发展，分析我国在该行业的国际地位	观看视频，迸发爱国热情和斗志	培养有国际视野、爱国情深、理想高远的人格，树立科技强国实名担当

续表

三、教学反思
基于OBE理念，以学生为中心，提高教学环节实施的目的性，利用实际工程案例，采用BOPPPS教学模式，有效设疑，引导学生分析专业问题、解决具体问题，帮助学生建立从理论到实践的桥梁，培养学生解决机械专业工程问题的思维能力，体会全面性、联系性、独立性、前瞻性等科学思维的内涵，形成良好的思维品质。将技术性和经济性相结合，引导学生树立经济性理念和节约意识，推动建设节约型社会。聚焦我国高端轴承的发展，引领学生追求卓越的科学精神，树立科技强国的使命担当

（机械工程学院　机械工程专业　王慧）

计算机辅助工程

一、课程概况

《计算机辅助工程》课程为机械工程中外合作办学项目的专业核心课，主要讲授AutoCAD、SolidWorks和Creo3个高端机械设计软件的操作，使学生具备对复杂零部件进行二维工程图表达和三维建模的能力，为后续相关专业课程学习及毕业设计提供工具和应用支持，同时为毕业后从事设计、施工、管理等工作打下基础。团队成员具有丰富教研经验和深厚科研积淀，创新设计CAD软件的教学过程，从科研项目凝练课程案例，积极探索知识讲授与价值引领相融合的有效机制，历经多年教研改革，形成了“价值引领、案例示范、全域渗透”为主线的创新课程思政建设模式，被列为济南大学“专创融合”线上示范课程建设项目。团队成员评教成绩在机械学院名列前茅，先后参与学校教改项目6项、重点项目1项，发表教研论文10篇，荣获济南大学教学成果奖特等奖1项、二等奖1项，指导学生获得国家级、省级科创奖励40余项。

二、课程教学目标

1.知识目标：巩固学习机械专业基础知识，掌握CAD软件的工程图绘制、零件建模和装配建模等基本操作。

2.能力目标：综合运用CAD软件工具，表达、展示机械产品的复杂零部件；掌握软件操作技巧，提升产品建模效率；进行创新设计，解决工程实际问题。

3.素养目标：遵循国家制图标准，形成制作规范工程图的标准意识；形成严谨细致、勇于探究的工作作风；培养爱岗敬业、脚踏实地、开拓创新的职业素养。

三、思政育人目标

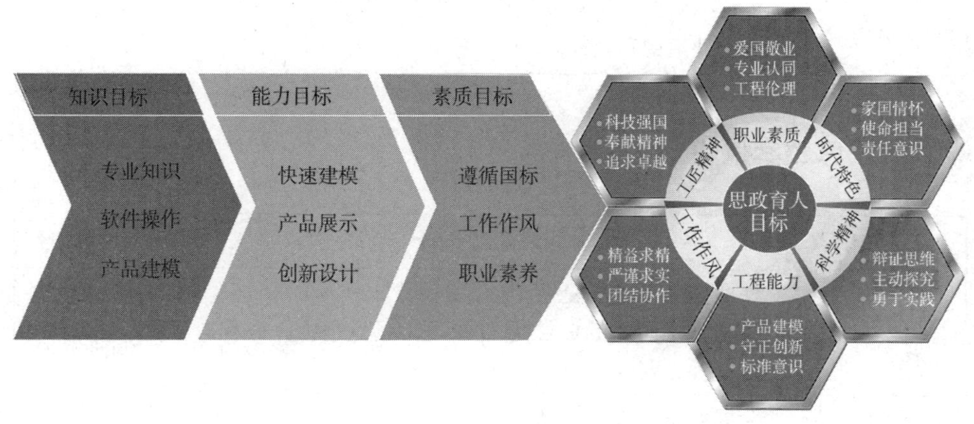

图1 课程培养目标

1.提炼软件实操蕴含哲理，引导学生注重科学思维和工程伦理，培育学生的职业道德。

2.聚焦先进科技成果和受制于国外的瓶颈技术，激发学生追求卓越的科学精神，树立科技强国的使命担当。

3.面向国家重大战略需求，引入大国重器、超级工程典型案例，激发学生的家国情怀。

4.挖掘整理时代楷模、大国工匠的先进事迹，培养学生严谨求实和精益求精的工作作风。

毕业要求	毕业要求指标点	思政目标			
		1	2	3	4
设计开发	3-4：能够用图纸、报告或实物等形式，呈现设计成果	0.4	0.3	0.2	0.1

续表

毕业要求	毕业要求指标点	思政目标			
		1	2	3	4
使用现代工具	5-1：能够掌握机械工程领域中的设计开发、仿真分析及性能测试等现代工具	0.1	0.4	0.3	0.2
职业规范	8-2：能够在工程实践中理解并遵守工程职业道德和规范，并履行相应的责任	0.7	0.1	0.1	0.1

四、思政案例设计

授课知识点	思政设计	载体途径
CAD软件技术发展	使命担当　民族复兴 我国自主研发的CAD软件缺乏市场竞争力，课程以学习国外CAD软件为主	市场 调研报告
平面图形绘制 （1）图层构建与应用 （2）精确绘图	全局意识　精益求精 图形对象应由图层统一管理，不能单独修改各自特性 对象捕捉功能实现了精确绘图，引导学生弘扬精益求精工匠精神	软件操作
图块创建 夹点编辑	辩证思维 培养学生个体与整体的辩证思维及抓事物主要矛盾的辩证思维	软件操作
装配图绘制	标准意识　守正创新 培养学生养成遵守国标的习惯，增强遵纪守法意识；创新表达产品装配图	软件操作
尺寸标注	责任担当　匠心精神 以尺寸标注的准确性为出发点，强化学生认真负责的责任感，塑造学生心有精诚、手有精艺的匠心精神	软件操作
轴套类 零件绘制	专业认同　家国情怀 引述发电机的发展，讨论发电机中大轴的关键性及国内外产品的质量问题，增强学生的专业认同感 线上平台发布中国风力发电视频，让学生感受世界第一风力发电大国的硬核实力，厚植学生爱国情怀	学术论文 网络视频

续表

授课知识点	思政设计	载体途径
盘盖类 零件图绘制	奉献精神　追求卓越 法兰盘常见为焊接法兰，引述在焊工岗位奉献50多年的“七一勋章”获得者艾爱国的事迹	新闻报道 网络视频
叉架类 零件图绘制	民族自豪　民族复兴 叉架类零件常见于机床的操纵机构，由此阐述中国数控机床的迅猛发展	新闻报道
箱体类 零件图绘制	科技报国　家国情怀 讲述《高压柱塞泵，鲠在中国装备制造业咽喉的一根刺》，让学生明白高压泵是我国的“卡脖子”技术	新闻报道
装配图绘制	团结协作　科学思维 产品装配图由企业多部门协作完成；用插入法画装配图过程，应重点抓住事物本质特征，把握事物之间关联性	软件操作
上机实践	勇于探究　自主学习 融会贯通，举一反三，进行复杂零部件的创新表达；激发自主学习能力，树立正确学习价值观	实操练习
大作业	严谨细致　工程伦理 成都地铁一号线盾构隧道偏差超限质量事故反面警示案例	网络图片

五、教学实施过程

<table>
<tr><th>章节名称</th><th>叉架类零件图绘制</th><th>学时</th><th>2</th></tr>
<tr><td colspan="4">一、教学目标</td></tr>
<tr><td colspan="4">理解叉架类零件的功用，辨析其绘图思路；掌握对象选取、夹点编辑和尺寸标注的操作技巧；合理选择绘图命令实现叉架类零件二维图绘制；引入工程案例，感受大国重器和大国工匠，激发家国情怀，增加民族自信和文化自信，树立科技强国之志</td></tr>
</table>

续表

二、教学实施过程			
教学环节	教学活动	学生活动	课程思政
课前探究	线上课程平台发布课程任务——叉架零件图绘制	查阅机械制图教材，复习叉架零件的表达方案，并尝试绘制其零件图，体会叉架零件图绘制的难点	从图样绘制规范性及严谨性出发，进行工匠精神培养
新课导入（5分钟）	阐述中国装备制造业尤其是数控机床的发展历程，引出机床操纵机构重要零件——拨叉	理解拨叉的功用，感受国之重器	培养学生家国情怀，增强民族自豪感
揭示目标（2分钟）	提出本节课教学目标：认知、技能、素质、思政四方面具体目标，强调教学重点和难点	学生明确教学目标	思政目标是终极目标，引导学习软件操作时不断反思自我，提升自我
前测（8分钟）	回顾盘盖类零件图绘制要领，重点检查学生对阵列命令及图层的规范使用，发现问题，示范操作，纠正学生的错误操作	先进行小组讨论，然后快速绘制减速器的法兰盘零件图，根据老师的示范操作，熟练掌握法兰盘的绘制技巧	讨论国内外减速器的质量问题，增强学生的专业认同感 图层便于统一管理图纸，树立学生大局观念，培养全局意识
参与式学习（70分钟）	通过课件讲授叉架的功用与表达，通过软件操作示范，详细讲授对象的选取、夹点编辑、尺寸标注等基本操作，分析零件的尺寸准确度对后续图纸绘制及产品设计的影响，然后重点示范叉架零件图的绘制	认真观察老师的操作过程，掌握操作技巧，并进行现场演练，发现问题，及时与老师共同解决问题 感受夹点编辑、尺寸标注的重要性，培养辩证思维，体会工匠精神	夹点，喻指事物的主要矛盾，培养学生辩证唯物主义思维；细节决定成败，工程绘图容不得半点马虎，要弘扬精益求精、一丝不苟的科学精神和工匠精神

续表

二、教学实施过程			
教学环节	教学活动	学生活动	课程思政
后测（5分钟）	设计题目，检验尺寸公差标注，观察学生操作过程，了解学生对本节课软件操作技能的掌握程度，对错误操作进行针对性讲解	融会贯通，发挥学习主动性，现场演练，改正错误操作，提高软件操作的熟练度	树立正确的挫折观，并重视绘图实践练习，实践是检验真理唯一标准
总结（5分钟）	总结操作要领，强调重点。结合泵体实例，引出下次课程内容——箱体类零件图绘制	回顾叉架类零件绘制思路，总结操作技巧。了解高压泵是我国的“卡脖子”技术	提升专业认同感和职业认同感，厚植家国情怀，激发报国之志
布置作业（4分钟）	布置新叉架零件图绘制，阐述与原零件图的不同，提醒绘制过程中的注意事项	发挥主观能动性，融会贯通，举一反三，完成课后作业，掌握叉架类零件图的绘制	增强学习主动性，树立正确的学习价值观；培养学生的发散思维和创新思维
价值拓展（1分钟）	线上平台发布架桥机、“复兴号”等反映中国先进制造技术及大国工匠精神等的相关视频	观看视频，感受大国硬核实力，体会我国科技发展之迅速和取得的伟大成就	增强中国制造的民族自豪感，引导学生树立远大理想和爱国主义情怀，坚定实现中华民族伟大复兴中国梦的信念
三、教学反思			
运用BOPPPS教学法进行教学环节设计，节奏紧凑，实施效果良好；课程以工程产品案例为引导，且案例凝练于典型机械装备、科研项目、企业产品，将软件的操作学习与实际工程应用的有机结合，有助于培养学生的实践能力，也提升了学生的专业认同感。大国重器及大国工匠的引入，拓展了课程思政育人途径，激发学生家国情怀，培养学生严谨求实和精益求精的工作作风，引领学生追求卓越的科学精神。课程以软件实操演示为主，通过线上+线下混合式教学，延伸课堂的时效和实效，为学生提供智慧学习环境，并充分利用线上思政育人阵地，深化课程思政育人效果			

（机械工程学院　机械工程专业　葛荣雨）

文献检索

一、课程概况

《文献检索》课程是机械工程、车辆工程、智能制造等机械工程学院各专业的专业必修课、山东省高等学校在线课程联盟课程，主要讲授信息素养与科学研究、科研活动中的信息需求、科学文献检索工具与检索方法等，培养学生的信息意识，增强学生获取、处理和利用文献信息的能力，提高大学生自学能力、科研能力及创新创业能力。课程团队秉持“立德树人”的教学理念，将“知识传授”与“价值引领”相融合，在授课过程中潜移默化地对学生进行职业道德教育，培养学生精益求精的大国工匠精神，激发学生的国家情怀和使命担当，在专业人才终身学习及使用现代工具能力培养方面起到重要作用，2020年获得山东省高等学校课程联盟优秀共享课程。团队成员教学评价优秀，主持与参与教育部产学育人项目等教改项目多项，发表教研论文10余篇，获得山东省第八届高等教育省级教学成果一等奖、济南大学优秀教学成果一等、二等奖等多项奖励。

二、课程教学目标

1.知识目标：掌握文献检索、目录检索方法及基本知识，针对科研活动中的信息需求，熟练掌握计算机信息检索的技术、方法和技巧，学会使用现代信息技术高效率地学习。

2.能力目标：掌握中国知网CNKI、ScienceDirect数据库、Web of

Knowledge数据库的检索方法，并综合运用各种文献检索数据库及检索策略、检索方法，选择关键词，不断提高学生综合获取和利用文献信息的能力。

3.素养目标：遵循信息伦理与信息道德准则，规范科研活动中的信息行为，掌握学术写作中的参考文献引用规范及著录规则，提升自身信息知识、信息能力、信息意识及信息道德等信息素质及科学素养，弘扬精益求精的科学精神；树立激发学生的民族自豪感，激发学生探索未知、追求真理、勇攀科学高峰的责任感和使命感，培养学生的家国情怀和使命担当。

三、思政育人目标

1.培养学生尊重个人隐私、抑制不良信息、维护自身信息安全等的信息意识和信息道德。

2.针对知识需求、发展需求、创新需求、创造需求等科研活动需求的不同层次，培养学生科技文献信息获取、筛选和评价能力；培养学生精益求精的钻研精神、工匠精神、创新精神和科学精神。

3.培养科研信息意识、科研信息道德，提升科研信息能力，促进遵循伦理道德规范，尊重知识产权，防范网络安全和知识共享等。

毕业要求	毕业要求指标点	思政目标		
		1	2	3
2.问题分析	2-1：掌握现代文献检索及资料查询技术，能够运用现代信息技术获取相关信息	0.2	0.5	0.3
5.使用现代工具	5-1：能够掌握机械工程领域中的设计开发、仿真分析及性能测试等现代工具	0.1	0.7	0.2
12.终生学习	12-1：能够理解自主学习和终身学习的内涵和重要性	0.1	0.3	0.6
	12-2：具有扎实的专业基础知识和提出/发现问题的能力，具有不断学习和适应发展的能力	0.1	0.1	0.8

四、思政案例设计

授课知识点	思政设计	载体途径
信息	信息安全 徐玉玉案背后的“诈骗毒瘤”叩问信息安全隐患，“3·15”晚会曝光的人脸数据滥用、个人简历泄露、手机里的安全陷阱等九大问题，引导学生保护个人信息安全	课堂讨论
信息素养	信息伦理与信息道德 通过实验数据造假等案例学习《高等学校预防与处理学术不端行为办法》以及抄袭、自我抄袭、伪造数据、违反法律等“十大学术不端行为”，引导学生认识信息道德的重要性和学术不端的危害性	课堂讨论、课程实践
	信息法律与法规 以高通、华为专利之争为例，引导学生尊重知识产权，学会用法律来保护和约束自己的信息活动和信息行为	课堂讨论、课程实践
科研信息需求	创新精神和科学精神 看淡名利的屠呦呦诠释科学精神，引导学生感受科学家们伟大的科学精神和创新精神	课堂讨论、课程实践
中国知网CNKI	爱国主义精神 检索电视剧《恰同学少年》中毛润之等人背诵“少年中国说”片段，让学生感受视频中强烈的爱国主义情怀，意识到信息源的重要性，培养学生识别信息、查找信息和分析信息的综合能力	课堂讨论、课程实践
文献检索途径与方法	钻研精神和工匠精神 阅读“布鞋院士”李小文的爱岗敬业故事，激发学生的钻研精神和工匠精神	课堂讨论、课程实践
科技文献使用规范	学术道德规范 知名演员“北大博士后”、演艺圈“学霸”不知知网事件	课堂讨论、课程实践

五、教学实施过程

<table>
<tr><td>章节名称</td><td>信息素养和科学研究</td><td>学时</td><td>2</td></tr>
<tr><td colspan="4">一、教学目标</td></tr>
<tr><td colspan="4">通过信息的基本概念，掌握信息安全、信息伦理及信息道德，掌握科技文献的著录格式。了解信息发展特点、科技信息资源及信息素养，达到熟练掌握信息资源的使用方法及使用规范，培养学生的信息安全意识、信息伦理与道德，激发学生的创新精神及家国情怀</td></tr>
<tr><td colspan="4">二、教学实施过程</td></tr>
<tr><td>教学环节</td><td>教学活动</td><td>学生活动</td><td>课程思政</td></tr>
<tr><td>课前探究</td><td>通过智慧树平台发布课程任务——信息素养与科学研究</td><td>查阅相关教材，了解信息与人类的关系</td><td>从信息获取途径出发，进行信息素养培养</td></tr>
<tr><td>课程导入
（8分钟）</td><td>阐述信息与人类的关系，以在原始森林进行生存实验随身携带物品——指南针，引出如何获取信息，引入案例“天问一号”入选2021五大科技奇迹</td><td>理解信息的重要性，感受信息获取的途径，小组讨论：“天问一号”探测火星过程中如何导航</td><td>通过“天问一号”的案例分析，让学生了解信息与人类关系以及导航技术的发展历程，激发学生的创新精神</td></tr>
<tr><td>揭示目标
（2分钟）</td><td>提出本节课教学目标，教学重点：信息、参考文献著录格式、科技信息资源</td><td>明确学习目标</td><td>培养学生的信息素养</td></tr>
<tr><td>前测
（5分钟）</td><td>以信息查找途径为基础，重点考查学生的信息获取能力</td><td>先进行小组讨论，了解获取信息的途径</td><td>讨论信息获取的途径，增强学生的信息安全意识</td></tr>
<tr><td>参与式学习
（20分钟）</td><td>讲解信息的基本概念以及信息获取方式与信息安全等，播放视频案例：人脸数据滥用、个人简历泄露、手机里的安全陷阱等九大问题</td><td>掌握信息的基本概念及信息获取方式，小组谈论如何在获取信息时保护个人信息安全</td><td>引导学生培养信息素养，保护个人信息安全，认识非法获取公民个人信息是违法犯罪行为</td></tr>
</table>

续表

二、教学实施过程			
教学环节	教学活动	学生活动	课程思政
参与式学习（40分钟）	通过课件讲解信息的特征及功能、科技信息及科技信息资源等	通过三大检索机构了解科技信息资源的分类，并通过案例：中国机器鱼凭啥“打卡”马里亚纳海沟？讨论：如何才能提高科研成果的创新性	通过中国最新的科技成果，弘扬工匠精神及科技创新精神
案例分析（30分钟）	以PPT演示与小组讨论为主，说明文献著录格式的使用规范并说明学术不端行为带来的危害	小组讨论：如何才能规范使用参考文献著录以及知识产权保护 案例分析：哪种引用参考文献的行为，属于学术不端	培养学生尊重他人研究成果及著作权的科学态度与学术品质，坚持学术诚信，对学术不端行为零容忍，树立良好的科研信息道德规范
后测（5分钟）	设计题目，检验不同文献的著录格式，了解学生对文献标识的掌握情况	掌握文献著录格式要求，提高文献著录的准确性	培养学生正确引用参考文献来体现科学性和严谨性
总结（5分钟）	总结信息、信息资源以及文献的著录格式等，强调重点，引出下次课程内容——信息素养	回顾信息的检索途径及文献著录格式，了解信息安全的重要性	激发学生的科学精神、工匠精神，厚植家国情怀
布置作业（5分钟）	布置分组检索不同文献作业，注意检索过程中的注意事项	发挥主观能动性，针对课题查找相关文献	培养学生的主动学习能力，提高学生科研能力

续表

三、教学反思
引生活案例、科技案例入课堂进行教学设计，通过视频分享、小组讨论等模式组织课堂，学生参与度高，实施效果好；课程以拓展训练案例为引导，以“天问一号”等最新科研成果为拓展，将学生从生活场景带入科技领域，有助于提升学生的专业认同感，激发学生的科技创新意识及家国情怀；信息安全案例的引入，将信息获取与使用结合起来，引导学生提高信息安全意识；通过文献著录案例分析，激发学生的科学精神、工匠精神，厚植家国情怀，并培养学生正确引用参考文献，提高学生科研能力及终身学习能力。课程采用线上线下混合式教学模式，PPT讲授与小组讨论等组织形式，有效增强了课程思政育人效果

（机械工程学院　机械工程专业　陈乃建）

机械设计

一、课程概况

《机械设计》课程2012年被评为山东省精品课程，是机械类专业主干课程，具有从理论过渡到实践的桥梁作用。课程旨在培养学生正确的设计思想，学会一般通用机械的设计，培育学生精益求精、求真务实、创新实践的“工匠精神”，并具有社会责任感、家国情怀和文化自信。在工程教育专业认证要求中明确，该课程在问题分析、设计/开发解决方案、研究以及职业规范方面具有重要的专业支撑作用。课程团队有教授1名、副教授3名、讲师3名、高级实验师1名，其中课程负责人王潍获济南大学优秀教学奖，主讲教师王桂从获山东省青年教师教学比赛优秀奖，课程组老师均有多年获得校本科教学贡献奖经历。近年来，课程组积极投身于教学改革与课程思政的探索，获得省级教学研究成果三等奖1项、校教学成果二等奖3项。指导学生参加科技创新实践，获得国际科技创新竞赛奖项3项、全国及省级比赛奖项60余项。

二、课程教学目标

1.知识目标：能够概述机械设计一般方法，机械零件的主要类型、性能、结构特点、应用、材料及标准；能够描述常见机械结构失效的类型和失效机理；能够进行一般通用机械零件的结构设计和校核计算。

2.能力目标：能够应用标准、规范、手册、图册以及相关技术资料进行一般机械零部件设计；能够运用机械设计的一般方法，进行一般机械传动装置和简单机械的设计并进行正确的工程表达；能够分析机械零件失效原因并提出改进措施，可以根据需要设计机械零件的实验方法。

3.素养目标：具备精益求精、求真务实、创新实践的“工匠精神”；严谨踏实、追求卓越的科学素养；不畏困难、勇于开拓的创新精神；具有社会责任感、家国情怀和文化自信，树立正确人生观、世界观及价值观。

三、思政育人目标

1.使学生明确执着、创新、求真、务实、协作的科学精神。

2.引导学生树立远大理想和爱国主义情怀，树立正确的世界观、人生观、价值观。

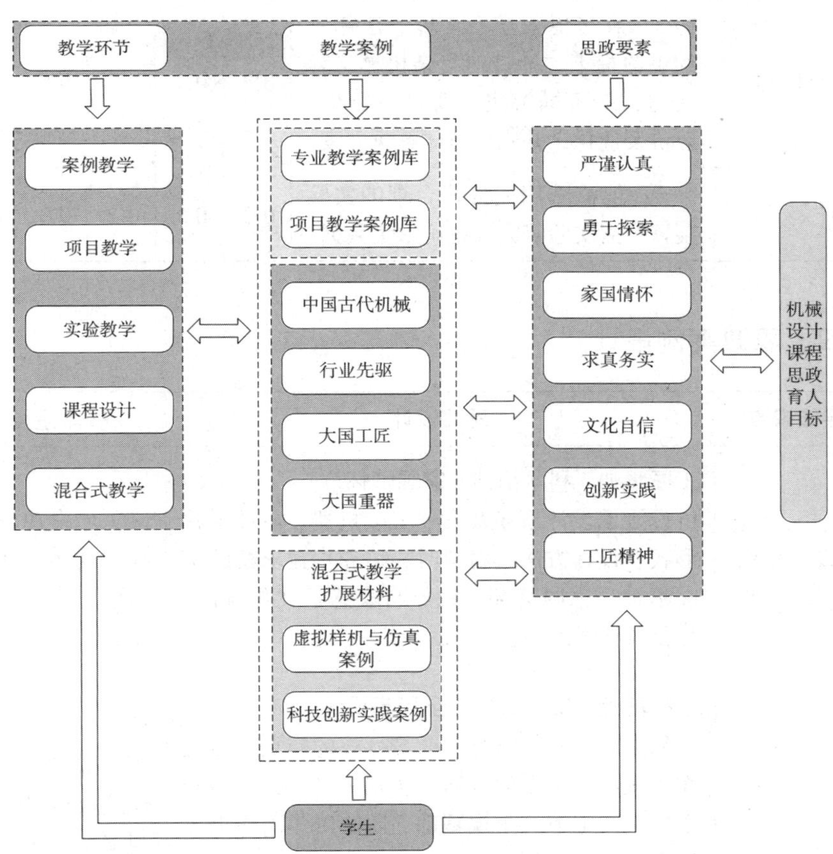

图1　思政育人目标

3.培养学生不怕失败、勇于实践、敢于探索和勇于发现真理的科学精神。

4.培养学生团结协作精神，强化团队合作意识。

5.培养学生敬业、精益、专注、创新等方面的“工匠”精神，认真负责、踏实敬业的工作态度和严谨求实、一丝不苟的职业素养，养成细致、严谨的科学态度。

毕业要求	毕业要求指标点	思政目标				
		1	2	3	4	5
2.问题分析	2-4：能够通过综合判断和分析，对所需解决的复杂机械工程问题提出解决方案并分析其合理性	0.3	0.1	0.2	0.1	0.3
3.设计开发	3-3：在考虑安全、环境、法律等约束前提下，能针对复杂机械工程问题，对不同解决方案进行分析、评价及优化，并确定整体解决方案	0.2	0.1	0.2	0.2	0.3
4.研究	4-3：能够选用或搭建合理的实验装置开展实验研究并正确采集数据	0.2	0.1	0.2	0.3	0.2

四、思政案例设计

授课知识点	思政设计	载体途径
机械设计总论	工匠精神　科学精神　家国情怀 讲授机械设计概述及发展史、机器、零件失效形式、设计方法、材料时，培养精益求精的工匠精神、家国情怀、民族自豪感、文化自信，强化科技强国理念	MOOC资源、图片、视频、课堂讨论
连接	重视基础　团队协作　全局意识 产品失效引发的安全问题是行业的痛点。连接在机械产品中看似普通，实则关系重大。培养学生关注细节、重视基础、团队协作、注重全局意识	源、图片、视频、课堂讨论、螺纹连接设计或测试

续表

授课知识点	思政设计	载体途径
机械传动	哲学精神　创新精神　科技强国 机械传动是各种机器的灵魂，启发学生科技创新的重要性，培养学生创新精神和精益求精的科学态度。提高学生对工业现代化的认识，激发科技强国的使命感	MOOC资源、图片、视频、课堂讨论、带传动设计作业
滑动轴承	民族复兴　家国情怀 滑动轴承在高速机床中处于重要地位，而我国在高速轴承方面仍与国际高端轴承有较大差距。培养学生具有爱国使命感，勇于担负民族复兴伟大使命，强化工匠精神	MOOC资源、图片、视频、课堂讨论、滑动轴承设计案例分析
轴系零部件	工匠精神　探索精神　创新精神 以高铁轴承为例，诸多“卡脖子”工程都需要精益求精的工匠精神，引入大国工匠精神，培养学生唯物主义的科学理论，激发探索精神	MOOC资源、图片、视频、课堂讨论、滚动轴承设计案例分析

五、教学实施过程

章节名称	滚动轴承	学时	2
一、教学目标			
知识目标：（1）滚动轴承的类型、特点；（2）不同滚动轴承代号的意义；（3）选择滚动轴承的方法 能力目标：（1）能够判断常用滚动轴承的类型；（2）能够阐明常见滚动轴承代号的含义；（3）能够根据工作情况合理选用滚动轴承类型和代号 素质目标：（1）体会精益求精、求真务实的“工匠精神”；（2）培养严谨踏实、追求卓越的科学素养；（3）领会“核心技术要掌握在自己手里”的深刻内涵；（4）培养社会责任感、家国情怀和文化自信			

续表

二、教学实施过程			
教学环节	教学活动	学生活动	课程思政
创建情景，导入新课（5分钟）	课堂派课程平台发布任务——观看专题片视频“五年规划——工业强国”中关于我国研发高端轴承的片段	根据视频内容谈谈感想，并列举生活中常见的轴承应用例子	通过高端轴承国产化研发的案例，把学生带入师生互动探索传授新知、创新思维、科技强国和爱国敬业的环节，培养学生的家国情怀和科研素养
传授新知（20分钟）	引入我国高铁轴承的研发实例，从实例出发，介绍滚动轴承组成、类型及特点；滚动轴承代号	观察轴承实例模型、讨论不同类型轴承特点和适用范围、分析滚动轴承代号的组成和含义	培养学生坚持不懈、勇于探索、敢于创新的工匠精神，培养爱国情怀和民族自豪感；启发团结协作、精益求精的精神；引导学生重视国家标准、规范和规则
课堂练习（5分钟）	小组讨论与分析几组不同滚动轴承的类型特点和代号规律	学生进行小组协作项目，明确个人分工	培养团结合作的专业素养、严谨务实、一丝不苟的工匠精神
传授新知（10分钟）	滚动轴承类型的选择：根据各类滚动轴承的特点，通过不同工作条件和使用要求选用不同的类型	学生观察不同类型滚动轴承选择的主要依据和应用案例	引导学生实事求是、注重分析、求真务实的科研态度
课堂练习（5分钟）	课堂派平台发布小组任务：滚动轴承类型选择	学生以小组为单位分析给定条件下如何选择合适的滚动轴承类型	引导学生注意小组协作，培养团结合作、求真务实的专业素养

续表

二、教学实施过程			
教学环节	教学活动	学生活动	课程思政
课堂小结（5分钟）	总结本节课的主要内容，归纳学生在练习中出现的问题和解决思路，布置课外作业	学生记录并提出疑问	培养学生勇于质疑、善于总结的科学素养、提升专业认同感、提高学习主动性与自觉性，树立正确的价值观
三、教学反思			
本节课教学设计以学生为中心、实践为动力、发展为目标、素质为导向，深入挖掘知识点中潜在的思政元素，使课程教学在传授知识、培育能力、提升素质的基础上，于潜移默化中达到课程思政的目的。运用案例引导、项目指引等多种教学法，激发学生对课程的学习兴趣，使学生领会精益求精、求真务实、创新实践的“工匠精神”；在小组项目中培养严谨踏实、追求卓越的科学素养；在面对复杂机械设计问题时，能够不畏困难、勇于开拓；同时培养学生的社会责任感、法律意识、家国情怀和文化自信，树立正确人生观、世界观及价值观。通过教学方法创新，实现高效的师生互动、生生互动，使道理越理越清、价值越阐发越澄明、思想越来越深刻，提升思想政治教育进入学生精神世界的效能			

（机械工程学院　机械工程专业　王潍）

水工艺设备基础

一、课程概况

《水工艺设备基础》是给排水科学与工程专业16大核心课程之一，在济南大学为核心主干课，理论授课时间为32学时，2.0学分。本课程涉及材料、化工、机械、给排水4个学科领域的相关知识。基于立德树人的根本任务，课程目的是让学生达到知识目标、能力目标和素质目标有机的和谐统一。

课程团队5人，高级职称率、博士率、硕士导师率均为100%，境外访学率60%，其中1人是济南大学教学名师，1人是济南大学优秀教学奖获得者，1人是青年教学能手。课程团队10年内发表教研论文26篇，获得教学奖励8项，指导学生各类创新项目、各级获奖、优秀毕业设计50余项。本课程是济南大学的精品课、双语课、“专创融合”线上示范课、课程思政优秀教学案例课、一流课程。

本课程注重过程化考核，具有基于MTTD原则的独特的教学设计，最大化地达到课程教学目标。同时，基于“隐式”或“显隐结合式”思政元素渗入原则，创新性地应用问题牵动法（类BOPPPS教学法）、案例法及抛砖引玉法、讨论点评法等，或任意两种方法的有机结合，进行课程思政的多元化教学。

二、课程教学目标

1.知识目标：通过课程学习，掌握与水工艺设备选型、设计和制造相关的材料学、化工防腐与保温、机械制造与传动、结构力学、传热学等方面的基本知识，同时掌握或了解常用给排水设备分类、基本原理、典型构造、工艺特点及适用条件。

2.能力目标：能进行相关知识的综合、分析及应用，以能够为水工艺设备的设计、开发或改进提出工艺、材料、结构等方面的要求，同时根据工程及工艺要求，进行适宜设备（器材）的选型，并可以进行相应的运行管理及评价，最后达到一定程度的设计、开发相关设备的能力。

3.素养目标：认识到国内水处理设备先进性和贫弱性并存，认识到所肩扛的技术强国的历史使命，自主创新、持续发展的社会责任，正确的工程师价值观和良好的职业道德素养、大国工匠精神，而这些都需要具有开阔思维、勇于探索的多维知识的整合、分析和应用、评价能力，以及认真踏实的科学探索品质。

三、思政育人目标

1.通过充分挖掘课程各个知识环节所内蕴的关系，培养学生民族自豪感和认同感，以及先进的环保理念。同时具有与时俱进的科学探索精神，对创新创业知识储备的理解与认识能力，利用批判性思维和多维嵌套式量化的科学思维方式解决实际的复杂专业问题的能力。

2.培养学生具有适应性及适度索取的人生观、价值观，以及道技合一背景下的工程师伦理观。

3.通过让学生正确认识国内水处理设备先进性和贫弱性并存的现状，培养学生技术强国的历史使命感，自主创新、持续发展的社会责任感。

毕业要求	毕业要求指标点	思政目标		
		1	2	3
毕业要求1	1.3：掌握专业基础知识并能用于解决复杂工程问题	√	√	√
毕业要求3	3.1：能够综合运用专业理论和技术手段，提出针对复杂工程问题的解决方案	√	√	

四、思政案例设计

授课知识点	思政设计	载体途径
绪论（黄河文明）	自强不息、厚德载物的优良传统 “天行健，君子以自强不息”，“地势坤，君子以厚德载物”（《周易》）	图片、数据报道、历史资料、古句
绪论（水污染）	绿色家园的先进理念 人类文明带来的水污染，引导出建设绿色家园的先进理念	报道、图片、视频、数据报道等
绪论（饮用水净化工艺的三代发展史、污水处理技术发展史）	与时俱进的科学探索精神、创新创业的知识储备理解与认识 水工业由土木工程型转向为工艺技术与设备集成型，课程前世今生	历史资料、图片、视频
课程内容的思维导图	科学的多维嵌套式量化思维方式（一种方法论） 全部课程内容、核心知识点和思政元素汇总的思维导图	思维导图
金属材料里面的化学成分	科学的适度思维 钢材里面的碳含量问题，即过高或过低的碳含量对钢材性能的影响	图片、小考题、小讨论
常用塑料组成、膜行业现状、金属的切削加工	国际视野观、赶超先进技术的家国情怀 概述我国出口的塑料制品的附加值；概述膜行业的现状及先进膜技术的分布状况；我国切削加工行业目前所处发展阶段和水平	图片、数据报道和对比
金属的局部腐蚀、金属的切削加工	用心践行且具有一定批判性思维和责任感的创新精神，道技合一背景下的工程师伦理观 局部腐蚀常造成严重后果；切削加工的精雕细琢	案例、课堂讨论/小辩论

续表

授课知识点	思政设计	载体途径
金属的切削加工	适应性的人生价值观和主动学习的正确态度 遵循生物界适应性的人生价值观	日常生活举例、图片对比、假设性探讨
应力作用下的金属腐蚀、机械传动、法兰连接	社会中的合作与协作 应力和介质的协同作用；齿轮传动；法兰连接的密封原理	类比讲述、图片、视频、网络辩论或讨论等
铸造	民族自豪感 古代铸造历史及现代大型火箭的铸造	图片、历史资料、数据报告
金属的压力加工	磨炼承压与成功的人生观 钢的压力加工方式，磨炼承压直到成功的人生观	视频、歌词
支座	民族认同感 类似支座的个人根基之所在、国家根基之所在，达到民族认同感的共识	图片、名句等
安全泄放装置	正确的金钱价值观、适度的索取观 安全泄放装置的工作原理，提出“天之道，其犹张弓与。高者抑之，下者举之，有余者损之，不足者补之，天之道，损有余而补不足”(《道德经》)	图片、视频、古语、日常生活举例
常用机械搅拌器	探索性的创新创业思维 机械搅拌器的各种形式及来源：只要具备探索性的创新思维，就会有一定的创业知识储备和能力	图片、举例
污泥浓缩与脱水设备	先进的环保理念 我国污泥处置要求的历史发展	历史资料、数据报道告、小案例
污泥浓缩与脱水设备	创新的整合思维 污水处理和污泥处理处置的紧密关系	假设性小考题、小讨论

五、教学实施过程

<table>
<tr><td>章节名称</td><td colspan="2">金属的局部腐蚀</td><td>学时</td><td>1</td></tr>
<tr><td colspan="5">一、教学目标</td></tr>
<tr><td colspan="5">理解并辨别金属局部腐蚀的类型及原理、含义区别：电偶腐蚀、小孔腐蚀、缝隙腐蚀、选择腐蚀、晶间腐蚀、微生物腐蚀、应力作用下的腐蚀，并运用局部腐蚀原理及区别实现腐蚀防护技术的实现，以解决复杂工程问题。培养学生用心践行且具有一定批判性思维和责任感的创新精神，以及可靠、按道而行、细致认真和道技合一背景下的正确工程师伦理观</td></tr>
<tr><td colspan="5">二、教学实施过程
（思政元素的引入：基于“显隐结合”原则，采用“类BOPPPS”法进行思政元素的有效渗入）</td></tr>
<tr><td>教学环节</td><td>教学活动</td><td>学生活动</td><td colspan="2">课程思政</td></tr>
<tr><td>导言</td><td>案例法导入：
1.案例1：中石化青岛管道爆炸事故
2.案例2：我国著名的022型隐身导弹艇遇到的不按常理出牌的海水腐蚀事件</td><td>听课并思考</td><td colspan="2" rowspan="3">1.培养学生对创新精神及动力的认识
2.培养用心践行且具有一定批判性思维和责任感的创新精神（比如，如何正确认识、辨别、克服某些违反常识性知识的实际的局部腐蚀现象）
3.培养学生可靠、按道而行、细致认真和道技合一背景下的工程师伦理观（即伦理德性精神：把工程的好坏看成自己人格和荣誉的象征）</td></tr>
<tr><td>学习目标</td><td>1.辨别局部腐蚀类型，并结合实际情况分析环境因素影响
2.能够依据目标1对相悖于常识情况下的特殊局部腐蚀类型进行实际分析</td><td>听课并思考</td></tr>
<tr><td>前测</td><td>什么是局部腐蚀？与全面腐蚀的区别</td><td>学生回答（雨课堂实现）：目的是了解一下学生对于金属局部腐蚀的了解程度</td></tr>
</table>

续表

<table>
<tr><th colspan="4">二、教学实施过程</th></tr>
<tr><td colspan="4">（思政元素的引入：基于“显隐结合”原则，采用“类BOPPPS”法进行思政元素的有效渗入）</td></tr>
<tr><th>教学环节</th><th>教学活动</th><th>学生活动</th><th>课程思政</th></tr>
<tr><td>参与式学习</td><td>老师讲述采用“问题牵动法”
1.类比法讲授局部腐蚀类型及原理
2.举例/案例法讲授局部腐蚀后果</td><td>1.雨课堂答题
2.依据导言的案例进行辩论、分组、总结、简洁汇报、提交、打分（通过课堂现场实现，依据形成的观点分组）</td><td rowspan="3"></td></tr>
<tr><td>后测</td><td>举出实例：你周围环境哪些腐蚀现象属于局部腐蚀</td><td>学生回答：目的是考察听课者对于目标的达成度</td></tr>
<tr><td>摘要/总结</td><td>1.依据案例实际，老师阐述个人观点，同时进行前沿知识的拓展
2.以思维导图方式回顾本节教学内容
3.用小视频引出下一次课程内容
4.布置作业</td><td>听课并思考
引导学生回顾本节课所学知识，并进行知识拓展，同时引出下节课内容。通过作业巩固本节课的学习目标</td></tr>
<tr><th colspan="4">三、教学反思</th></tr>
<tr><td colspan="4">本节课具有明确的教学目标和思政目标，以案例导入课程目标，问题式引入课程重点和难点，以“类BOPPPS”法进行局部腐蚀类型、原理及含义区别的学习，同时也进行了思政元素的有效渗入
本节课的知识环节采用图片和视频丰富的PPT，并结合雨课堂答题给学生提神的方式，同时全程采用“类BOPPPS”法进行课程的推进。期间，通过案例法进行局部腐蚀后果展示、前沿知识介绍，以及在后续课程中的应用，有效激发了学生学习的积极性
本节课的思政环节通过“问题牵动法”，并基于导入的案例，让学生进行辩论、分组讨论、总结、简洁汇报、提交、打分（通过课堂现场实现，依据形成的观点分组），紧密结合所授知识的同时，培养学生用心践行具有责任感的创新精神，以及道技合一的工程师伦理观。本节课有效地将课程知识、能力、素养目标紧密相连，并且注重了思政目标的达成，使留印记、引思考、深刻划、起作用成了一个连续的过程，体现了全程育人的理念</td></tr>
</table>

（土木建筑学院　给排水科学与工程专业　付英）

城市设计概论

一、课程概况

《城市设计概论》课程是建筑学和城乡规划专业三年级培养方案中的专业基础课，是四年级城市设计实践课程的先修课程，注重对培养城市设计要素的构成和设计方法的讲解。本课程团队均为一线教师，获得省级教学二等奖，发表论文十余篇，教学研究项目十余项，指导学生获奖二十余项。项目负责人于2018年开展校级重点教研项目《城市更新背景下的城市设计课程教学研究》及教育部项目《存量语境下的城市设计实践教学研究》，根据当前专业发展及课程思政需求，从理论体系、教学方法、教学组织等方面进行了一系列教学改革，注重城市设计实践所需要各项能力的培养，引导学生树立正确的专业价值观。

二、课程教学目标

全心全意做出好的设计，力求有效改善人民的生活环境和生活质量是城市设计师职业道德的核心和最高标准。

1.知识目标：主要教授学生城市设计的理论和方法，理解城市设计的基本概念，为城市设计实践奠定理论基础：了解城市设计发展过程，掌握城市设计的基本理论和方法，熟悉城市公共空间的设计原则和方法。

2.能力目标：培养具有运用城市设计方法和基本理论进行城市设计实践、分析城市问题的能力，更重要的是培养对城市空间的感受力和对复杂城市问题的观察力，并通过规划设计手段解决问题的能力。

3.素质目标：城市设计具有重要的公共政策属性，城市设计师的重要职责之一是为决策者提供咨询，维护公共利益，因此，积极践行思政知识与专业修养的结合，提升传统文化教育，引导学生了解国家发展战略，培养家国情怀，树立正确的专业价值观，增强职业道德修养。

三、思政育人目标

1.将国家重大发展战略与城市设计实践紧密结合，在教学中融入习近平新时代中国特色社会主义发展思想，坚持把社会主义核心价值观融入课堂。

2.聚焦城市发展和规划前沿理论、先进科技成果，引领学生追求卓越的科学精神，树立科技强国的使命担当。

3.面向国家重大战略需求，引入国内城市设计典型先进案例，激发学生的家国情怀。

4.挖掘整理时代楷模、大国工匠的先进事迹，培养学生严谨求实和精益求精的工作作风。

四、思政案例设计

授课知识点	课程思政	载体途径
城市设计定义和价值取向	在城市设计对城市形象的作用部分通过城市设计形象提升的展示强化专业认同	新闻报道、教材、课堂讨论
	定义部分引入城市设计法定地位的逐步提升，讲述大国法治的发展	
	在价值取向部分引发讨论，通过学生自己的思考提升社会责任与担当	
	引入汶川地震灾后重建工程，展示自上而下制度的优越及国家实力的强大，提升民族自豪感	

续表

<table>
<tr><th>授课知识点</th><th>课程思政</th><th>载体途径</th></tr>
<tr><td rowspan="3">城市设计发展历程</td><td>在中国古代城市设计思想部分引入《周礼·考工记》“梁陈方案”、北京城发展历程、阮仪三教授的“刀下救平遥”等，注重人文素养和民族精神的培养</td><td rowspan="3">视频播放、课堂讨论、教材</td></tr>
<tr><td>引入中国古代哲学，并探讨其与当前可持续发展观的契合程度</td></tr>
<tr><td>在现代城市设计产生部分，引入近几年国家政策中关注城市设计和民生部分，了解国家发展战略</td></tr>
<tr><td>城市设计编制与管理</td><td>城市设计师进课堂，现身说法，结合城市设计编制办法和实践案例，了解前沿信息，注重塑造家国情怀和职业道德</td><td>设计师进课堂、课堂讨论</td></tr>
<tr><td rowspan="4">不同类型城市公共空间设计</td><td>在城市道路空间部分引入上海市田林路改造提升案例，了解前沿实践项目和当前人文关怀的旧城更新理念，塑造职业精神和工匠精神</td><td rowspan="4">视频播放、课堂讨论、分组走访调研、撰写调研报告、绘制设计图</td></tr>
<tr><td>分组调研济南城市公共空间，增强同理心，关注弱势群体，撰写调研报告并绘制设计图，培养人文关怀、团队协作能力，提高对复杂社会问题的洞察力及科学的钻研精神</td></tr>
<tr><td>在广场空间部分引入天安门广场的建设，塑造职业精神，培养家国情怀</td></tr>
<tr><td>在城市中心区部分引入济南CBD建设，结合济南城市发展，了解国家进步，提升民族自信</td></tr>
<tr><td rowspan="4">城市设计实践案例</td><td>解读对不同层次城市设计的案例</td><td rowspan="4">视频播放、设计师进课堂、课堂翻转</td></tr>
<tr><td>设计师进课堂，让学生了解更多设计背后的故事，增强专业自信和职业规范</td></tr>
<tr><td>展示各地优秀城市设计案例，提升对不同地域文化的思考</td></tr>
<tr><td>课堂翻转，让学生自己收集案例，自己分析，增强自我学习能力并自我展示，提高专业素养</td></tr>
</table>

五、教学实施过程

章节名称	街道空间设计	学时	2
一、教学目标			
了解街道的功能，掌握城市街道空间的设计原则，熟悉街道界面的内涵，并能结合调研实际对街道界面进行空间分析、提升；同时，通过上海、北京等前沿城市建设，了解国家发展战略，培育人文关怀和大国工匠精神			
二、教学实施过程			
教学环节	**教学活动**	**学生活动**	**课程思政**
课前探究	线上课程平台发布课程任务：济南泉城路步行街调研	现场走访调研，在行走中思考使用者在街道设计中的空间感受和需要	了解济南市城市发展需要，培养社会责任感
新课导入（6分钟）	播放“中国硅谷”深圳粤海街道视频	思考现代化街道设计，感受国之重器。体会我国科技发展之迅速和取得的伟大成就	培养学生家国情怀，增强民族自豪感
揭示目标（2分钟）	提出本节课教学目标：认知、技能、素质、思政四方面具体目标，强调教学重点和难点	学生明确教学目标	思政目标是终极目标，引导学习课程内容时不断反思自我，提升自我
前测（7分钟）	观看视频资料《疯狂动物城》22—28分钟城市街道部分的内容	先进行小组讨论，然后回答影片中街道有哪些功能、有哪些内容组成、优秀城市包含哪些特点等问题	通过分析多样性在优秀城市设计中的作用及习近平在“达沃斯议程”对话会上关于多样性的致辞树立学生大国大局观念，培养全局意识

续表

二、教学实施过程			
教学环节	教学活动	学生活动	课程思政
参与式学习（60分钟）	从中国古代文学中追踪溯源，对街道的概念进行界定	感受中国传统文化的魅力	增加文学修养，增强民族自信
	上海市田林路景观提升项目，引入街道的设计原则	欣赏先进设计案例，在案例中总结街道空间的设计原则	提升人文关怀和文化传承的可持续发展理念
	翻转课堂，结合前期的调研成果，总结街道空间的设计要素，并分析其设计要点	让优秀调研成果的同学上台展示，并讨论在多元利益主体的博弈中设计师如何保持职业操守，在哪些方面如何体现对弱势群体的关怀	提升人文关怀，提高解决复杂社会问题的能力，培养工匠精神
后测（15分钟）	每位同学调研问题，并布置局部地块街道更新设计，考察学生的综合应用能力	融会贯通，发挥学习主动性，现场设计，增强理论知识的实践应用能力	树立正确的挫折观，并重视设计实践练习，实践是检验真理唯一标准
总结（5分钟）	街道设计作为典型城市公共空间的重要设计内容，从定义、原则、组成要素、实践案例等进行总结	回顾街道空间设计重点，总结城市典型空间的类型，引出下节课的内容	提升专业认同感和职业认同感，厚植家国情怀，激发报国之志
布置作业（5分钟）	布置调研项目的深化设计作业	发挥学习主观能动性，融会贯通，举一反三，完成课后作业	增强学习主动性，树立正确的学习价值观；培养学生的发散思维和创新思维

续表

三、教学反思
运用BOPPPS教学法进行教学环节设计，节奏紧凑，将学生的参与性学习贯穿在整个授课环节，充分活跃课堂气氛，启发学生主动思考，抓住学生注意力，将专业教育和德育教育的效果发挥到最大，实施效果良好 课程引入深圳、北京、上海优秀前沿案例，激发学生家国情怀，培养工匠精神。利用对济南的调研走入城市，在沉浸式教学中，感受街道空间魅力，正确看待我国城市建设发展过程中所面临的问题，让学生充分认识到我们是有时代责任的人。利用翻转课堂，培养对城市问题的洞察力和人文关怀，并培养勇于展示自我的当代大学生自信。在当堂课的后测中，加入城市设计实践，培养学生严谨求实和精益求精的工作作风，引领学生追求卓越的科学精神

（土木建筑学院　城乡规划专业　马明春）

城市社会学

一、课程概况

《城市社会学》课程是以城市的区位、社会结构、社会组织、生活方式、社会心理、社会问题和社会发展规律等为主要研究对象的一门学科，24学时的专业拓展课。相关专业：城乡规划、建筑学、建筑土木工程、给排水等。

课程团队由正教授1名、副教授3名、讲师1名组成，在新工科建设背景下，结合专业强实践性特点，重点围绕案例教学、方案讲评、互动交流等主要领域，展开统一安排、相互协同的教学方法优化与改革，既涵盖教学理念、教学组织、教学内容等维度，也创新性地提出并应用“模拟评审”“模块化讲解”等具体方法。

团队教师高度重视教学工作，力图通过教研项目及其相关教学活动的开展凝神聚力，将教学实践进行理论提升，团队成员评教成绩在土建学院名列前茅，先后参与学校教改项目5项、重点项目2项，发表教研论文10篇，荣获济南大学教学成果奖特等奖1项、二等奖1项，指导学生获得国家级、省级科创奖励20余项。

二、课程教学目标

1.知识目标：了解城市社会学的主要研究内容，掌握社会调查与数据处理的常用方法。了解城市社会阶层与社会空间结构，掌握社会价值取向与构建和谐社会的关系。了解我国城市和乡村社区建设的基本状况，了解社区发展规划的理论与方法。

2. 能力目标：具备前瞻预测能力、综合思维能力、专业分析能力、公正处理能力、共识构建能力、协同创新能力。

3. 素质目标：高尚的职业道德素质和正确的价值观，扎实的自然科学和人文社会科学基础，良好的专业素质、人文素质和身心素质，国际视野、现代意识和健康的人际交往意识。

三、思政育人目标

1. 明晰城市规划的伦理价值，具备社会担当责任感信念感。

2. 能够解释与阐述社会空间互动规律，使学生具备正确认识、分析、解决社会问题的能力。

3. 了解社会学相关理论知识，掌握社会研究经验与方法，培养学生大国工匠精神。

毕业要求	毕业要求指标点	思政目标		
		1	2	3
人文社会科学基础知识	了解逻辑学、辩证法、经济制度和法治制度的基本知识	0.4	0.2	0.4
公正处理能力	在分析备选方案时考虑社会影响，并寻求成本和收益公平分配	0.5	0.4	0.1
共识建构能力	能够考虑不同利益群体的不同需求，广泛听取意见，解决城乡社会矛盾，实现和谐发展	0.4	0.3	0.3
前瞻预测能力	对城乡发展历史规律的洞察能力，预测社会未来发展趋势的基本能力，支撑开展城乡未来健康发展的前瞻性思考	0.2	0.5	0.3
调查研究能力	掌握城市相关调查研究与综合表达方法与技能，熟悉社会经济及其在城乡规划中的应用	0.3	0.2	0.5

四、思政案例设计

授课知识点	思政设计	载体途径
社会学理论	世界观和方法论、规划实践为社会和人民服务 解读“富士康连跳事件”	视频播放、案例引入、课堂讨论
城市社会学的理论基础	正确价值观、积极的生活态度、勇敢实现人生理想 涂尔干《自杀论》；中国、韩国自杀问题报告	数据解读、案例引入、视频播放、读书笔记
城市社会结构	包容的社会人本关怀，可持续发展的理念和规划思维 了解男女性别比例失调、解读人口普查数据	视频播放、解析案例、史料、政策解读、数据列举、思维导图
城市社会的分层与流动	践行社会主义核心价值观，建立服务社会、大众、人民的社会责任感和使命感 《欢乐颂》人物角色财富、威望、权力三方面打分评级	讨论投票、数据解读、案例分析、理论讲授、问题引导
社区规划与公众参与	以人为本核心理念、社会关爱与凝聚力 成都“网红社区”、上海“共享社区”、深圳“开放社区”	文献综述、图标梳理、视频播放、案例引入、课堂讨论
城市规划社会调查方法	探索未知、追求真理的责任感和使命感，社会参与意识和参与能力 社会调查综合实践调研	理论讲授、分组讨论、课外实践、上级操作、拟定课题、梳理归纳

五、教学实施过程

章节名称	城市社会学基本理论	学时	2
一、教学目标			
本章主要围绕社会学理论，了解社会学家及现代社会学理论观点的线性发展过程，分析社会学所关注的对象、社会问题、所持观点对社会内在关系的解释，帮助学生正确认识中国社会、城市社会，理解学习社会学的意义			

续表

二、教学实施过程			
教学环节	教学活动	学生活动	课程思政
导言： 问题导学，激发兴趣，拓宽视野	问题1：你觉得研究城市应该从哪入手 问题2：你觉得和其他学科相比，什么是社会学 问题3：为什么我们需要社会学理论	使用雨课堂平台的“讨论”“投票”功能，学生在线上回答问题过程中思考社会学、发现社会学、了解社会学	采用问题导入法，一方面帮助学生对事物积极地思考，另一方面也能体验经典理论也有接地气、有意思的一面
学习目标： 通过本章学习，你需要掌握和了解以下问题	了解各学派主要代表人物及其观点 了解后现代城市社会学的主要思潮 熟悉马克思主义社会观	明确学习目标、任务： 我要学什么？我要怎么学？我为什么学这个	引导学生思考，建立马克思主义立场观点方法的教育与科学精神的培养结合
前测： 课前作业	课前布置作业，“经典阅读，理性领悟”，将社会学理论分组分理论搜集资料，并将其核心内容整理并分享	课前阅读书籍，查阅资料，文献整理，互相讨论等方式，对社会学理论有基本的了解	了解社会学主要理论，特别是马克思主义社会观；培养学生社会学基本研究方法的能力
参与式学习：“富士康跳楼自杀事件”	第1步：引入案例“富士康跳楼事件” 第2步：发起讨论“你觉得，为什么这些年轻人在他人生最美好的时候选择自杀？” 第3步：分析资料“清华大学学生就富士康事件社会调查报告” 第4步：插入视频——社会各界对此事的看法 第5步：讲授理论——马克思、涂尔干、韦伯	第1层：了解事情经过，引发思考 第2层：学生利用网络教学平台“讨论”功能，发表各自的观点与看法 第3层：讨论相关报告结论：劳资关系、社会关系、生活意义	把马克思主义立场观点方法的教育与科学精神的培养结合起来，建立认识自我，适应社会；认识规律，贡献社会；个体小我，群体大我的能力。明确多元价值取向下的规划社会工作的要义，增强学生对规划本质的

续表

二、教学实施过程			
教学环节	教学活动	学生活动	课程思政
参与式学习："富士康跳楼自杀事件"	第6步：梳理观点 用三大社会学理论引导学生共同解释"富士康事件"	第4层：同一个社会事件的不同立场观点 第5层：通过理论知识学习社会学理论观点 第6层：马克思的冲突论；涂尔干的功能论；韦伯的理性化	社会性认识，实现其对城市规划属性与价值认知的回归以及对规划学科理解的完整。建立正确人生观、价值观
后测：课上课下结合考查	利用网络教学平台"章节测验"的功能，对课程内容的知识点及理解力有一个客观的衡量	学生利用课下时间阅读，通过读书笔记的形式，记录思考和感想体会	掌握马克思主义世界观方法论，多维度深刻理解中国特色社会主义思想
总结：社会学理论学习的意义	总结一：富士康工人自杀事件解读和剖析 总结二："中国自杀问题调查报告""韩国自杀现象视频"两份资料 总结三：播放有关"抑郁症"的公益广告、"身为心声——我抑郁了"心理健康宣传片等视频	收获一：社会学帮助学生更好地认识世界 收获二：关注自杀行为其背后隐藏的社会问题的严重性 收获三：学生更全方位的了解并运用社会学理论解释社会问题	学习社会学的意义，认识自我，适应社会；认识规律，贡献社会；个体小我，群体大我；培养正确的世界观、人生观、价值观，树立积极的生活态度，勇敢追求实现人生理想

续表

三、教学反思
采用BOPPPS教学模式、小组研讨和学生独立学习相结合的方式，以“事件分析——感性体验——经典阅读——理性领悟——人生浸润——价值认同”的渐进式教学方法，化解学生在经典理论知识学习中的枯燥反感和畏惧心理，帮助学生掌握马克思主义世界观和方法论，多维度深刻理解习近平新时代中国特色社会主义思想，对于培养学生的社会责任感和历史使命感等具有积极的教育作用。通过课程教学，架起学生与社会学的桥梁，为学生的社会观正确梳理、心理健康成长保驾护航

（土木建筑学院　城乡规划专业　王颖超）

水工艺设备基础

一、课程概况

《水工艺设备基础》课程是土木工程专业的核心必修课程，教学团队由4位教师组成，教授1人、副教授3人、青年教学能手1人。该课程已建成校级优质课程、校级精品课程、校级课程思政示范课程。近年来，团队围绕工程教育专业认证理念，准确定位课程作用，以钢结构复杂问题优化、钢结构关键问题识别与多方案的影响因素分析、合理的连接与构件设计为主要培养目标，并对标毕业要求中的问题分析与研究，支撑专业培养目标在知识与能力层面的达成。团队通过改革创新，已主持参与多项教研教改项目，如教育部协同育人项目3项、省高等学校优秀科研成果奖1项、校优秀教学成果奖1项及各类教研项目共计10余项，发表多篇教研论文，指导大学生科创项目30余项，获奖近20项。

二、课程教学目标

1.知识目标：掌握钢材的主要性能特征、钢构件受力特点及连接构造要求，理解钢材选择、构件连接及稳定的基础理论，能够综合运用强度、刚度及稳定知识对钢结构连接和构件进行验算。

2.能力目标：能够识别钢结构关键问题，结合文献资料进行多方案的影响因素分析，用于优化钢结构复杂问题，并能通过调研和分析，设计合理的钢结构连接形式和受力构件。

3.素养目标：能够在工程实践中遵守职业规范与道德，做到责任担当、贡献国家、服务社会，并能够在钢结构设计中综合考虑绿色、经济、安全及环境等因素的相互关系，为今后承担适应社会需求的复杂钢结构工程奠定基础。

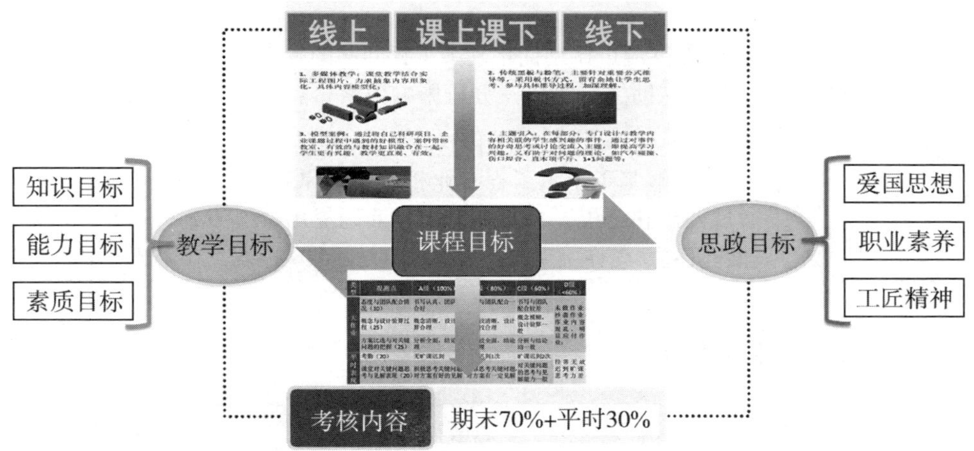

图1　课程目标

三、思政育人目标

1.以育人为本，德育为先为理念，通过“基建狂魔”、中国高度与速度等重大工程案例，培养学生爱国、敬业、诚信、友善的社会主义核心价值观，做对社会有用的人。

2.结合专业规范与重大钢结构工程事故，从专业角度培养学生遵纪守法的职业道德、以质为先的工匠精神，严谨的职业态度，求真务实、开拓创新的职业精神。

3.通过钢结构在应急防护等领域的设计与应用，在思想上激发学生主动学习的动力，不断增强专业自信，培养学生持续终身学习的意识与能力。

毕业要求	毕业要求指标点	思政目标		
		1	2	3
2.问题分析	2.1　能够应用数学、自然科学和工程科学的基本原理，综合判断并识别复杂工程的关键问题	0.4	0.3	0.3

续表

毕业要求	毕业要求指标点	思政目标		
		1	2	3
2.问题分析	2.3　能够通过比选优化复杂工程问题的解决方案，借助文献研究，分析影响因素，获得有效结论	0.2	0.5	0.3
4.研究	4.1　能够基于土木工程专业相关科学原理，通过调研和分析，针对复杂工程问题提出合理的研究方案	0.2	0.4	0.4

四、思政案例设计

授课知识点	思政设计	载体途径
钢结构的特点和应用范围、设计方法、未来发展	爱国主义情怀 通过钢结构重大工程案例讲解增强爱国主义情怀	案例授课，讲授为主，结合视频
钢材的主要性能及其影响因素；钢材的牌号与规格	树立正确的人生价值观 以“钢铁是怎样炼成的”培养学生建立正确的三观	案例授课，讲授为主，结合“钢铁是怎样炼成的”
焊接连接方法和形式；对接焊缝与角焊缝的构造和计算；普通螺栓、高强螺栓连接的构造和计算	团队意识、集体精神 以疫情期间的装配式火神山、雷神山医院为例，培养团队意识与创新思维，增强集体主义精神	案例授课，讲授为主，结合实际工程
轴心受力构件的强度和刚度、整体稳定、局部稳定；轴心受压格构柱计算	以质为先的工匠精神 从魁北克大桥倒塌到工程师之戒，引出以质为先的工匠精神	案例授课，讲授为主，结合工程师之戒历史
受弯构件的强度和刚度、整体稳定、局部稳定、腹板屈曲后强度	职业道德与规范 通过基于规范的设计案例教学培养学生遵守职业道德与规范的意识	案例授课，讲授为主，结合规范规程
拉弯和压弯构件的强度和刚度、整体稳定（平面内和平面外）；实腹式压弯构件的局部稳定	服务社会、责任担当 由全面发挥材料性能的力学原理引出最优发挥个人价值，做到服务社会、责任担当	案例授课，讲授为主，结合价值优化

五、教学实施过程

章节名称	轴心受压构件的稳定		学时	2
一、教学目标				
掌握轴心受压杆件稳定的基本知识，并能认识到稳定在钢结构中的重要性，记住并理解轴心受压构件的屈曲临界力，同时能深刻领会临界力与长细比的关系；通过魁北克大桥建造倒塌认识工程师之戒，培养以质为先的工匠精神				
二、教学实施过程				

教学环节	教学活动	学生活动	课程思政
问题的导入与思考	通过简单直杆受压可能产生的破坏模式为问题，通过发问、思考、讨论的方式，让学生结合前期知识进行综合分析	思考一根理想轴心受压杆件可能会产生什么样的破坏	培养学习独立思考与学习的意识与能力
问题的形象解释与理解	结合小球在碗底、底扣碗顶及水平面上的现象，解释轴心受压柱的受力破坏过程与稳定概念，提出稳定的分类	能够将理想轴心压杆的破坏过程与小球在碗中的稳定性对应起来，理解稳定的特点	对待问题的看法与理解方式，复杂问题简单化学习，注重学习方法
原理的归纳与总结	通过实际杆件的现场演示与全过程分析，将与稳定相关的重要关键词归纳出来，对学生强调的重点与难点	通过关键词学习不同类型稳定针对的对象与前提条件，并以此掌握稳定知识的核心内容	做事情要找核心、抓重点，学习点线面的方法，强化系统意识
知识的应用与理解	通过生活中常见现象如直木顶千斤、树木支架等，是否与稳定相关，如何体现等问题，让学生通过现象进一步直观理解稳定的概念	思考谚语“直木顶千斤”、生活常见的树木支架等现象，是否与所讲稳定相关，相关在哪里	通过专业知识生活化应用，培养学生理论联系实际、联系工程的能力

续表

二、教学实施过程			
教学环节	教学活动	学生活动	课程思政
回顾+案例教学引出稳定临界力	给出已学过的稳定的屈曲临界力计算公式，并对欧拉公式的来源与时间以故事给出，并引出：为何欧拉临界力在1744年就给出，但真正在工程中应用却很晚呢	回顾材料力学中欧接界力的形式，通过多科目中已学知识联系欧拉的贡献，并结合案例思考稳定对工程的影响	学习欧拉的精神与贡献，做到服务社会，贡献国家
历史案例教学引出工匠精神、工程师责任	讲述魁北克大桥事故：1922年，大桥竣工不久，加拿大七大工程学院将残骸买下，把这些钢材打造成戒指（工程师之戒），发给每年从工程系毕业的学生；世界上最昂贵的戒指，又是“耻辱之戒”	学生认真听讲，将稳定的知识与工程事故结合起来，强化自身责任	工程师要严谨，要有职业素养，既要有敢为人先的创新精神，更要有以质为先的工匠精神
知识总结与运用	把理想的稳定承载力公式与曲线做一阐述，并将前述稳定概念以曲线的形式进行解释与理解，并完成本节课程内容	学习并理解理论临界力与长细比的关系曲线，以直观概念形象记忆稳定知识	对问题的理解方式，复杂理论直观化，强化学习方法与效率
作业练习与巩固	布置与本小节相关的课后练习题：轴压构件的稳定与哪些因素有关	学生对课上内容进行再思考，进一步加深对稳定概念的理念，并完成作业	培养学习主动性，树立正确的学习观；培养学生的发散思维和创新意识
线上资源学习	提供课件PPT、自学练习题、工程案例图片、视频与文字记载	学生自己主动观看学习	学生主动学习的意识与能力

续表

三、教学反思
课程不断挖掘提炼德育元素，引入土木工程的名人故事、优秀人物、重大工程，增强学生专业自信与爱国主义精神，弘扬民族精神和以质为先的工匠精神，将思政教育融入课程教学中，培养学生的专业素养与社会责任感，激发学生的家国情怀，培养对祖国有用的人才。课程在建设中提供各种实际工程、三维模型、讲解视频、课件资料等资源，建立网络课堂，学习效率大大提升，教学效果不断提高，学生对课程的满意度较好，有效实现课程的培养目标

（土木建筑学院　土木工程专业　杨涛春）

模拟电子技术

一、课程概况

《模拟电子技术》课程是自动化类和电子类等专业的一门专业基础课，是研究各种半导体器件的性能、电路及其应用的学科。本课程的主要内容包括常用半导体器件以及由半导体器件构成的放大电路、电路频率特性以及集成运放构成的基本运算电路，波形发生转换以及直流电源等。通过教学过程，使学生获得电子技术方面的基本理论、基本知识和基本技能，培养学生分析问题和解决问题的能力，为以后深入学习电子技术领域中的内容以及为电子技术在专业中的应用打好基础。本课程教学团队由2名副教授，2名讲师组成，团队成员评教成绩在自动化与电气工程学院名列前茅。

二、课程教学目标

1.知识目标：熟悉常用模拟电子元器件的性能特点及其应用常识；掌握常见模拟功能电路组成、工作原理、性能特点及其分析方法；掌握模拟电子技术学习的基本方法。

2.能力目标：具有阅读和应用能力；具有查阅手册、合理选用、测试常用电子元器件的能力；从不同的角度提出问题、分析问题，并能运用所学知识和技能解决问题的能力；掌握模拟电子设计和分析的一般思想方法，学会运用矛盾普遍性和特殊性的原理分析和解决实际问题。

3.素养目标：把握模拟电子技术的整体知识结构，发展严谨的逻辑思维能力和培养严谨求实的科学态度；养成质疑和独立思考的学习习惯，能对所学内容进行较为全面的比较、概括和阐释；在实际工程中培养学生的创新素质和严谨求实的科学态度、精神，帮助学生树立科学的世界观。

三、思政育人目标

1.本课程主要介绍了半导体二极管，半导体三极管，以及它们所构成的基本电路，在这一历史关键时期，具有其独特的意义。以课程的这一特点作为课程思政的主线之一，激发同学们的爱国情怀和为实现中国伟大复兴和中国梦而努力的决心，从而引导学生达到毕业要求中对工程知识的要求，即理解并掌握电路、电子技术基础知识，具备基本电路分析与计算能力。

2.采用与中国传统文化要素进行对比的方式，既在潜移默化中引导学生了解祖国优秀的历史文化，也将其中思想与学生探讨，为工程问题的解决提供更多思路。从而引导学生达到毕业要求中对问题分析的要求之一，即寻找可替代方案、认识解决方案的多样性。

3.在解决部分工程问题时，引入马克思主义相关思想对影响要素进行分析论证，既达到了思政的目的，又解决了实际问题。从而引导同学达到毕业要求中对问题分析的要求之一，即对复杂工程问题的影响因素进行分析论证。

毕业要求	毕业要求指标点	思政目标		
		1	2	3
1.工程知识	1-3：掌握电子技术、电机基础、计算机基础、信号处理等自动化工程基础知识，并应用于推演、分析自动化复杂工程问题	0.4	0.3	0.3
2.问题分析	2-2：理解与掌握电路、电子技术、控制理论等科学原理，并利用时域和频域数学模型，正确表达自动化复杂工程问题	0.3	0.4	0.3
3.设计/开发解决方案	3-1：能够根据工艺和技术需求确定设计目标，以安全稳定运行为原则，考虑工程开发的全周期因素和全流程理念，提出自动控制单元或系统的设计方案	0.4	0.3	0.3

四、思政案例设计

授课知识点	思政设计	载体途径
课程介绍	爱国主义情怀 孟晚舟事件、台积电事件	新闻报道、视频、照片等
半导体基础知识	中国传统文化的博大精深 中国诗人王冕的作品《墨梅》	拓展资源、视频资源
晶体管结构和原理	坚持不懈、积极进取 肖克利、巴丁和布拉顿等人坚持不懈发明晶体管的故事	视频、照片资源
共射放大电路	民族自豪感 祖国航天技术的中信号的放大	新闻报道、视频、照片
多级放大电路	团结一致的传统美德 《众人划桨开大船》歌词欣赏	多媒体设备、视频
输出级要求和互补输出级	互帮互助、共同进步 马克思和恩格斯的革命友谊	雨课堂拓展资源推送
集成运算放大电路	构建社会主义和谐社会 启迪学生在未来的工作和生活中团结协作、齐心协力、共同进步	时政报道、资源推送
负反馈提高放大电路稳定性	常常自省、不断进步 〔清〕金缨的《格言联壁》	雨课堂推送拓展资源
甲乙类推挽电路	节约资源、保护环境 绿水青山就是金山银山	时政报道、视频照片
倍压整流电路	中国梦、坚持不懈 宗庆后的创业史	视频报道、社会新闻

五、教学实施过程

<table>
<tr><td>章节名称</td><td>晶体三极管</td><td>学时</td><td>2</td></tr>
<tr><td colspan="4">一、教学目标</td></tr>
<tr><td colspan="4">理解三极管的结构类型，掌握晶体三极管，三极管的结构类型。掌握三极管的电流放大、三极管的特性曲线、参数、温度对晶体管的特性及参数影响；帮助学生了解晶体管的发明历史，激发学生的学习热情，培养学生在遇到困难时坚持不懈、积极进取的科学家精神</td></tr>
<tr><td colspan="4">二、教学实施过程</td></tr>
<tr><td>教学环节</td><td>教学活动</td><td>学生活动</td><td>课程思政</td></tr>
<tr><td>课前准备</td><td>1.下发任务单：明确晶体三极管学习任务
2.观看微课：利用智雨课堂和超星学习通平台，自主观看微课，了解晶体三极管的基础知识
3.在线讨论：针对微课内容进行提问互动</td><td>1.观看教师发布的微课
2.参与课前讨论、教师、学生互动</td><td>借助晶体三极管的微课故事，激发学生的学习热情</td></tr>
<tr><td>教学导入
（15分钟）</td><td>我们现在生活中各种各样的电子设备都离不开晶体管，那么同学们指导晶体管是怎么发明的吗
【思政案例】
1947年12月23日，第一个基于锗半导体的具有放大功能的点接触式晶体管面世，标志着现代半导体产业的诞生和信息时代正式开启。然而晶体管的发明并不是一蹴而就的。晶体管的发明，最早可以追溯到1929年，当时工程师利莲费尔德就已经取得一种晶体管的专利。但是，限于当时的技术水平，制造这种器件的材料达不到足够的纯度，而使这种晶体管无法制造出来</td><td>1.积极参与课堂互动，通过案例故事了解晶体管的发明过程，大力弘扬追求真理、严谨治学的求实精神，淡泊名利、潜心研究的奉献精神，坚持不懈、不屈不挠的科学家精神</td><td>通过案例故事的讲述，组织学生进行课堂讨论，对学生的观点进行总结并进行的德育教学</td></tr>
</table>

续表

二、教学实施过程			
教学环节	教学活动	学生活动	课程思政
教学导入（15分钟）	1945年，贝尔实验室的肖克利、巴丁和布拉顿等人开始对包括硅和锗在内的几种新材料进行研究，探索其潜在应用前景，经过多次失败，终于在1947年发明了人类历史上第一支晶体管。1950年，第一只“面结型晶体管”问世了，它的性能与肖克莱原来设想的完全一致。今天的晶体管，大部分仍是这种面结型晶体管。1956年，肖克莱、巴丁、布拉顿三人，因发明晶体管同时荣获诺贝尔物理学奖	2.带着平台互动问题往下学习，尝试自我总结	思政教育 培养学生坚持不懈、在困难面前不折不挠的科学家精神。2019年5月，党中央专门出台《关于进一步弘扬科学家精神加强作风和学风建设的意见》，要求大力弘扬“胸怀祖国、服务人民的爱国精神，勇攀高峰、敢为人先的创新精神，追求真理、严谨治学的求实精神，淡泊名利、潜心研究的奉献精神，集智攻关、团结协作的协同精神，甘为人梯、奖掖后学的育人精神”。2020年9月11日，在科学家座谈会上，习近平总书记指出，“科学家精神是科技工作者在长期科学实践中积累的宝贵精神财富” 同学们作为未来的科技工作者，要把自己的科学追求融入建设社会主义现代化国家的伟大事业中去，树立敢于创造的雄心壮志，不断向科学技术广度和深度进军

续表

二、教学实施过程			
教学环节	教学活动	学生活动	课程思政
教学内容及组织（75分钟）	教学重点 （1）晶体管的结构和符号 （2）晶体管的放大原理 （3）晶体管的共射特性曲线 （4）晶体管的主要参数 （5）温度对晶体管特性的影响 课堂讨论 拓展问题小组讨论	通过聆听老师讲解和思考，掌握晶体管的结构和符号、放大原理、共射特性曲线、主要参数以及温度对其特性的影响。参与课堂讨论，积极发表自己的观点	通过讲述晶体管的基本知识，引导学生脚踏实地进行科研工作，潜心研究、团结协作
教学总结（5分钟）	针对本节课的授课内容和课堂教学情况，结合同学们讨论过程中发现的问题，进行课程重难点总结，组织学生发表自己的观点和感悟，并布置本节课的课后作业，通过雨课堂和超星学习通向学生们推送课后练习	学生聆听、踊跃发言	针对本节课内容引导学生们进行发言，谈谈自己的感悟

三、教学反思
在课堂教学中实施中，通过线上与线下相结合模式，将案例教学法、课堂讨论法、讲授法、互动式教学贯穿在课堂的教学过程当中，能够有效保证课堂教学的实施效果，利用线上平台学生的学习数据，在下一次教学设计中，进行更加科学合理的学情分析、知识点分析，进一步优化教学内容、课堂思政以及教学过程的设计。学生通过本节课的学习不仅掌握了晶体管的基础知识，还了解了晶体管的发明史，学生们在课上讨论中纷纷表示要学习科学家们百折不挠、不畏艰难的执着精神，整体课堂取得了良好的教学效果。课程组的成员以课堂为思政教育载体，深入挖掘思政元素，在未来的教学中继续深入挖掘教学任务中包含的思政元素，将德育目标贯穿教学整个过程

（自动化与电气工程学院　自动化专业　张扬）

电机与拖动基础

一、课程概况

《电机与拖动基础》课程为山东省线上线下混合式一流本科课程、济南大学精品课程。课程性质为学校电气信息类本科生的专业基础课，是电气工程及其自动化专业的专业核心课。课程立足于专业毕业要求和培养目标，从知识、能力和素养三个维度开展教学和改革，提高学生分析解决电力拖动控制系统复杂工程问题的能力，培养具有扎实的基础、创新的思想、高素质的工程技术应用型人才。

教学团队坚持"立德树人、为国家培养德能才兼备人才、以学生发展为中心、激发学生学习内在动力"的先进教学理念，致力于课程建设及教学改革，获省级教学成果奖二等奖1项，省级青年教师教学比赛三等奖1人，省级信息化教学比赛优秀奖1人，省级大学生科技节优秀指导教师2人，校级教学比赛二等奖2人，校级创新教学比赛二等奖1项，教育部产学研协同育人项目6项，校级教研项目5项。近3年指导学生参加全国大学科创竞赛获奖100余项。

二、课程教学目标

1.知识目标：能够运用电机、变压器理论及分析方法，分析计算电机的稳定运行、起动、制动和调速性能。

2.能力目标：具有电机及电力拖动工程应用设计能力，工程数据分析处理能力，解决相关复杂工程问题的能力。

3.素质目标：能够运用前沿科学技术及现代信息化手段，具有创新意识及团队协作精神，良好的职业规范，具有节能环保、健康和安全意识。

三、思政育人目标

1.结合实际应用案例，充分挖掘课程内容与课程目标相契合的工程思想，提高学生理论联系实际的能力、专业严谨性与规范性，培养工匠精神及专业素养。

2.引入科学前沿，结合节能降耗、绿色制造、新能源战略等国计民生问题，拓宽学生视野，增强专业自信，培养学生具有创新意识及可持续发展的理念。

3.运用生活、工程实例，引导学生思考前沿思想与工程实际间的联系与差距，培养学生的人文情怀，熟识工程伦理，具有社会责任感和使命担当。

毕业要求	毕业要求指标点	思政目标		
		1	2	3
1.工程知识	1-3：掌握电子技术、电机基础、计算机基础、信号处理等自动化工程基础知识，并应用于推演、分析自动化复杂工程问题	0.4	0.3	0.3
2.问题分析	2-1：掌握数学、物理、控制理论、信号处理等科学原理，并能运用其识别和判断自动化复杂工程问题中的检测、控制、执行、对象等关键环节，确定关键技术参数、提出功能要求、分析性能指标和工程约束条件	0.3	0.4	0.3
4.研究	4-2：能够根据自动化及其相关技术领域中的控制对象特征，选择研究路线，设计实验方案	0.4	0.2	0.4

四、思政案例设计

授课知识点	思政设计	载体途径
铁磁材料及特性（饱和、损耗）	节能环保、可持续发展 铁磁材料中的永磁材料为不可再生资源，要合理应用	实际工程案例、图片
直流电机的结构及工作原理	可逆思想、节能环保 电机运行状态的灵活控制可实现一机多用	工程案例
直流电机的绕组	专业思想、创新精神 电机基本绕线方法与最新的绕线方法比较、与工程实际应用比较	工程案例、科技报道
直流电机的工作特性	创新精神、可持续发展 高铁最新牵引电机特性、永磁材料的不可再生问题	新闻报道、科技论文
自耦变压器和互感器	专业素养、工程安全 变压器使用操作规范	国家政策解读报道、投票
直流电动机的制动方法	专业素养、工程安全 制动系统的选用与系统安全可靠性	工程案例、新闻报道
直流电动机的调速指标	辩证思维、节能环保 依据实际应用需求选择合适的调速系统	工程案例、科技论文
三相异步电动机的等效电路	工程思想、创新意识 依据应用目标搭建分析模型，关键因素的重要性	工程案例
三相异步电动机的机械特性	工程思想、创新意识 特性与实际应用案例的区别	实际应用案例
三相异步电动机的起动方法	工匠精神、专业素养 电机启停控制的操作规范及要求，培养学生的专业严谨与规范性	工程案例、新闻报道
三相异步电动机的调速方法	专业思想、节能环保 简化、拆分工程问题及补偿思想	工程案例，科技论文

五、教学实施过程

<table>
<tr><td>章节名称</td><td colspan="2">他励直流电动机的电枢反接制动</td><td>学时</td><td>1</td></tr>
<tr><td colspan="5">一、教学目标</td></tr>
<tr><td colspan="5">1.知识目标：能够描述常用负载特性的特点、直流电动机反接制动时机械特性的特点
2.能力目标：能够运用机械特性和运动方程式分析直流电动机的制动过程
3.素养目标：通过拓展电动汽车制动时前沿知识，激发创新研究意识及专业素养</td></tr>
<tr><td colspan="5">二、教学实施过程</td></tr>
<tr><td>教学环节</td><td>教学活动</td><td colspan="2">学生活动</td><td>课程思政</td></tr>
<tr><td>课堂导入
（4分钟）</td><td>以特斯拉公司的纯电动皮卡、日常生活中常见的汽车行进时的制动问题创设情境，吸引学生注意力，引导学生思考，为本节内容做铺垫</td><td colspan="2">思考制动特性及需注意的问题</td><td rowspan="2">工程思想
日常生活中常见的制动应用</td></tr>
<tr><td>明确学习目标
（1分钟）</td><td>知识、能力、素质三方面目标，指明重难点</td><td colspan="2">明确教学目标</td></tr>
<tr><td>前测
（3分钟）</td><td>检验课前在线自主学习效果，指明学生存在的问题</td><td colspan="2">用雨课堂发送题目引导学生回顾知识点</td><td>专业思想
引导学生注意专业规范性、严谨性</td></tr>
<tr><td>参与式学习
（25分钟）</td><td>1.引导学生运用《大学物理》中的内容迁移
2.借助雨课堂互动，借助工程案例讲授制动方法的分析思路，目的是使学生明确分析制动方法的一般思路
3.将PPT与板书相结合，启发学生运用上节课所学机械特性、本节课前半部分所学运动方程式、负载特性等，共同分析制动过程</td><td colspan="2">互动思考，雨课堂答题、前序所学与本节课内容的综合应用</td><td>创新思维
激发学生主动发现制动问题分析的关键点、制动的特性</td></tr>
</table>

续表

<table>
<tr><th colspan="4">二、教学实施过程</th></tr>
<tr><th>教学环节</th><th>教学活动</th><th>学生活动</th><th>课程思政</th></tr>
<tr><td>后测
（5分钟）</td><td>提出案例，测试学生制动过程的掌握情况，引导学生讨论，并请学生讲解分析思路</td><td>思考、雨课堂投稿、讨论讲解分析思路</td><td>活学活用、专业自信
培养学生的专业能力，敢于表达的能力</td></tr>
<tr><td>总结
（2分钟）</td><td>运用思维导图，给出知识点框架，再次强调重难点</td><td>丰富自己的思维导图，理清本节课的内容</td><td>创新意识、专业自信
思维导图绘制能力，形成自己的分析思路</td></tr>
<tr><td>前沿拓展
（6分钟）</td><td>用雨课堂投票题引出当前研究热点电动汽车的制动及能量回馈问题。引导学生主动发表见解</td><td>思考、答题、发表见解</td><td rowspan="2">节能环保、工程安全
在追究科学发展的同时，更要注重所设计的系统的可靠性，产品对于人身的安全性更为重要</td></tr>
<tr><td>思考、作业
（4分钟）</td><td>由前沿拓展中提出的能量回收问题，引出下节课的回馈制动内容，布置课后线上预习作业及下节课的要求</td><td>思考、总结</td></tr>
<tr><th colspan="4">三、教学反思</th></tr>
<tr><td colspan="4">1.摒弃了教师全程讲授的教学模式，结合BOPPPS教学模型，借助雨课堂互动手段，充分调动学生学习积极性，引导学生发表见解
2.理论与工程案例相结合，提高学生综合分析问题的能力，并形成分析思路，增强专业自信
3.适时引入科学前沿，注重与其他课程及课程思政的融合，培养学生科学创新意识、工程安全意识</td></tr>
</table>

（自动化与电气工程学院　自动化与电气工程专业　王雅玲）

电力电子技术

一、课程概况

《电力电子技术》是利用电力电子器件对电能进行变换和控制的技术，是电气工程及其自动化专业重要的必修课之一。该课程涉及电气、电子与控制三个学科，是联系弱电与强电的桥梁，是从事发电、输电、配电、用电等领域工作必备的专业知识。该课程对于理解电能变换的基本原理，掌握变换电路的控制与应用，解决电能变换工程问题具有重要的指导意义，是培养电气领域应用型人才的重要保证。

本课程由济南大学牵头，联合山东大学、国网技术学院、国网山东省电力公司电力科学研究院打造了基于虚拟教研室的跨校联合、产教融合、科教融合的教学团队，其中，国家优青获得者1人、教育部课程思政教学团队骨干教师1人、山东省泰山产业领军人才1人、山东省教学名师1人、山东省高校青年教师教学比赛一等奖获得者1人、济南大学青年教学能手1人、济南大学本科教学贡献奖获得者2人，国家电网公司高级工程师1人。

本课程秉承“以学生为中心、成果导向和持续改进”的理念，开展了多轮的教学改革与实践，被评为济南大学一流本科课程、课程思政优秀教学案例。以该课程为依托的课程建设获得济南大学优秀教学成果奖一等奖。虚拟教研室联合建设《电力电子技术》资源共享课，已上线超星学银在线课程平台、山东省高等学校在线开放课程平台，覆盖了全国30余所院校。本课程教学案例，入选“高校青年教师成长经验”丛书，并在省内外推广。

二、课程教学目标

1.知识目标：掌握主要电力电子器件的开关特性，学会分析整流电路、逆变电路、直流—直流变流电路、交流—交流变流电路的电路结构、工作原理、控制方法和典型应用。

2.能力目标：学会多角度分析并发现电能变换实际问题的能力，增强主动学习和团队协作分析问题的能力，提高电力电子电路工程应用设计能力，提升解决复杂电能变换问题的能力。

3.素质目标：培养团队合作意识和科学创新精神，养成理论联系实际和学以致用的工程理念，树立技术进步改善民生和造福社会的家国情怀。

三、思政育人目标

1.培养学生团队合作意识和科学的创新精神。

2.培养学生理论联系实际和学以致用的工程理念。

3.增强学生的文化自信，树立技术为民和技术强国的家国情怀。

毕业要求	毕业要求指标点	思政目标		
		1	2	3
2.问题分析	2-3：能够认识到解决电气工程及其相关技术领域工程问题方案的非唯一性，并能找到替代方案	0.2	0.5	0.3
3.设计/开发解决方案	3-1：掌握工程设计和产品开发全周期、全流程的基本设计/开发方法和技术，了解影响设计目标和技术方案的各种因素	0.3	0.4	0.3
4.研究	4-3：能够根据实验方案构建实验系统，安全地开展实验，正确地采集实验数据	0.5	0.3	0.2

四、思政案例设计

<table>
<tr><th>授课知识点</th><th>思政设计</th><th>载体途径</th></tr>
<tr><td>绪论</td><td>激发学习兴趣，增强专业认同和文化自信
学科发展历史、技术广泛应用、经济社会效益</td><td>新闻报道、重大工程案例</td></tr>
<tr><td>电子器件</td><td>团队协作探索，培养工匠精神和创新精神
各类器件的特性、工作原理、功能和应用对比，不同器件的发展演变</td><td>工程案例、思维导图、科学家事迹</td></tr>
<tr><td>整流电路</td><td rowspan="4">理论联系实际，树立学以致用工程理念
不同电路结构设计、工作原理分析、性能评价和典型应用</td><td rowspan="4">工程案例、电路设计、性能评价、大国工匠、重大民生工程</td></tr>
<tr><td>逆变电路</td></tr>
<tr><td>直—直变流电路</td></tr>
<tr><td>流—交变换电路</td></tr>
<tr><td>PWM控制技术</td><td>技术为民、技术强国，厚植家国情怀
PWM技术在电力电子技术中的广泛应用及对经济社会的影响分析</td><td>重大民生工程、大国工匠、新兴产业发展</td></tr>
</table>

五、教学实施过程

<table>
<tr><th>章节名称</th><td>电力电子电路概述</td><th>学时</th><td>1</td></tr>
<tr><th colspan="4">一、教学目标</th></tr>
<tr><td colspan="4">知识目标：通过本节课的学习，学生能认知各类电力电子变换电路，具备分析电力电子变换电路的能力，总结电力电子变换电路的实际应用特点及效果
能力目标：通过非线性电路的分段线性分析，学生具备电力电子电路的逻辑分析能力
素质目标：通过学习电力电子技术理论及其在工程实际中的应用，树立理论联系实际的工程理念；学生能感受到电力电子技术进步带来的巨大经济和社会效益，激发学习兴趣，增强专业认同感，厚植技术服务人民和技术强国的家国情怀</td></tr>
</table>

续表

二、教学实施过程			
教学环节	教学活动	学生活动	课程思政
案例导入	【引入案例、承前启后】  生活中电力电子变换电路实例	引入案例，引导学生思考：交流电是否能直接给手机等设备充电 导引出本节课电力电子变换电路的知识框架和学习任务，引导学生带着问题学习新知识点	理论联系实际、辩证思维、激发兴趣
电力电子电路分类	【互动教学】 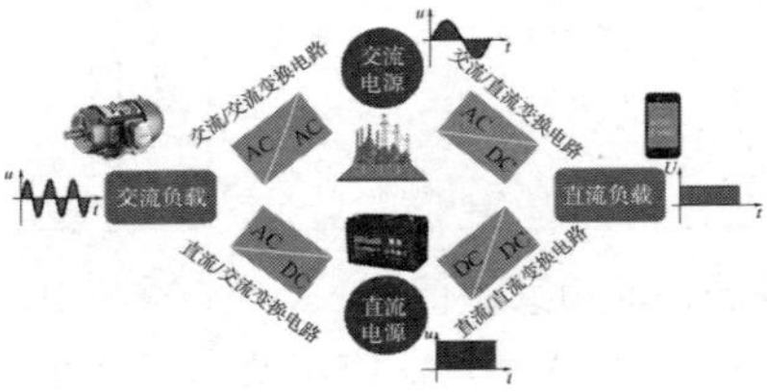	同学们列举日常生活中经常接触到的电源和负载的种类，并按交直流进行分类 学生思考：如果电源和负荷的电能不匹配时应如何处理	辩证思维、理论联系实际工程理念
电力电子电路基本分析方法（难点）	【启发式教学】【案例教学】 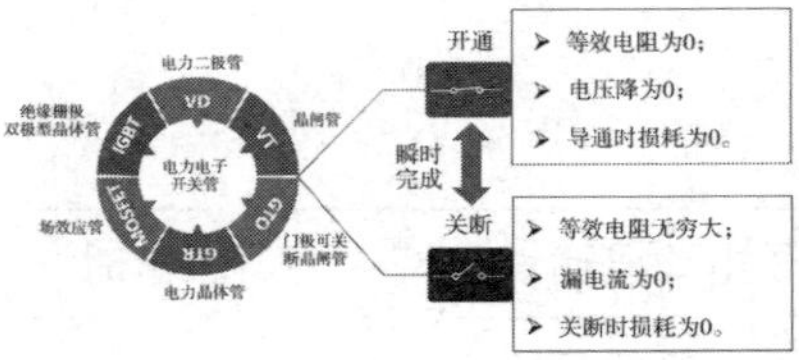 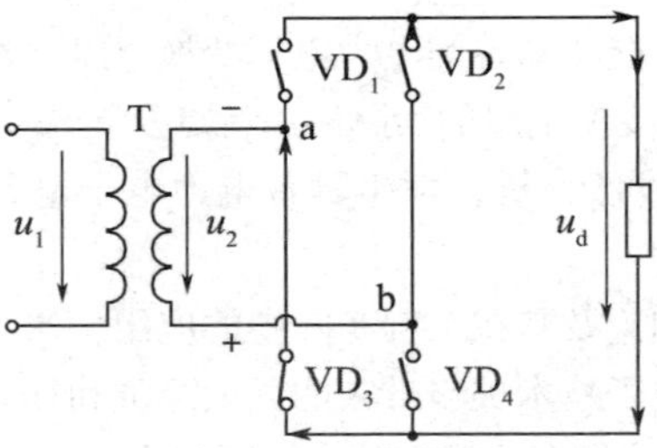	回顾所学的电力电子器件，并对比前修课程《电路》中所学的电路开关的特性，沿着知识发展的顺序，引导学生思考：如何将电力电子器件进行理想化，以及理想化后的开关特性，鼓励学生不断探索	学生体会直面困难，运用所学知识解决问题，化繁为简的道理

续表

二、教学实施过程			
教学环节	教学活动	学生活动	课程思政
电力电子电路基本分析方法（难点）	$u_d=-u_2$ $i_d=u_d/R$ 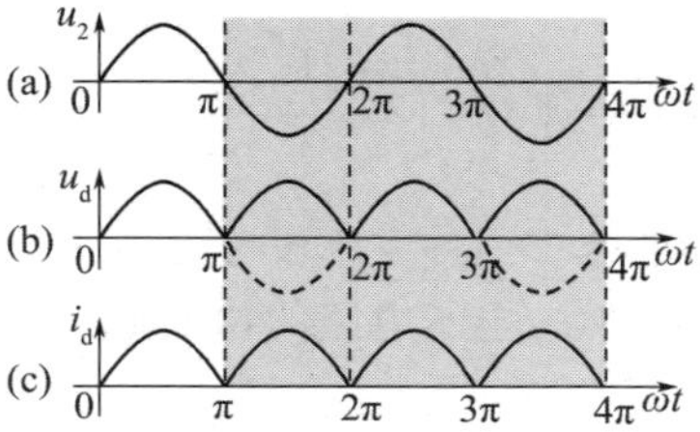 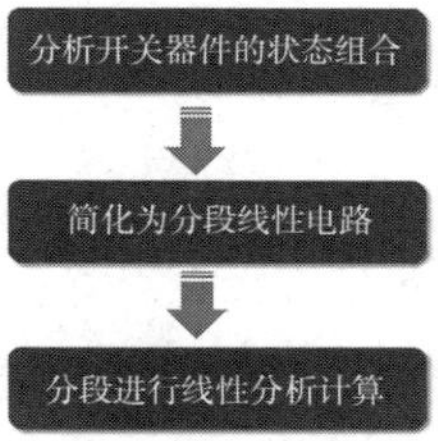 (a) u_2 0 π 2π 3π 4π ωt (b) u_d 0 π 2π 3π 4π ωt (c) i_d 0 π 2π 3π 4π ωt 分析开关器件的状态组合 简化为分段线性电路 分段进行线性分析计算	进一步引导学生思考：如何分析这种含有电力电子器件的电路？引入学生熟悉的单相整流电路的实例，按照不同的开关状态，分两个线性电路进行分析 最后，引导学生总结归纳方法的步骤	
电力电子变换电路的应用（前沿拓展）	【情景式教学】 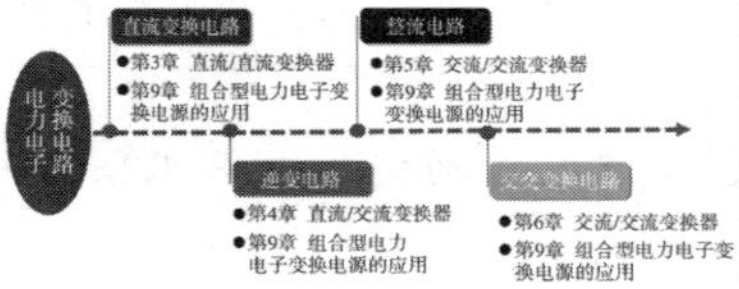 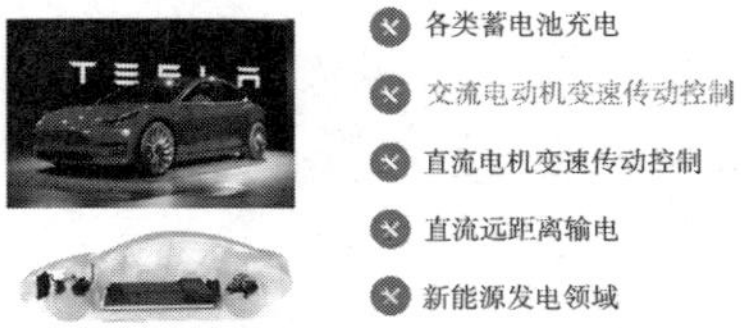 电力电子变换电路 直流变换电路：●第3章 直流/直流变换器 ●第9章 组合型电力电子变换电源的应用 整流电路：●第5章 交流/交流变换器 ●第9章 组合型电力电子变换电源的应用 逆变电路：●第4章 直流/交流变换器 ●第9章 组合型电力电子变换电源的应用 交交变换电路：●第6章 交流/交流变换器 ●第9章 组合型电力电子变换电源的应用 TESLA 各类蓄电池充电 交流电动机变速传动控制 直流电机变速传动控制 直流远距离输电 新能源发电领域	结合本次课所学内容和这门课程的整体框架，学习各种变换电路在课程各章节中的作用，引导学生思考各种电路在实际中的应用？进而对所学有整体认知	培养理论联系实际的工程理念，前沿拓展，培养学生的创新精神
技术和经济效益（重点）	【情景式教学】【互动教学】 1.节能 2.环保 3.节约成本 4.提高产品质量和劳动生产率 5.提高电力系统自身的运行质量和稳定性	结合经济社会发展，引导学生思考所学电力电子变换知识在实际社会生产生活中产生的作用及其技术和经济意义	激发学生的学习兴趣，培养学生可持续发展理念，培养技术服务人民和技术强国的家国情怀

续表

二、教学实施过程			
教学环节	教学活动	学生活动	课程思政
课堂小结	【互动教学】 梳理本节课内容脉络、强化思维逻辑	引导学生归纳总结本节课的内容脉络和逻辑关系	培养学生的辩证思维和探索精神
作业和预习	【启发式教学】 结合本节内容，引导学生思考电力电子电路的基础，进而引导学生预习下节课电力电子器件概述的内容	引导学生思考电力电子电路的物理基础是什么	培养学生的探索精神
三、教学反思			
本节课秉承以学生为中心、成果导向和持续改进的理念，教学目标及思政目标明确、重点/难点突出。教学内容与工程案例有机结合，有效激发了学生学习的积极性。教学过程中，通过互动教学和情景式教学，引导学生深入学习电力电子电路的分类、分析方法、主要应用及其经济社会效益。在构建电力电子知识的基础上，培养了学生分析问题和解决问题的能力；同时，注重培养学生的探索精神、工程伦理和家国情怀。本节课的知识、能力、素养教学目标及思政育人目标有效达成			

（自动化与电气工程学院 自动化与电气工程专业 丁广乾）

WEB前端技术

一、课程概况

《WEB前端技术》是国家首批一流在线课程，是面向国家一流本科建设专业计算机科学与技术、网络工程等开设的专业拓展课。课程充分发挥线上资源优势和模式优势，结合高水平大学和优势学科建设目标，在“三位一体”的思政框架下，培养技术优秀、实践能力强、具备较高创新能力和有家国情怀的优秀工程人才。

课程内容包括超文本标记语言HTML5、层叠样式表CSS3、JavaScript、主流框架和响应式网站开发流程。采用项目驱动的方式，让学习者由浅入深、循序渐进地掌握Web前端开发技术，为后续《JavaScript程序设计》等系列前端课程打下基础。团队成员结构合理，具有丰富的线上线下混合式教学经验和项目开发经验，与企业合作开发思政案例、改造企业案例，确保课程的高阶性和创新性。团队成员主持教育部、省级、校级教改项目10余项，发表教研论文10余篇，出版教材2部，荣获省级、校级优秀成果奖3项，指导学生获省级以上科创奖项80余项，拥有软件著作权20余项。

二、课程教学目标

1.知识目标：了解网站开发、运行的相关概念，能够熟练使用常用网站开发工具NotePad++、editplus等。掌握HTML5标记、CSS3属性等相关知识，掌握常用网页布局设计方法以及响应式页面设计。

2.能力目标：学生具有应用所学知识分析问题和解决实际问题的能力。掌握网站的设计流程，能够运用常用开发工具进行静态页面布局及代码设计，并能够利用框架进行网页开发。

3.素养目标：全面提高学生的媒介素养；培养学生认真严谨的学习态度和实践开发的能力；培养学生的开拓创新精神、国际视野和职业伦理。

三、思政育人目标

1.在面对不同媒体中各种信息时，学生应具备信息的选择能力、质疑能力、理解能力、评估能力以及思辨的反应能力。

2.培养学生的科学素养与实践能力，提升民族自豪感。

3.培养学生的国际视野、创新意识和社会主义核心价值观。

4.培养学生的职业伦理和职业素养。

毕业要求	毕业要求指标点	思政目标			
		1	2	3	4
设计/开发解决方案	3-3：能针对特定需求进行软硬件功能系统设计	0.1	0.4	0.3	0.2
使用现代工具	5-2：针对复杂计算机工程问题，能够运用图书馆、互联网、数据库等多种资源，检索、查询和分析所需要的软硬件开发环境与工具的相关资料，熟练掌握开发环境与工具的使用方法	0.1	0.5	0.3	0.1
工程与社会	具有计算机工程实践中的风险意识，理解应承担的责任	0.5	0.2	0.1	0.2
职业规范	8-4：能够理解在计算机行业的职业性质和责任，遵守计算机行业职业道德和规范并履行责任	0.1	0.1	0.1	0.7

四、思政案例设计

授课知识点	思政设计	载体途径
网站开发基础知识	自主软件，民族自豪感 对比国内外优秀的WEB前端框架，并以“美国对华为的禁令”和“美国制裁中兴事件”为案例进行对比。(1)启发学生思考“道路决定命运”的命题。(2)思考自主研发对于企业和国家的意义何其重大 讨论题目：请查阅什么是自由软件？什么是行业规范？网页前端的规范是由哪些机构制订的	课堂讨论，线上回答
HTML常用标记	自主知识产权，民族自豪感 布置“大疆无人机”相关素材搜集，为后期开放式作业做准备	网络视频，课堂讨论，线上回答
CSS属性及优先级	国际视野，审美意识 引导学生浏览国内外优秀网站设计，教导学生学会品鉴不同类型、风格的优秀作品，弥补学生认知的不足、纠正学生审美的偏差 讨论题目：请选出你最喜欢的网页设计，截图并说明你的理由	网站素材，课堂讨论，线上回答
盒模型与网页布局	工匠精神，创新能力 页面布局的基础是盒子，一两个像素的微小误差就能引起整个页面布局的失败。引出“一屋不扫，何以扫天下”，凡事要从小事做起，小事累积多了就形成大事。教育学生要立足当下，努力奋进，不要好高骛远	案例设计、讲解
CSS3新增属性	职业规划能力 通过版本的更迭引出学生的终生学习，为自己提前制订个人职业生涯发展规划	案例讲解

续表

授课知识点	思政设计	载体途径
响应式网页	审辨性思维 从web框架开发的优缺点引出事物的两面性，引导学生正确地看待“正确与错误”“成功与失败”，用辩证的眼光看问题，理解“祸兮，福之所倚；福兮，祸之所伏”	课堂讨论，线上回答
网站设计流程	媒介素养 网站素材搜集注意理性地识别信息的真伪、价值，不盲目相信、采用和进行二次传播	案例开发
作业互评	职业伦理，职业道德 课程平台作业匿名互评，每人两份作业	课程平台

五、教学实施过程

章节名称	第二章　HTML标记 第二节　多媒体及超链接		学时	1
一、教学目标				
知识目标：掌握多媒体在网页中的使用，包括audio、video等标记。掌握超链接在网页中的使用。能力目标：搜集和组织材料的能力，简单页面设计能力。素质目标：培养学生的以爱国主义为核心的民族精神和坚持自主知识产权的创新精神				
二、教学实施过程				
教学环节	教学活动	学生活动	课程思政	
课前 （40分钟）	1.根据导学表进度，布置并督促学生在线学习，观看视频预习 2.布置思考题目 （1）哪些是浏览器支持的常用的音视频格式 （2）常用的超链接有哪些方式，它们的使用场景是什么	视频学习并思考，时间：20分钟	1.培养学生时间掌控能力	

续表

二、教学实施过程			
教学环节	教学活动	学生活动	课程思政
课前 （40分钟）	3.布置课堂项目素材 请查阅大疆无人机的相关资料，搜集素材，要求有文字、图片和音频或者视频材料	查阅和收集资料，时间：20分钟	2.查阅资料的方法，组织材料的能力
课堂测试 （6分钟）	1.预先布置课堂测试：客观题目10道，内容是本次课学习重难点内容 2.持续查看学生提交情况和平台汇总结果，了解学生知识点的掌握情况	按时参加测试	学生自查知识的掌握情况
重难点 知识点讲解 （10分钟）	根据课程平台汇总的结果，对本节课的重难点和学生的薄弱环节进行串讲	跟着教师的讲解，一边认真听讲，一边思考，结合自学情况，弥补自己的薄弱环节	
课堂项目演示 （20分）	1.发挥机房授课的优势，采取边看边做的方式，带领学生完成大疆无人机的网页设计 2.本节内容重难点：利用多媒体标记embed完成大疆无人机的短视频播放 3.团队的同学相互协助，解决常见错误，如乱码、图片不显示、视频不播放等	1.根据自己的素材，在教师的带领下，灵活使用已学标记，完成网页设计 2.团队成员互相协作，共同完成	教师在讲解过程中，引导学生查阅大疆公司自主研发的资讯，激发学生的民族自豪感
作业项目演示 （7分钟）	教师主要听和引导学生做项目演示 教师解决问题，做小结	团队代表讲解作业项目。要求面对观众，讲解清晰，语言流畅，5分钟	学生综合能力的培养，包括团队协作能力，沟通能力，表达能力等

续表

二、教学实施过程			
教学环节	教学活动	学生活动	课程思政
作业项目布置（2分钟）	1.在课程平台布置项目四，讲解项目的素材和主要任务，强调在指定时间提交 2.布置下次课的预习学习任务 3.布置思考题目	听讲、思考	培养学生的自律和规则感
课后（5—10分钟）	布置课后思考及讨论问题	查阅资料	培养学生的以爱国主义为核心的民族精神和以改革创新为核心的时代精神
三、教学反思			
本节讲述第二章第二节“多媒体与超链接”。课程目标是熟练掌握video、audio、embed等标记及其属性，学生具有在网页中设置超链接、音视频等的能力。通过视频内容，引出自主知识产权 教学过程分为课前，课中和课后三个部分。学生是计算机依托国家级线上一流课程《WEB前端技术》，采用线上线下混合式教学方法和案例式教学法，以教师为引导，学生为主体，进行课堂实施。注重学生科学素养和专业能力的培养，将拥有自主知识产权的大疆无人机的案例融入课程中，重在培养学生的以爱国主义为核心的民族精神和坚持自主知识产权的创新精神，重难点突出，教学效果良好 反思内容：（1）进一步强调学生为主体的学习方式；（2）注意每节课课后总结、思考和调整。如“教学中是否出现令人惊喜的亮点环节？”“此部分教学环节有效吗？应如何调整？”			

（信息科学与工程学院　计算机科学与技术专业　范玉玲）

路由与交换

一、课程概况

《路由与交换》课程始建于2009年，围绕网络工程国家一流本科专业建设，以案例教学为依托，采用阶段化、递进式教学设计，不断提升学生解决复杂网络问题的能力。课程基于“OBE理念”开展组织教学，建立了有效的过程化评价机制，实现对学生知识、能力和素养目标的全方面考核。该课程2020年获得山东省高等学校课程联盟优秀教学案例三等奖，2021年被认定为山东省一流本科课程（线上线下混合式课程）。

课程团队5人，其中济南大学青年教学能手2人，100%的教师为双师型教师，80%的教师有企业工作经历，80%的教师获企业认证证书。课程组围绕教学方法改革、教学案例设计、实践教学体系建设等开展研究，承担省级以上教研项目10余项，获省级以上教学成果奖4项、济南大学教学成果特等奖2项、二等奖5项，发表教研论文20余篇。

二、课程教学目标

1.知识目标：掌握网络规划设计方法，熟练掌握常用交换技术、路由技术、网络冗余技术和网络安全技术的实施与管理，跟踪网络新技术及应用动态。

2.能力目标：结合复杂网络工程问题需求，培养学生具备开展有效的网络分析，设计合理的网络解决方案，评估网络安全风险，完成网络部署和管理等能力；能够运用网络工具开展园区网络故障测试与分析，制订有效的网络整改方案。

3.素养目标：引导学生树立正确的价值观和牢固的网络安全观，践行工匠精神、科学精神，提升学生创新能力。

三、思政育人目标

1.研究网络技术发展对社会进步的影响，引导学生树立正确的价值观和牢固的网络安全观。

2.基于实际工程案例驱动开展网络设计与实施，培养学生严谨求实和精益求精的工作作风，践行工匠精神。

3.聚焦国内IT先进研究成果，引领学生树立追求卓越的科学精神，勇敢担当科技强国的使命，不断提升科技创新意识和创新能力。

毕业要求	毕业要求指标点	思政目标		
		1	2	3
工程知识	毕业要求1-4：能够从数学、自然科学和工程的角度，将相关知识和模型用于网络工程复杂系统的规划与设计、部署与开发、分析与测试、运行与管理，并能进行解决方案的设计、比较与验证	0.4	0.2	0.4
设计/开发解决方案	毕业要求3-1：掌握程序设计、网络系统设计和配置的基本理论和方法，具备一定的开发能力	0.2	0.5	0.3
使用现代工具	毕业要求5-2：能够针对网络工程复杂问题，开发、选择与使用恰当的技术、资源、现代工具和信息技术工具来进行分析、设计和计算	0.3	0.6	0.1

四、思政案例设计

授课知识点	思政设计	载体途径
网络协议与通信	担当责任、科技强国 我国5G技术，芯片设计与加工	新闻报道、视频图片
网络操作系统	民族自行、科学精神 中国古代四大发明，国产操作系统	中国历史、新闻报道
交换机管理	工匠精神、工程伦理 华为公司，网络安全法律法规	新闻报道、法律法规
VLAN	科学精神 U盘是中国发明的，介绍发明专利的重要性	科技报道、图片
生成树	锐意进取 中国红军长征路线图	纪实报道、图片
动态路由协议	科学精神 核心算法缺失或成为中国人工智能发展瓶颈	视频图片
网络冗余	工匠精神、科学精神 语音识别技术，便携式智能录音笔	科技报道、产品功能介绍
动态地址分配	价值观 新媒体平台与推荐系统	科技报道
访问控制	工程伦理 校园网络诈骗实践案例分析	新闻报道、视频图片
网络地址转换	工匠精神、家国情怀 长城文化的历史价值与新时代意义	电影、百科知识
无线局域网	四个自信、创新意识 疫情防控工作中中国的制度优势	新闻报道、视频图片
网络规划设计	创新精神、责任担当 港珠澳大桥荣获第37届国际桥梁大会“超级工程奖”	新闻报道

五、教学实施过程

章节名称	第3章　交换技术基础		学时	2
一、教学目标				
理解交换机的工作原理、掌握交换机的基本配置和交换机的安全管理，以学生为中心基于启发式、案例式组织教学，培养学生具备良好的工匠精神、工程伦理，以及追求卓越的科学精神，能够结合园区网络具体需求开展工程实践				
二、教学实施过程				
教学环节	教学活动	学生活动	课程思政	
课程导入（5分钟）	由网络层次模型引入交换机设备 线上测试+课堂提问	完成在线习题、开展分组讨论	培养学生建立团队协作意识	
交换机工作原理（30分钟）	理解交换机MAC地址管理工作机制 能够结合实际网络通信过程，分析交换机对各种数据帧的处理过程 案例演示+研讨	引导学生将复杂的工程问题进行分解	通过华为网络技术创新发展，培养学生的科学精神，注重条理性、完整性和规范性的科学思维养成	
交换机配置案例教学（25分钟）	理解交换机启动顺序、交换机管理技术 能够使用实验工具结合实际需求，对交换设备进行合理地规划、配置与管理，并能开展网络故障分析与排查 案例演示+案例分析	通过Packet Tracer参与项目模拟实验和案例分析	培养学生在网络工程实施过程中养成良好的工作态度和工作方法，使学生逐步树立敬业、精益、专注、创新的工匠精神	
交换机安全管理（33分钟）	局域网中的安全问题分析 能够制订合理的网络安全方案，针对网络安全隐患开展分析，制订有效的安全解决方案并验证其可行性 启发式教学+案例分析	思考通过网络访问远程服务的方式 通过Packet Tracer参与案例分析 分组开展网络设备远程管理方案设计	技术是一把双刃剑，通过解读《中华人民共和国网络安全法》、分析“永恒之蓝”勒索病毒，强化学生的网络安全意识，提升学生工程伦理素养，加强工程从业者的社会责任感，推动社会和谐发展	

续表

二、教学实施过程			
教学环节	教学活动	学生活动	课程思政
前沿拓展 （5分钟）	分析二层交换设备的特点与局限性 介绍园区网核心交换设备的特点 启发式教学	引导学生课后查阅文献，开展交换技术研究探索	培养学生文献查阅能力，提升主动探索未知世界的意识
本章小结与课后测试 （2分钟）	师生互动讨论课程重点难点 引导学生以小组为单位开展校园网网络建设调研 课后测试+案例分析	完成课后测试 结合校园网网络复现开展调研与思考	检测学生学习效果，引导学生以小组为单位从实际网络工程需求出发主动开展思考，进一步提升学生的工匠精神和团队合作能力
三、教学反思			
本节课以交换设备管理为核心，通过启发式教学、分组研讨、案例分析、复杂任务分解等方式进行教学设计与组织，有效激发了学生学习的积极性和课堂参与度，突显教学组织过程中的学生中心地位，实施效果良好。课程设计注重知识、能力和素质目标的有机融合，结合中国民族企业崛起、网络安全法律法规和网络安全事件思政案例导入，培养了学生敬业、专注、创新的工匠精神，强化职业教育和道德教育，引领学生养成追求卓越的科学精神			

（信息科学与工程学院　网络工程专业　荆山）

操作系统

一、课程概况

《操作系统》是计算机大类专业的一门专业基础课，面向济南大学国家一流本科建设专业（计算机科学与技术、网络工程）的学生开设。课程内容涉及操作系统基本原理、算法、技术、实现和应用等，课程覆盖面广，在人才培养课程体系中起到承上启下的重要作用。截至目前，本课程已连续开设30余年。

本课程于2019年在济南大学网络教学平台上线，包括线上视频2000余分钟，非视频资源170余个，习题2000余道，页面浏览量20余万次。课程教学中引入国产操作系统案例，将思政教育融入课程教学的各个环节，直面关键基础软件“卡脖子”的问题，激发学生的爱国情怀和使命感，以解决操作系统的复杂工程问题为核心，培养具有国际视野、创新意识和社会主义核心价值观的优秀工程应用型人才。

课程团队于2018年开始实施线上线下混合式教学改革，获批国家一流线上课程1门，省级线上线下混合式一流课程1门，主持和参与教育部产学合作项目10余项，主持和参与济南大学教研项目10余项，获得济南大学优秀教学成果奖特等奖、一等奖各1项，主编教材2部，发表教研论文10余篇，指导学生获得国家级、省级科创奖励80余项。

二、课程教学目标

《操作系统》课程面向济南大学国家一流本科建设专业（计算机科学与技

术、网络工程）的学生开设，充分发挥线上线下混合教学模式优势，以产出为导向达到以下预期目标：

1.知识目标：掌握操作系统的基本概念、基本功能和工作原理，掌握操作系统关键技术的实现机制和具体方法。

2.能力目标：具有将操作系统中所学理论、技术、方法等推广应用到其他领域的能力，能够深入认识和理解操作系统的运行机制及思维方法，对实际问题进行分析并能够对复杂工程问题建模分析，具备自主学习能力。

3.素质目标：培养学生的逻辑思维、创新思维、计算思维和实际动手能力，培养具有国际视野、创新意识和社会主义核心价值观的优秀工程应用型人才。

三、思政育人目标

1.通过介绍我国操作系统发展史和信创产业现状，引导学生充分认识操作系统自主可控的重要性，激发学生的家国情怀，把推动国产操作系统发展和技术创新作为使命追求。

2.通过介绍进程调度、进程管理和并发控制等相关内容，加深学生对事物的对立统一规律、平衡和矛盾统一规律等哲学观点的理解，培养学生的辩证思维能力和运用哲学方法解决专业问题的能力。

3.通过介绍麒麟、鸿蒙等国产操作系统的案例，培养学生国产操作系统的应用实践能力和创新能力，培养学生团队协作能力，加强学生对产业行业发展要求的理解，为未来的职业发展奠定良好基础。

4.通过线上线下混合教学模式，变被动学习为主动学习，培养学生自主学习能力，培养学生诚信的学习态度，积极的创新意识。

毕业要求	毕业要求指标点	思政目标			
		1	2	3	4
1.工程知识	指标点1.4：能够综合运用数学、自然科学、计算机工程基础和专业知识，对复杂工程问题解决方案进行分析，并试图改进	0.3	0.1	0.4	0.2

续表

毕业要求	毕业要求指标点	思政目标			
		1	2	3	4
2.设计/开发解决方案	指标点3.2：能够针对特定需求进行算法和软硬件功能模块设计，并对设计方案和开发流程可行性进行研究	0.2	0.1	0.4	0.3
3.个人和团队	指标点9.1：能够理解个人在团队中的角色并承担需求分析、软硬件设计开发与测试等工作，具有团队协作、人际交往能力，能够与团队成员进行有效沟通	0.2	0.2	0.3	0.3
4.终身学习	指标点12.1：具有查找和阅读计算机专业文献的能力，能够主动查找、阅读、理解专业文献内容	0.1	0.2	0.3	0.4

四、思政案例设计

授课知识点	思政设计	载体途径
操作系统概述	家国情怀、文化自信、两点论和重点论 天河巨型计算机、鸿蒙操作系统和麒麟操作系统以及操作系统的发展过程	学术论文、多媒体课件
异步性	百折不挠，艰苦奋斗的人生价值观；殊途同归 进程执行的异步性	课程视频、多媒体课件
实验平台搭建	客观、细致、严谨、探索和创新的科学观，动手能力 搭建课程实验平台	演示答辩、课程视频、软件实操
进程调度	平衡、哲学思辨、事物对立统一、遵守规则意识 进程调度算法：先来先服务调度算法、短进程优先调度算法和高响应比优先调度算法，并发度	课程视频、多媒体课件
进程管理	辩证法的矛盾统一规律、联系的观点 信号量机制实现进程同步与互斥，死锁	课程视频、多媒体课件

续表

授课知识点	思政设计	载体途径
作业管理	科学探索精神、工匠精神、可持续发展 作业调度算法、Windows任务管理器任务、多级反馈队列调度算法	实践教学、多媒体课件、软件实操
死锁	和谐共享的社会主义核心价值观、共享共赢、互相成就、构建和谐社会 “解决十字路口堵塞的死锁问题”引入死锁的定义，引起死锁的原因和必要条件	热点新闻、影视视频
哲学家就餐问题	计算思维、迁移学习能力、自主学习能力、团队协作能力 哲学家就餐问题	案例视频、实践教学
银行家算法	避免校园贷、套路贷、求职贷等陷阱，保护人身财产安全 银行家算法预防死锁	案例视频、多媒体课件
存储器管理	发现问题、分析问题和解决问题的综合能力，创新思维意识和创新能力 连续存储管理，离散存储管理，虚拟存储管理技术	课堂讨论、多媒体课件
Belady异常问题	科学探索精神、创新精神 页面置换算法	课堂讨论、多媒体课件
文件管理	辩证唯物主义发展观，发展的思维 对比微软和Unix两个操作系统中文件物理结构	多媒体课件、案例教学

五、教学实施过程

章节名称	操作系统基本概念和发展历程	学时	2
一、教学目标			
了解常用的操作系统，掌握操作系统的基本概念，理解在计算机的发展过程中出现的不同类型的操作系统及其特点，掌握操作系统的四个基本特性。激发学生的家国情怀和文化自信，把推动国产操作系统发展和技术创新作为使命追求，培养学生的辩证思维能力和运用哲学方法解决专业问题的能力			

续表

二、教学实施过程			
教学环节	教学活动	学生活动	课程思政
课前导入 （5分钟）	向学生提供10余篇国产操作系统行业研究相关报告和国产操作系统发展介绍相关论文	阅读论文，查阅关于操作系统和国产操作系统的相关资料	激发学生的家国情怀和文化自信，把推动国产操作系统发展和技术创新作为使命追求
测试 （5分钟）	随堂测试，测试学生对操作系统的认知，鼓励学生主动思考，剖析问题，引出本节课的教学目标和主要内容	线上测试，结果反馈、讨论	
参与式学习 （45分钟）	1.提问环节让学生讲出自己熟悉的操作系统，引导学生思考操作系统帮我们干了什么，得出操作系统的基本概念 2.通过多媒体课件讲授操作系统的发展过程 3.结合日常生活中的一些现象和实例，通过课件讲授操作系统的四个基本特性	学生小组讨论、积极回答问题、认真聆听	培养学生的逻辑思维、类比归纳能力，引入日常生活中遵守规则的重要性，融入遵纪守法、爱家爱国、维护祖国统一的思政教育，面对矛盾要坚持一分为二地看问题，寻找全局发展中的平衡点，培养学生百折不挠、艰苦奋斗的人生观、价值观
项目式教学 （40分钟）	布置随堂项目任务，参与小组讨论，培养学生创新能力和解决复杂工程问题的能力，对项目完成情况进行评价	两人一组安装操作系统，完成实验报告，匿名评阅实验报告	培养学生的动手能力、团队协作精神，树立客观、细致、严谨的科学观
课堂总结 （5分钟）	总结课程内容，表扬学习过程中主动思考的学生和实验项目完成好的学生，预告下节课的学习内容，布置课后作业	学生聆听、积极回答问题	提高学生学习兴趣，提高学生学习内驱力，培养学生自主学习的能力

续表

三、教学反思
本节课教学中以学生为中心，以产出为导向，教学目标和思政目标明确，重难点突出，运用“BOPPPS教学法”进行教学环节设计，引导学生学习掌握操作系统基本概念，操作系统的发展历史，操作系统的基本特性，教学效果良好。教学过程中充分利用学习通App、QQ群等平台，使学生学习更加个性化，提高了学生的学习兴趣。课程中引入国产操作系统实际案例，更加贴近产业实际的实验教学，课程思政与实践效果显著，结合“创新能力”培养，在巩固知识的同时又提高了自身的实践能力，大大调动了学生的学习热情，激发学生家国情怀，培养学生自主学习能力，培养具有创新意识和社会主义核心价值观的优秀工程应用型人才。今后的教学过程中，应进一步完善课程思政的评价

（信息科学与工程学院　计算机科学与技术专业　董立凯）

JSP应用程序设计

一、课程概况

《JSP应用程序设计》是网络工程专业的专业拓展课，是一门理论性和实践性很强的课程。课程主要讲授Java Web开发思想和JSP运行原理、JSP语法、基于JSP+Servlet+Java Bean的MVC开发模式、综合项目实践等内容。课程以立德树人为根本，按照“OBE理念”和工程教育认证的标准要求，根据专业人才培养目标，确立了价值引领、知识传授和能力培养三位一体的教学理念，如

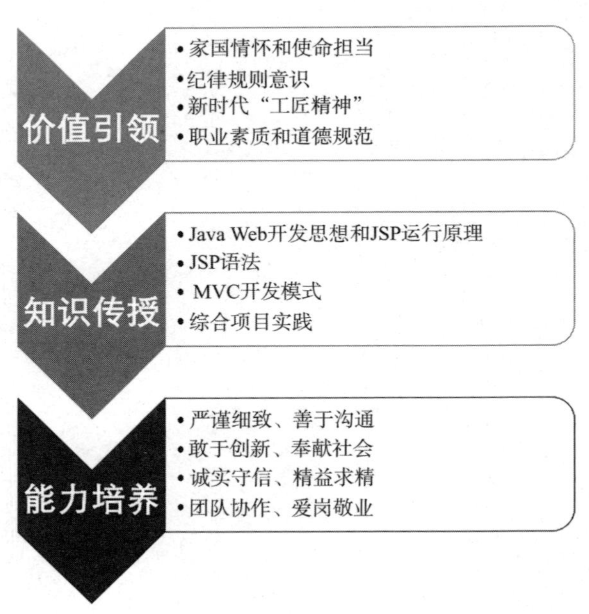

图1　价值引领、知识传授、能力培养三位一体教学理念

图1所示，推进课程建设与课程思政建设有效融合，使学生树立良好的职业道德观和社会主义核心价值观，培养学生解决复杂工程问题的能力，为学生今后在软件开发领域的学习和工作奠定基础。

本课程教学团队由1位教授、2位副教授和2位讲师组成，其中2人获校优秀教学奖，近两年9人次获教学贡献奖。团队教师积极进行教学研究和课程改革，获校级教学成果二等奖2项、三等奖1项，主持教育部产教融合协同育人项目6项、校级重点项目1项、一般项目5项，发表教研论文10余篇，其中本课程相关论文4篇，指导学生荣获科创奖项10余项。

二、课程教学目标

1.知识目标：了解Java Web开发思想和JSP运行原理；掌握JSP运行环境的配置方法；熟练掌握JSP语法；理解JSP内置对象；掌握JSP与JavaBean、Java Servlet技术；理解MVC开发模式；掌握JSP访问数据库的操作。

2.能力目标：培养学生解决网络软件开发领域复杂工程问题的能力，能够对软件系统设计、开发和实施过程中的解决思路进行评判，分析关键影响因素，寻求合理的设计方案和实现方案，并对结果和数据进行分析与总结；培养学生诚实守信、严谨细致、善于沟通、团队协作、敢于创新和奉献社会的能力。

3.素养目标：注重强化学生的工程伦理教育，培养学生精益求精的新时代“工匠精神”，激发学生科技报国的家国情怀和使命担当；培养学生的纪律规则意识、职业素质和道德规范，为学生今后在软件开发领域的学习和工作奠定基础。

三、思政育人目标

1.充分挖掘课程知识中蕴含的马克思主义立场观点和方法，通过项目案例分析和提出思考，培养学生正确认识问题、分析问题和解决问题的能力；并通过对项目案例代码的剖析和改进，培养学生精益求精、追求卓越的新时代“工匠精神”和实事求是的科学态度。

2.通过介绍我国在软件领域的先进科技成果，让学生树立民族自豪感；通过介绍我国受制于国外的瓶颈技术，激发学生科技报国的家国情怀和使命担当。

3.通过介绍软件行业规范和JSP程序开发规范，对学生进行科学伦理和工程伦理教育，培养学生的纪律规则意识以及职业素质和道德规范。

毕业要求	毕业要求指标点	思政目标		
		1	2	3
设计/开发解决方案	3-3：能够在网络复杂系统的规划与设计、部署与开发、测试与验证过程中，关注到信息与公共安全、经济与社会、文化与伦理、环境保护等因素的可能影响，对设计方案进行优化和改进，考虑相互之间的关联和影响	0.4	0.3	0.3
工程与社会	6-1：理解网络工程行业相关职业和技术标准、知识产权、产业政策、法律和法规	0.4	0.2	0.4
职业规范	8-2：具有良好的社会公德与社会责任感，了解基本国情和相关的形势政策，能够在网络工程实践中遵守工程职业道德和行为规范	0.2	0.4	0.4

四、思政案例设计

授课知识点	思政设计	载体途径
案例分析	工匠精神、工程伦理 以前一次课作业为案例，通过提出思考和案例改进的方式，培养学生正确认识、分析和解决问题的能力，以及工匠精神	实际项目案例、小组讨论
MVC开发模式	职业素质、使命担当 观看“蜜蜂王国”视频，采用类比教学法培养学生团队协作的意识 通过王小云院士十余年如一日潜心研究MD5系列算法的事迹激发学生敢于创新、爱岗敬业的精神	视频资料、新闻报道

续表

授课知识点	思政设计	载体途径
项目实践	职业素质、工程伦理、工匠精神 以企业中实际的案例布置项目实践任务，要求学生按照企业分工分小组完成，并以答辩方式考核，调动学生学习的积极性，并在具体实践过程中培养学生新时代“工匠精神”	分小组实践、项目答辩

五、教学实施过程

<table>
<tr><td>章节名称</td><td>MVC开发模式</td><td>学时</td><td>2</td></tr>
<tr><td colspan="4">一、教学目标</td></tr>
<tr><td colspan="4">掌握MVC的基本概念，理解MVC开发模式及其应用，能够运用MVC开发模式设计应用程序，解决网络软件开发领域的复杂工程问题，培养学生正确认识、分析和解决问题的能力，以及精益求精、追求卓越的职业素质和工匠精神</td></tr>
<tr><td colspan="4">二、教学实施过程</td></tr>
<tr><td>教学环节</td><td>教学活动</td><td>学生活动</td><td>课程思政</td></tr>
<tr><td>课前预习</td><td>在济南大学教学平台布置本次课预习任务、课前测和课前思考题，根据学生课前测完成情况确定授课的重点和难点</td><td>学生在学习要求的引导下在教学平台自主学习并完成课前测和思考题，并在平台讨论模块提交</td><td>培养学生自主学习能力和实事求是的科学态度</td></tr>
<tr><td>案例导入（15分钟）</td><td>采用案例驱动方式，以前一次课学生完成的项目实验为案例，通过提出思考的方式，让学生分析案例在可维护性和可扩展性方面存在哪些问题，是否满足可复用原则以及面向对象依赖倒置原则？留5分钟让同学们查阅资料和讨论，然后提问并总结点评。最后通过设置问题：“如何对案例进行改进？”引出本节课的核心内容MVC开发模式</td><td>学生通过查阅资料和小组讨论的方式查找案例中存在的问题；被提问到的同学针对问题进行回答，并阐述可以采用什么方式进行改进</td><td>对学生进行工程伦理教育，培养学生正确认识问题、分析问题和解决问题的能力，以及精益求精、追求卓越的精神</td></tr>
</table>

续表

二、教学实施过程			
教学环节	教学活动	学生活动	课程思政
科学分析（10分钟）	首先采用类比教学法，让学生观看“蜜蜂王国”视频，蜂王、雄蜂和工蜂分工明确、各司其职、精诚合作，使蜜蜂王国成为一个绝对高效的集体的例子，引出MVC开发模式，并进行科学分析，引导学生将复杂问题进行分解，采用模块化分析方式解决复杂工程问题	学生聆听并思考	通过讲解模块化程序设计的思想，培养学生解决复杂工程问题的能力，提升学生的职业素质
理论讲解和课堂讨论（25分钟）	基于前面的案例分析和思考，抽取出重要的理论和概念进行重点讲授，并使用流程图详细介绍MVC三个模块是如何各自分工、相互协作完成一个应用系统的。通过边讲边练的方式带领学生一起完成代码的改进，要求学生分组进行课堂讨论“通过MVC模式的学习谈一下对团队协作共进的理解”	学生聆听、边听边练、小组讨论	通过讲解MVC开发模式中三个模块分工明确又相互协作，提高了系统的可维护性、可移植性以及可扩展性，让学生理解协作共进和善于沟通表达的重要性
课前思考题讲解（10分钟）	讲解课前布置的思考题，并简单描述一下我国著名学者王小云十余年如一日潜心研究MD5系列算法并于2004年在国际顶级密码学会议Crypto2004上做报告的场景。要求学生在接下来的案例实践中添加为密码加密的功能，从而提高学生的网络安全意识	学生聆听，核对答案	通过人物故事，让学生了解爱岗敬业、精益求精、协作共进、追求卓越的新时代“工匠精神”

续表

<table>
<tr><th colspan="4">二、教学实施过程</th></tr>
<tr><th>教学环节</th><th>教学活动</th><th>学生活动</th><th>课程思政</th></tr>
<tr><td>案例实践
（35分钟）</td><td>为了巩固和内化前面所讲授的理论，在该环节通过案例实践让学生进一步理解MVC开发模式。案例实践让学生以小组为单位完成案例任务，要求学生按照MVC三个模块规划小组内分工，最后成绩评定以小组答辩的方式，给学生项目展示和汇报的机会</td><td>学生分小组协作完成项目案例实践并进行项目答辩（当堂课未完成的小组下次课前完成答辩）</td><td>通过项目答辩锻炼学生相互协作、相互沟通和表达的能力，加强学生团队合作精神，培养学生精益求精、高度负责和追求卓越的职业素养和工匠精神</td></tr>
<tr><td>课程总结、布置作业和预习任务
（5分钟）</td><td>总结本次课内容，梳理重点和难点，布置课后作业和下次课的预习任务</td><td>课下完成作业和预习任务</td><td>培养学生自主学习的能力，对学生进行科学思维方法的训练和科学伦理的教育</td></tr>
<tr><th colspan="4">三、教学反思</th></tr>
<tr><td colspan="4">本次课采用“任务驱动+理论讲解+案例实践”的教学方法，以上次课布置的实验作业为案例，分析存在的问题，通过课堂提问、讨论等方式启发学生思考，培养学生发现、分析并解决问题的能力。理论讲解部分采用学生熟知的故事进行类比教学法，使抽象的理论变得浅显易懂，并通过边讲边练的方式带领学生改进案例，培养学生解决复杂工程问题的能力。通过案例实践和答辩，培养学生的职业素养和工匠精神，引导学生在“学中做”“做中学”，把价值观的形成、知识的学习以及能力的培养和提高进行有机结合。后续在教学载体方面需进一步充实和完善</td></tr>
</table>

（信息科学与工程学院　网络工程专业　荆山）

食品安全与卫生

一、课程概况

《食品安全与卫生》是烹饪与营养教育专业一门重要的专业基础课程，以食品为研究对象，以生命科学与食品科学为学科基础，研究食品安全、卫生与健康的相互关系。课程主要研究食品中存在的、威胁人体健康的有害因素，包括污染物的来源、性质、作用和控制措施，以提高食品的安全性，预防食源性疾病，保护食用者的健康。通过课程学习，学生可以掌握食品安全与卫生的基础知识和理论，是学生从事食品安全、烹饪技术、餐饮管理等工作需掌握的一门课程。

本课程教学团队由1位教授、2位副教授组成，其中1位教师获“青年教学能手”称号。近年来，课程主讲人主持校教学改革重点项目“健康中国视域下中华传统饮食文化融入烹饪专业教学体系的构建研究”和一般项目“PBL教学法在食品安全课程中的应用探索”各1项。课程团队在授课中注重引导学生开展自主学习和探究，切实提升学生的自学能力，调动了学生学习积极性，教研成果获得校优秀教学成果奖三等奖。团队先后参与学校教研项目5项，发表教研论文13篇，指导学生获得国家级大学生创新计划项目3项，获得省科创竞赛奖3项。

二、课程教学目标

1.知识目标：掌握食品安全与卫生的基本理论和基本技术，从食物供应链各环节的食品安全问题出发，学会探究和分析食品在原料、加工、流通消费等环节所出现的安全问题，掌握食品安全与卫生控制和管理的基本理论和基本方法。

2.能力目标：了解国内外食品质量及安全领域的发展动态，具备调查研究与决策、组织与管理的基本能力；具备食品质量与安全检测、评价、控制、溯源预警、标准和法规制定、认证、监管等方面的能力。

3.素养目标：以国家战略和行业需求为引导，培养学生食品安全责任感与使命感；以食品安全实时案例为引导，培养学生思辨求真精神；以学生对课程和专业的美好愿景为引导，培养学生终身学习能力。

三、思政育人目标

1.通过食品安全案例介绍，引导学生深入学习领会中国食品行业中的“诚”“信”“义”等思想，加强对食品安全意识的审视、对生命敬畏、对感恩回报，强化学生在重大卫生事件中的责任与使命。

2.深入挖掘时代学术楷模、科研人员的感人事迹，让学生深刻感受到严谨细致、勤奋踏实、坚持不懈的科研作风与献身精神，培养学生执着敬业的工匠精神和追求卓越的科学精神。

3.通过介绍食品添加剂应用的相关内容，加深学生对因果辩证关系和事物发展必然性的理解，使其对辩证唯物主义观点有深刻认识。

4.结合食品及食品安全相关国家重大战略需求，培育学生求真求变的创新精神，激发科技报国的家国情怀和使命担当。

毕业要求	毕业要求指标点	思政目标			
		1	2	3	4
专业知识	具有系统、扎实的食品安全、餐饮管理等相关学科的基础理论、基本知识与基本技能，了解本专业及相关领域发展现状、趋势和新成果、新技术	0.3	0.3	0.2	0.2

续表

毕业要求	毕业要求指标点	思政目标			
		1	2	3	4
能力培养	具有较强的自学能力和一定的分析问题、解决问题的能力。具有较严谨的科学思维和科学研究的初步能力	0.3	0.4	0.1	0.2
价值塑造	具有良好的思想品德、职业道德以及坚定的意志和积极乐观的人生态度	0.3	0.2	0.2	0.3

四、思政案例设计

授课知识点	思政设计	载体途径
食品添加剂的使用原则	诚实守信　文化认同 列举超量、超范围使用添加剂导致的食品安全问题案例，诚信是实现食品安全的内在保障，自觉树立诚信意识，培养行业自律，担当社会责任，将国民健康与食品安全放在发展的第一位	案例分析，市场调研，小组讨论
添加剂的发明历史	工匠精神　辩证思维 法利德别尔格发明了糖精，体现出科学家严谨细致、勤奋踏实、坚持不懈的科研作风与献身精神，希望学生传承执着敬业的工匠精神，增强辩证思维能力，提高科学素养和社会责任感	故事讲述，课堂讨论
我国食品添加剂的发展现状	家国情怀　专业认同 列举北京工商大学的孙保国院士团队关于香精香料国际领先的研究成果，增强学生爱国情怀和民族自豪感；引导学生踏实勤奋做人，严谨认真做事；培育学生求真求变的创新精神，激发科技报国的家国情怀和使命担当	文献阅读，课堂讨论

续表

授课知识点	思政设计	载体途径
食品添加剂与非法添加物的区别	法治意识　责任担当 分析非法添加物的系列典型食品安全事件，不仅是道德问题，更是涉及法律层面的重大社会问题。通过了解食品安全法及其他相关的法律法规，做知法、懂法、守法的好公民，依法治国是社会主义核心价值观的组成部分，树立职业操守，找到个人价值实现途径和方式，建立对行业和职业的认同感和自信心	视频播放，案例分析，课堂讨论

五、教学实施过程

章节名称	食品添加剂概述		学时	1
一、教学目标				
帮助学生掌握食品添加剂的定义、作用和使用原则，了解其历史现状、学会区分食品添加剂与非法添加物；培养学生发现分析食品添加剂问题的能力，提升其开发新型食品添加剂的意识；培养学生的食品安全法治意识、爱岗敬业责任意识				
二、教学实施过程				
教学环节	教学活动	学生活动	课程思政	
课前探究	发布课前预习素材并思考问题：生活中有哪些常见的食品添加剂？如果没有添加剂，会是怎样的可能？如何看待	课前预习，生活调研，积极思考	从日常饮食生活出发，引导学生以辩证性思维方式思考问题	
导言（3分钟）	结合学生预习和调研情况，导入美食和添加剂的密切关联，引导学生感悟添加剂的“神奇”	理解添加剂的作用，科学评价常见食品	增强专业认同感	
目标（2分钟）	提出本节课教学目标：知识、能力、素养、思政四方面的具体目标，强调教学重点和难点	明确教学目标	思政寓于课程，引导学生不断反思和总结，全面看待问题	

续表

二、教学实施过程			
教学环节	教学活动	学生活动	课程思政
前测 （5分钟）	线上测试：食品污染导致的后果表现在哪些方面，以及最严重的影响结果。回顾知识，发现问题，及时纠正	参与线上测试答题，自查学习效果	强化对食品安全重要性的认识，自觉树立诚信意识，培养行业自律
参与式学习 （30分钟）	讲述法利德别尔格发明糖精的故事，视频展示孙保国院士研究团队关于香精香料国际领先的研究成果，让学生了解添加剂的历史和现状 通过生活调查和案例分析，引导学生梳理总结添加剂的作用和使用原则，分析利弊，开展课堂辩论 针对“染色馒头”事件和“苏丹红鸭蛋”事件开展个案学习研究和讨论，对超范围、超剂量使用食品添加剂、以伪造或掺假为目的使用食品添加剂问题，以及非法添加导致严重后果等问题，引导学生进行反思和总结	故事讲述，视频观看，个案研究，小组讨论，班内辩论，学生反思	历史发明故事体现出科学家严谨细致、勤奋踏实、坚持不懈的科研作风与献身精神。院士团队故事增强学生爱国情怀和民族自豪感，培育学生求真求变的创新精神，激发学生科技报国的家国情怀和使命担当 非法添加恶劣事件不仅是道德问题，更是涉及法律的重大社会问题。树立职业操守，找到个人价值实现的途径和方式，强化对行业和职业的责任感和使命担当
后测 （6分钟）	发布测试题，针对食品添加剂和非法添加物的区分，及辩证性认识等内容，检验学生课堂学习效果	参与线上测试答题，自查学习效果，反思和总结	树立正确的挫折观和严谨认真的学习态度

续表

二、教学实施过程			
教学环节	教学活动	学生活动	课程思政
总结 （4分钟）	播放制作豆腐的视频，加深对凝固剂作用的理解 总结内容，强调重点；布置作业，线上发布下一节课的预习内容	视频观看，感受传统饮食制作之精妙，感悟传统饮食文化传承之魅力	树立正确的学习价值观，增强学生学习的主动性，提升专业认同感，厚植家国情怀
三、教学反思			
本节课坚持“课程承载思政，思政寓于课程”的理念，注重BOPPPS教学与研究导向的项目式教学的有机结合，教学目标及思政目标较为明确，重点难点突出。教学过程中，一是通过案例分析，迅速调动学生兴趣点，引导学生快速进入课堂教学；二是通过故事引入、课堂讨论、启发式教学等不断提升学生课堂参与度，启发引导学生对问题进行深入思考，真正体现了“以学生为主体，以探究为核心”的教学理念，在有效激发学生学习积极性的同时，将知识传授、能力培养和价值塑造实现了深度融合，实现了落实立德树人的根本任务			

（文化和旅游学院　烹饪与营养教育专业　张晓伟）

理科篇

LI KE PIAN

概率论与数理统计

一、课程概况

《概率论与数理统计》课程是研究随机现象统计规律的一门数学学科，是数学与应用数学专业必修的基础课程。这是一门应用性较强的数学课程，它能为后续相关专业课的开设打下重要的数学基础。济南大学该课程开设于1981年，至今已有四十年历史。学校在师资队伍建设、教学内容优化及教学方式改革等方面不断进行探索和创新，并取得了一定的成果。本课程于2013年被评为“济南大学精品课程”，2020年被评为济南大学“课程思政”示范课程，2021年被评为“山东省一流本科（线上线下混合）建设课程”，2021年被评为“济南大学一流课程”。

本课程教学团队由2位教授、2位副教授和1位讲师组成，其中1位教师获校优秀教学奖，多人次获得济南大学本科教学贡献奖。近5年来，指导与本课程相关的校级优秀本科毕业论文11篇；团队教师主持教育部协同育人项目3项；主持校级重点教研项目5项，作为主要成员参与校级以上教研项目7项，编写教材3部，发表教研论文8篇。2019年获得济南大学优秀教学成果一等奖和二等奖各1项。

二、课程教学目标

1.知识目标：掌握本课程的基本概念、基本理论和基本方法，掌握处理随机现象统计规律的思想和方法，引导学生从传统的确定性思维模式逐渐进入随机性思维模式，掌握在工程技术等领域中出现的随机性实际问题的处理方法。

2.能力目标：培养学生用所学理论知识解决随机实际问题的能力，处理相关统计问题的能力，注重培养学生的数据分析能力。

3.素养目标：培养学生追根溯源的科学精神与严谨的科学态度，提高专业理论与实际紧密结合的素质；引导学生品格塑造并形成正确的价值观。

三、思政育人目标

1.课程坚持知识传授与价值引领相结合，通过融入中外著名数学家的感人事迹，引导学生弘扬数学家追求真理、敢于为科学献身的科学精神。

2.发掘课程专业知识内容中所蕴含的思政育人元素及典型的思政教学案例，将专业素养与思政培育有机结合，采用以问题驱动的启发式、小组讨论式及BOPPPS模式等教学方式，培养学生以学为中心的小组协作精神，带动所有学生积极参与实际应用案例的分析与处理，激发学生学习兴趣，增强学习信心及成就感，激励学生追根求源的科学精神，培养大学生的理想信念、价值取向、政治信仰和社会责任。

3.培养严谨的科学态度，坚毅的学习精神，结合本课程的特点，全面提高大学生缘事析理、明辨是非的能力，让学生成为德才兼备、全面发展的人才。

4.通过介绍概率论与数理统计相关的国家重大战略需求，提升学生历史使命感和社会责任感，激发其使命担当，践行报国之志，实现远大理想。

毕业要求	毕业要求指标点	思政目标			
		1	2	3	4
专业知识	具有扎实的数学基础，系统掌握概率论与数理统计专业知识，了解概率论与数理统计等领域理论及应用的新发展；形成比较完整的学科基础知识结构	0.3	0.3	0.2	0.2
能力培养	具有解决实际问题的数学建模能力、优良的团队协作能力以及自主学习与适应社会发展的能力和一定的科学研究能力	0.2	0.3	0.3	0.2

续表

毕业要求	毕业要求指标点	思政目标			
		1	2	3	4
价值塑造	具有创新精神和终身学习意识；树立正确的世界观、人生观、价值观，具有历史使命感和社会责任感	0.2	0.3	0.2	0.3

四、思政案例设计

授课知识点	思政设计	载体途径
引言	爱国情怀、专业认同、专业兴趣 介绍概率统计方面的中外科学家在世界上取得的成就，并以视频的方式讲解概率统计在科技方面的应用	多媒体课件 视频资料
事件与概率	诚信做人、实事求是、品格塑造 对比中外科学家在计算圆周率方面的情况，以新冠肺炎引出随机事件发生的偶然性，在贝叶斯公式讲解中融入寓言典故	多媒体课件 视频资料
离散型随机变量	崇尚科学、制度优势、保家卫国 在泊松分布中介绍物理实验，在数学期望讲解中引入核酸检测，在方差讲解中引入国防军事案例分析	多媒体课件 视频资料
连续型随机变量	学以致用、协作精神、品格塑造 在正态分布讲解中，引入钟南山团队新冠疫情隔离原则，在相关系数讲解中引入经济学中的实际案例。在切比雪夫不等式讲解中引入国庆70周年阅兵的宏伟场景	多媒体课件 视频资料
大数定律与中心极限定理	脚踏实地、以小见大、价值引领 在大数定律讲解中强化证明的严谨性，在中心极限定理讲解中引入保险理赔等实际问题的讲解	多媒体课件 视频资料
数理统计的基本概念	科学态度、追根溯源、创新精神 疫情期间居家隔离的统计数据分析，正态分布与t分布的区别与联系	多媒体课件 视频资料

续表

授课知识点	思政设计	载体途径
点估计	坚韧不拔、科学态度、服务意识 用极大似然估计求均匀分布中参数的估计，以及纪念品的购买和公交车车门高度的设计来阐释小概率事件原理	多媒体课件 视频资料
假设检验	热爱生活、协作共赢、品格塑造 以“女士品茶”问题引出假设检验，介绍K.皮尔逊和费希尔的小矛盾，启发学生思考	多媒体课件 视频资料

五、教学实施过程

章节名称	贝叶斯公式的应用	学时	2
一、教学目标			
明确贝叶斯公式的原理；会运用贝叶斯公式将实际应用案例逐步转化成数学思维，建立数学模型，培养学生处理实际应用问题的能力。加强逻辑思维的培养。培养学生追根求源的科学精神			
二、教学实施过程			
教学环节	**教学活动**	**学生活动**	**课程思政**
课程导入	案例1：通过某种疾病血液检测情况的视频案例思考：专家为什么要反对这项貌似很有效的检测计划呢？通过讨论如何解决这个问题 案例2：若某人向银行贷款，连续两次未还，银行还会第三次贷款给他吗	案例1是通过线上视频在课前让学生观看并小组讨论分析，思考解决方案 案例2：案例与课程的关系，引发学生思考	通过典型案例激发学生兴趣。吸引学生的注意力
学习目标	通过案例分析给出本节课教学目标：从三维目标出发，强调本节课教学重点和难点	倾听与思考	目标明确，有的放矢。让学生明确掌握本课程的教学重点知识

续表

二、教学实施过程			
教学环节	教学活动	学生活动	课程思政
前测及案例分析	通过案例驱动，给出启发式问题，了解学生对条件概率三大公式中的乘法公式及全概率公式的掌握情况	请学生回答问题，进行脑力激荡，达到前测的目的	案例探究，激发兴趣。通过知识点前测，了解学生的兴趣与能力
参与式学习	阐述贝叶斯公式的条件与结论；给出伊索寓言“孩子与狼”；提出解决问题方案（小组讨论）；通过案例探究强化学生运用原理解决实际问题的能力（讲练结合）	学生分组讨论，指定各组学生提出自我思考的问题，派代表阐述对问题的分析。完成伊索寓言案例的设计	体现小组协作精神，训练数学建模能力。通过伊索寓言的案例设计，引导学生对诚信做人、实事求是进行反思，从而起到品格塑造价值引领的作用
拓展学习与后测	以公安破案为例进行拓展学习及后测，测试学生对贝叶斯公式的掌握及对先验概率与后验概率的理解程度	在老师启发下，学生辩论验证问题，学生之间可相互交换意见。检测学习效果	以公安破案为例进行拓展学习及检测，感悟尊重科学、遵纪守法、恪守规则的重要性
总结及作业	将导言案例用贝叶斯原理作结论分析。布置拓展练习：要求学生查阅有关后验概率的实际案例，给出问题设计。布置作业题	启发并带动学生共同完成课程小结	帮助学生整合学习要点、培养逻辑思维能力。潜移默化地进行科学思维方法的训练

续表

三、教学反思
学生对贝叶斯原理不容易理解，遇到实际问题不会分析与联想，很难想到用原理建立数学模型。教学从寓言典故切入，采用以问题为驱动的案例教学法和以学为中心的小组互动协作，通过讨论式教学法提高学生对课堂的参与度，使学生加深了对该原理的认知。选择伊索寓言“孩子与狼”的典故展开教学。真正学会将原理和实际问题相结合。整个教学过程中坚持以问题为导向，采用BOPPPS教学模式，引导学生发现问题、分析问题及解决问题，培养学生用数学建模的思想解决实际问题的能力。强化教学重点，潜移默化地启示学生，做人要诚信，做事要实事求是，起到了品格塑造、价值引领的作用

（数学科学学院　数学与应用数学专业　苗丽安）

常微分方程

一、课程概况

《常微分方程》课程是数学科学学院数学与应用数学专业的一门专业基础课，主要讲授建立和解决确定性数学模型的思想、方法，培养学生应用微分方程知识、理论、方法分析和解决实际问题的能力，为后续相关专业课程学习打下基础。教学团队由2位教授和3位副教授组成，其中泰山学者1人。团队成员具有丰富教研经验，在微分方程研究领域取得丰硕成果，先后被评为“济南大学优秀教学团队”“山东省高校‘黄大年’式教学团队”。本课程先后被评为“济南大学校级精品课”“首批双语示范课程”“课程思政示范课”，首批山东省一流本科课程，获批推荐国家一流本科课程。

二、课程教学目标

1.知识目标：学生能掌握各类方程的判别与求解，基本理论的基本思想和证明方法，建立和解决确定性模型的思想方法和技巧。

2.能力目标：学生能从实际问题抽象出具体的常微分方程的能力，缜密的逻辑思维能力，抽象概括能力和应用所学知识发现、分析、解决实际问题的能力。

3.素养目标：培养学生具有良好的数学素养，具备创新思维、科学精神，激发学生科技报国的家国情怀和使命担当。

三、思政育人目标

1.完成社会主义核心价值观的认同教育，让学生认同新时代中国特色社会主义的理论、制度与价值，理解社会主义核心价值观。了解国情社情，维护国家利益，具有推动民族复兴和社会进步的责任感。

2.使学生学会运用辩证唯物主义、历史唯物主义原理、科学发展观，观察问题、分析问题、解决问题，培养学生求真务实、精益求精的精神和踏实严谨、吃苦耐劳的优秀品质。

3.通过科学思维方法的训练和科学伦理的教育，培养学生探索未知、追求真理、勇攀科学高峰的责任感和使命感，激发学生科技报国的家国情怀和使命担当。

4.通过介绍微分方程发展史，历代中外数学家不懈探索的事迹，培养学生勇于追求真理、不懈努力的奋斗精神。

毕业要求	毕业要求指标点	思政目标			
		1	2	3	4
专业知识	具有扎实的数学基本理论和方法，系统掌握数学专业知识，了解微分方程及相关领域理论及应用的新发展，形成比较完整的学科知识体系	0.4	0.3	0.2	0.1
能力培养	具备自主学习能力和初步的独立科研能力，解决较复杂实际问题的能力、团队合作能力	0.2	0.3	0.3	0.2
价值塑造	树立正确的人生观、世界观、价值观，可持续发展能力，较强的创新精神和反思意识	0.3	0.2	0.2	0.3

四、思政案例设计

授课知识点	思政设计	载体途径
常微分方程发展史	家国情怀、专业认同 介绍“倒向随机微分方程”创始人彭实戈院士、“泛函微分方程”奠基人郭大钧教授等人的成就	学术论文、新闻报道
人口模型	辩证思维、科学发展观 介绍人口模型的发展历程，反映对现实模拟的逐步贴合	多媒体课件、图片资料
传染病模型	制度自信、国家认同 利用传染病模型参数的讨论，说明我国新冠肺炎防控措施的合理性、有效性、科学性、重要性	视频资料、多媒体课件、学术论文
变量分离方程	增强法制观念、践行核心价值观 分析酒驾行为认定的方程模型	视频资料、多媒体课件
一阶线性微分方程	辩证思维、事物间是普遍联系的 变量代换思想介绍和常数变易法	多媒体课件
恰当方程和积分因子	绿色生态、和谐家园 大明湖治污问题介绍及解决	新闻报道、学术论文
一阶微分方程解的存在性	辩证思维、矛盾双方相互转化 微分方程初值问题转化为积分方程，算子理论	多媒体课件，学术论文
高阶微分方程解法	民族自豪、民族复兴 发射火星探测器的发射速度都大于第二宇宙速度，而这仅有少数几个国家能做到	视频资料、科技报道、图片资料

五、教学实施过程

<table>
<tr><td>章节名称</td><td>变量分离方程</td><td>学时</td><td>1</td></tr>
<tr><td colspan="4">一、教学目标</td></tr>
<tr><td colspan="4">掌握变量分离方程的定义、特点、解法及应用，能够利用变量分离方程的知识解决一些实际问题；引入酒驾行为认定案例和传染病模型，弘扬法治精神，激发学生的家国情怀，实现制度自信、增强热爱并自觉维护祖国的使命感</td></tr>
</table>

续表

二、教学实施过程			
教学环节	教学活动	学生活动	课程思政
案例引入	给出案例，引导学生探讨，引出新课内容： 现有一起交通事故，在事故发生3个小时后，测得司机血液中酒精含量是56mg/100mL，又过了两个小时后，测得其酒精含量为40mg/100mL，试判断，事故发生时，司机是否违反了酒精含量规定	学生思考根据所述事实，可以建立什么样的微分方程模型进行探究、思考、讨论	吸引学生注意力，激发学生学习热情，警示学生杜绝酒驾行为，文明驾驶，弘扬社会主义核心价值观
问题分析	引导学生发现血液中酒精浓度变化与当前时刻血液中酒精浓度成反比，建立微分方程模型	分组讨论、认真聆听	引导学生探究现实生活中的微分方程问题
参与式学习	1.结合实例，给出变量分离方程的定义，总结此类方程的特点 2.根据案例，指导学生找到结题思路 3.引导学生分析数据，得出结论 4.通过例题，复习巩固变量分离方程的解法	小组合作探究，猜测、尝试与检验，领悟、归纳、总结、识记	提升学生认识问题、分析问题、解决问题的能力；使学生明确酒驾和醉驾标准，杜绝酒驾行为
课堂练习	1.通过视频影像资料介绍中国针对新冠疫情的防疫措施，并利用数据说明防疫措施的有效性，引导学生思考为什么这些措施是合理、科学、重要的 2.基于一般的传染规律讨论传染病的数学模型。合理的简化条件，探讨SI传染病模型 3.引导学生小组讨论完成方程建模及求解 4.观看视频：中国取得胜利的原因及图片资料	思考 讨论 实践 情感体验 感受分享	分析疫情发展，教育学生用科学的态度对待疫情，引导学生勇于担当，增强社会责任感，展示中国精神和中国速度，增强学生的爱国意识

续表

二、教学实施过程			
教学环节	教学活动	学生活动	课程思政
课堂练习	5.组织讨论原因：文化原因、制度原因、国力原因 6.组织学生谈感受：体验作为国人的自豪感和国人齐心协力应对疫情的责任感		
课堂小结	梳理本节课所学重难知识点，以填空形式给出，引导学生进行回顾、归纳	思考 知识回顾 知识归纳	提高学生知识总结和归纳能力
课后思考 作业布置	1.课后相关书面作业 2.建模小论文：在生活中搜寻具体事例，完成模型的建立、求解和分析 3.观看相关视频	课后练习 思考、撰写小论文 情感体验	提升学生课外阅读能力和自主学习能力，增强民族自豪感
三、教学反思			
本节课的教学重点是让学生学会判断一个微分方程是可分离变量的方法，掌握变量分离方程的求解方法，以及如何利用变量分离方程的相关知识解决实际问题。采用案例引入，激发学生的学习兴趣；借助于启发式教学，引导学生自主思考；通过合作探究，提高生生、师生之间的互动；同时老师结合课程内容拓展到抗击疫情的实际和我国当前疫情形势，鼓舞学生爱国意识，增强社会责任感，将思政课程融入教学过程中，从不同角度、用不同方法引导学生建立、分析微分方程模型，培养学生发现、分析和解决问题的能力，完成创新思维、科学精神和爱国情怀的教育任务			

（数学科学学院　数学与应用数学专业　孙莹）

离散数学

一、课程概况

《离散数学》课程是数学科学学院数据科学与大数据技术专业、信息与计算科学专业的一门专业基础课。相对于连续数学而言，离散数学主要研究离散量的结构和关系，主要讲授信息科学领域的一些数学基础知识，是一门应用性较强的数学课程，为后续相关专业课的开设打下重要的数学基础。本课程在数学科学学院已经连续开设近二十年。

本课程教学团队由2位教授、2位副教授和1位讲师组成，其中有2位教师获校优秀教学奖、1位教师获“青年教学能手”称号。

本课程教学团队始终坚持教学改革，不断革新教育理念，优化课程教学内容。历经校达标课、优质课建设，本课程先后被评为“济南大学校级精品课”“济南大学课程思政示范课”等。近3年，课程组发表离散数学课程相关教研论文3篇。

二、课程教学目标

1.知识目标：学生能够掌握离散数学的基本概念和基本原理，逐步完成从连续到离散的数学观念的转变，并能以现代数学的观点和方法，掌握处理离散结构所必需的描述工具和方法。

2.能力目标：学生具备良好的数据思维能力，抽象思维能力，缜密概括的能力和能够应用所学知识分析、解决实际问题的能力。

3.素养目标：提高学生认识问题的高度，具有良好的学习专业理论的素质；激发学生爱国主义情怀，增强民族自豪感和文化自信。

三、思政育人目标

1.通过介绍离散数学领域著名数学家的感人事迹，引导学生弘扬数学家追求真理、敢于为科学献身的科学精神。

2.通过介绍中国数学家在离散数学领域的杰出贡献，增强学生“四个自信”和民族自豪感，激发爱国主义情怀，弘扬追求真理、热爱科学的拼搏精神和爱岗敬业、精益求精的工匠精神。

3.通过介绍离散数学数理逻辑部分的相关内容，加深学生对因果辩证关系、事物发展必然性和事物螺旋式上升发展的理解，使其对辩证唯物主义观点有深刻认识。

4.通过介绍离散数学前沿相关的国家重大战略需求，提升学生的历史使命感和社会责任感，激发其使命担当，践行报国之志。

毕业要求	毕业要求指标点	思政目标			
		1	2	3	4
专业知识	具有扎实的数学基础，系统掌握数据科学专业知识，了解数据科学、人工智能等领域理论及应用的新发展；形成比较完整的学科基础知识结构	0.4	0.3	0.1	0.2
能力培养	具有解决较复杂实际问题的能力、团队协作能力、自主学习与适应发展的能力和初步的科学研究能力	0.2	0.3	0.1	0.4
价值塑造	具有创新精神和终身学习意识；树立正确的世界观、人生观、价值观，具有历史使命感和社会责任感	0.2	0.3	0.2	0.3

四、思政案例设计

授课知识点	思政设计	载体途径
欧拉路和欧拉图	家国情怀、文化自信 介绍中国数学家管梅谷教授提出的世界著名图论问题“中国邮递员问题”	多媒体课件、学术论文
四色猜想	螺旋式上升发展哲学理论 介绍著名数学问题研究的曲折进程	多媒体课件
推理理论	因果辩证关系 介绍逻辑推理理论和方法	视频资料、多媒体课件
二元关系的复合	严谨认真、精益求精的工匠精神 让学生动手体验二元关系复合的繁琐计算过程	多媒体课件
哈密尔顿图	爱岗敬业、职业道德 介绍数学家哈密尔顿生平事迹	多媒体课件
基于等价关系的数据挖掘	探索未知、追求真理、勇攀科学高峰的责任感和使命感 介绍国家大数据战略、国家重大战略需求	视频资料、多媒体课件

五、教学实施过程

章节名称	欧拉图	学时	1
一、教学目标			
掌握欧拉图的定义及其判定方法，能够利用欧拉图的知识解决一些实际问题；学习欧拉等数学家勇攀科学高峰、献身科学的精神，增强民族自豪感和文化自信			
二、教学实施过程			
教学环节	**教学活动**	**学生活动**	**课程思政**
问题引入	通过经典数学历史故事，引入本节课学习内容，激发学生学习兴趣	学生聆听、积极思考	借助经典数学历史

续表

二、教学实施过程			
教学环节	教学活动	学生活动	课程思政
问题引入	在哥尼斯堡城有一条横贯全城的普雷格尔河，城的各部分用七座桥连接。每逢节假日，城中居民进行环城周游，这样就产生了一个问题：能不能设计一次遍游，使得从某地出发且每座跨河桥只走一次，而在遍历了七桥之后又能回到原地		故事，吸引学生的注意力，激发学生的学习热情。引导学生思考如何解决这个实际问题，从而引出本次课的教学目标和主要内容
问题分析	对引例“哥尼斯堡七桥问题”进行分析，利用排列组合知识，如果每座桥均走一次，那么这七座桥所有的走法一共有5040种！当时在问题提出后，很多人对此很感兴趣，纷纷进行试验，但在相当长的一段时间里，始终未能解决。1736年，瑞士数学家欧拉发表了图论的第一篇论文“哥尼斯堡的七座桥”，解决了这个难题，从而也开创了图论学科	学生聆听、小组讨论	通过介绍瑞士著名数学家和物理学家欧拉在数学、物理学和工程领域的杰出成就，以及眼睛失明后坚持科研的感人事迹，引导学生学习欧拉顽强的毅力、孜孜不倦的奋斗精神和高尚的科学道德
参与式学习	1.结合实例，给出欧拉路、欧拉回路和欧拉图的定义 2.通过例题，检验学生对欧拉图定义的掌握情况 3.证明欧拉路、欧拉回路的判定定理 4.利用存在欧拉路、欧拉回路的充要条件判断一个图是否存在欧拉路和欧拉回路	学生聆听、踊跃发言	引导学生体会定理证明过程的严谨，教育学生脚踏实地、不投机取巧

续表

二、教学实施过程			
教学环节	教学活动	学生活动	课程思政
总结拓展	欧拉图知识小结及拓展欧拉路在中国古老数学游戏“一笔画”问题中的应用。“中国邮递员问题”与欧拉图问题的区别和联系	学生聆听、踊跃发言	通过介绍中国古老数学游戏“一笔画”问题与欧拉图知识的联系，激发学生热爱中华民族传统文化的热情 通过介绍中国数学家管梅谷教授提出的世界著名图论问题“中国邮递员问题”，增强学生的民族自豪感和文化自信
布置作业	布置课后相关书面作业；要求学生查阅有关中国邮递员问题的研究进展，并要求写一篇关于该问题进展的小论文	课下查阅资料、撰写小论文	对学生进行科学思维方法的训练和科学伦理的教育
三、教学反思			
本节的教学重点内容是让学生学会如何判断一个图是否为欧拉图，同时学会利用欧拉图的相关知识解决实际问题，根据教学内容和育人目标进行了相应的课堂教学设计和组织。通过经典数学故事的引入，激发学生的学习兴趣，引导学生进行数学建模，将实际问题转化为数学问题；通过问题驱动、启发式教学法，启发、引导学生对问题深入思考；通过讨论式教学法提高学生对课堂的参与度。在教学过程中秉承“课程承载思政，思政寓于课程”的理念，将知识传授、能力培养和价值塑造深度融合，落实立德树人的根本任务。在以后的教学过程中，应进一步完善和丰富教学载体			

（数学科学学院　数据科学与大数据技术　王洪凯）

大学物理实验

一、课程概况

《大学物理实验》课程为理工科非物理各专业大二学生必修的第一门实验类课程。本课程获得山东省一流本科课程、校课程思政示范课立项建设，担负着“思一行一知”的探索创新教育的任务。据学校培养应用型人才的总目标，本课程融合理工科专业特色及物理学科的特点，突出加强马克思主义与科学精神的结合，引导学生多观察、多分析、多动手，培养具有家国情怀的高素质科技工程工匠人才。本课程以“专职教师+基层党支部”作为课程思政建设的主力军，形成了特色突出的课程团队及“一二三”课程思政体系。本课程在全国范围内辐射作用突出，近年来山东省内外11所高校数万名学生选课学习，9所高校来访交流；课程团队有青年教学能手5人、山东省青年教师讲课比赛一等/二等/三等奖各1项，教指委实验教学比赛一等奖2项；在高等教育出版社出版教材1部，在全国性教学会议上宣讲汇报4次。

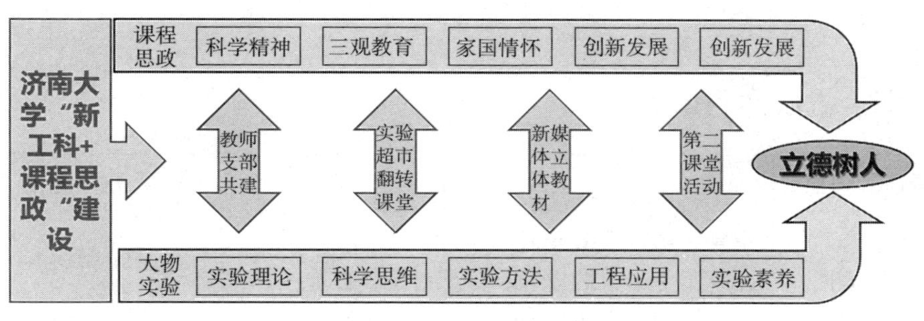

图1 《大学物理实验》课程思政建设

二、课程教学目标

1.知识目标：掌握基本的物理实验及误差基本理论，熟悉实验的基本操作程序和方法。

2.能力目标：具备基本的发现问题、解决问题的能力，具备独立开展实验的能力；在实验中具有团队合作与沟通能力，注重理论联系实际，具有批判性思维和严谨的科学态度。

3.素养目标：具有正向积极的世界观、人生观和社会主义核心价值观，有完善、健全的独立人格，具备理工视野、科学精神，立志成为具有强烈爱国情怀的科技工程人才。

三、思政育人目标

1.以实验科学的思想和实验研究的基本方法为载体，加强OBE目标导向，培养学生正确的世界观、人生观和社会主义核心价值观，完善、健全其独立的人格，锤炼意志、体会实验乐趣，培养严谨的科学精神和态度。

2.通过基本实验原理、实验方法的学习，为专业课程学习及工程应用打下基础，初步培养具有理工视野、强烈爱国情怀的科技人才。

3.通过挖掘课程内涵，启发创新思维、强化工程伦理教育，培养主人翁意识，激发大学生的使命担当意识。

课程思政建设围绕国家、学校新工科人才培养特色，夯实大学生基础实验功底，注重“思维+思政”教育，稳固专业创新的支撑，培养党和国家需要的科技工程人才。

四、思政案例设计

授课知识点	思政设计	载体途径
长度的测量	中华文明　中国智慧 介绍王莽卡尺的原理，分享讨论；体会中华民族的文化积淀增加学生的民族自豪感	中国历史、学生自主学习

续表

授课知识点	思政设计	载体途径
液体黏度的测量	工程应用　极限思维 介绍黏度的测量在工程、国家科技发展中的基础应用，体现国家科技发展、实践与认识“螺旋上升”的认识观点	工程应用案例，国家科技发展
示波器的使用	使命担当 基础实验工具的使用，激发学生的学习兴趣	某些软件对中国部分科研院所进行封闭的新闻，学生讨论
声速的测定	科技报国　家国情怀 了解黄大年地球物理勘探的历程，学习其至诚报国的精神	黄大年团队的纪录片
模拟法描绘静电场	突飞猛进　追求卓越 将模拟的研究方法外延至航天员的模拟训练，突出其设计模拟的思维	国家航天技术的发展历程，建立类比思维
电桥的使用	和谐发展　工程伦理 将单双臂的对比方法延伸至社会公平与发展、工程伦理	层层剖析原理，科学方法分析解决物理问题
电子束荷质比的测定	对立统一 唯物主义与科学发展的结合，渗透科学方法与思维；揭示宏观世界和微观世界的对立统一，与中国传统辩证思想进行类比	物理学史
拉伸法测杨氏模量	严谨细致　防微杜渐 光杠杆法与微小量进行结合，进行社会主义核心价值观教育	科学前沿，科教融合；从细微处见真章
迈克尔逊干涉仪的调节与使用	勇于探索　抓住本质 传统经典实验与最新LIGO探测的原理相通，体会科学方法；建立辩证唯物主义世界观	LIGO探测实验的案例，实验方法的类比迁移

续表

授课知识点	思政设计	载体途径
霍尔效应实验	科技报国　家国情怀 介绍国家基础科学研究的发展，学习科学家格物穷理精神，加强中国基础科技发展的信心，培养家国情怀	国内科学家在霍尔效应相关领域的研究进展
密立根油滴实验	创新思维　厚积薄发 学生体会基本物理原理上的科技创新导致重大物理理论的推进；通过电荷量子化引发到国家量子科技的发展	创造性的实验设计；国家量子科技的发展新闻
分光计的调节使用和色散的研究	严谨科学　曲折向上 结合实验操作，体会科学精神与态度，从科学史角度加强对事物本质的认知	实验操作，光学知识贯穿式的知识迁移

五、教学实施过程

<table>
<tr><td>章节名称</td><td>霍尔效应实验</td><td>学时</td><td>4</td></tr>
<tr><td colspan="4">一、教学目标</td></tr>
<tr><td colspan="4">1.能了解霍尔效应的基本原理以及最新研究进展
2.通过实验测量研究霍尔效应原理，通过对称消除法减小副效应
3.严格遵守实验规范，培养责任意识和安全意识
4.通过最新进展激励学生对国家科技发展的信心及爱国情怀</td></tr>
<tr><td colspan="4">二、教学实施过程</td></tr>
<tr><td colspan="4">该课程采用“实验超市+翻转课堂”模式；线上通过在线课程学习，线下进入实验室完成实验</td></tr>
</table>

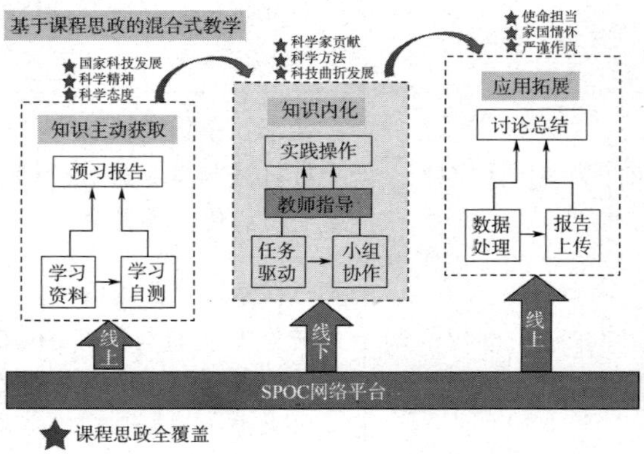

续表

二、教学实施过程			
教学环节	教学活动	学生活动	课程思政
1.课前自学（线上翻转）	学生确定课前学习目标；自学霍尔效应的视频、教师线上指导	登录线上课程系统按照要求自学课程，阅读资料、观看视频、撰写预习报告	通过霍尔效应的学习体会国家科技的发展、培养家国情怀
2.课前评价（线下实验室）	实验室内的课前预习评价与讨论（30分钟）	学生按照预习问题进行自检、教师抽检，检查学生情况 学生对照视频、教材进一步熟悉实验内容和器材 学生分组讨论霍尔效应的发展历程	熟悉实验流程，培养科学严谨的态度
3.课堂实验（线下实验室）	学生自主实验、教师巡回一对一指导	学生自主实验，教师进行个性化学习 有问题的通过讨论、生生交流、师生交流解决问题 做好数据记录 根据个人体会撰写实验要点	科学严谨的态度、科学技术的唯物主义发展观
4.课后报告（线上平台）	学生完成报告、教师评价	学生自主完成数据处理并上交实验报告	科学严谨的态度、体会社会主义核心价值观中的平等、和谐
5.课后反馈（线上或线下）	师生共同反馈交流	学生根据教师指导进行深化理解	培养责任意识和严谨的作风

续表

三、教学反思
本节课从原来实验课程的师生单向模式转变为师生、生生之间的多项模式，将实验课堂完全还给学生，知识、能力与育人目标效果凸显。在该“实验超市+翻转课堂”教学模式下，引入课程思政元素，将基础实验与国家基础理论科技发展和家国情怀相结合，对学生进行素质培养、知识结构构建和能力的训练，使学生深刻体会科技发展是国家的核心竞争力，培养其良好的人文素质、扎实的专业理论知识、良好的知识应用能力。课程的知识、能力、素养三维教学目标及思政目标得以有效达成

（物理科学与技术学院　邵明辉）

无机及分析化学

一、课程概况

《无机及分析化学》获济南大学一流课程、济南大学课程思政示范课立项建设。课程团队3人，其中优秀教学奖获得者1人，优秀教师1人。该课程是化材类、材料类、生物等专业大一新生的必修课，肩负着承上启下的作用，为后续专业课的学习奠定扎实的理论基础。团队持续改进课程教学，更新了教学大纲思政要素，建设了网络教学平台，将课程思政与教学深度融合，育人成效显著。团队成员多次获本科教学贡献奖，获校级教学成果奖2项，出版国家"十二五"规划教材2部，主持校级教研课题4项，发表教学论文14篇，指导学生获山东省化学实验技能大赛二等奖、三等奖各1项，荣获山东省大学生科技创新大赛二等奖、三等奖各1项，建设了《无机化学实验》校级精品在线课程。

二、课程教学目标

1.知识目标：学生能系统描述无机及分析化学的基本原理和方法，熟练掌握化学常用数据分析方法和化学分析方法，为后续课程和未来职业发展奠定理论基础。

2.能力目标：学生在产品研发、成分分析时，具备熟练使用无机及分析化学知识和技能的能力，在自主学习、知识应用、团结协作、科学探究等各方面的能力和意识得到较大的提高。

3.素养目标：将思政教育和专业知识融合融通并贯穿于整个教学活动中，

不但使学生具有对分析方法独立解读和执行的能力，同时培养学生的社会责任、创新意识等，促进学生全面发展。

三、思政育人目标

1.充分挖掘无机及分析化学的基本理论和分析方法中所蕴含的哲学内涵，培养学生的辩证思维能力和运用哲学方法解决专业问题的能力；渗透对立统一及辩证的哲学思维，不唯信，求真笃实。

2.通过介绍中国科学家在无机及分析化学领域的杰出贡献，树立学生的民族自信心和自豪感，厚植家国情怀，激励学生不断攀登、坚持奋斗、努力进取。

3.通过介绍无机及分析化学相关知识在生产、生活和科技领域的应用，增强学生的生态文明和环保意识，培养学生的社会责任感和使命感。

毕业要求	毕业要求指标点	思政目标		
		1	2	3
1.基础知识	毕业要求1-3：了解本专业的基本原理和方法，掌握相关的基本概念，了解本学科本专业的研究范畴、研究方法与途径	0.4	0.3	0.3
2.问题分析	毕业要求2-2：掌握本学科本专业常用理论及模式，具备运用本学科本专业相关知识和理论分析试剂问题的初步能力	0.3	0.3	0.4

四、思政案例设计

授课知识点	思政设计	载体途径
物质结构、卢嘉锡	科学救国、爱国奉献，爱国主义精神的培养	图片、视频、动画
元素周期表、门捷列夫的奋斗历程	不断攀登的科学精神，激发学生坚持奋斗、努力进取的精神	课外文献阅读及撰写课程小论文

续表

授课知识点	思政设计	载体途径
氧化还原理论、金属腐蚀的防止	工匠精神，增强学生环保意识	时政、科技新闻报道
酸碱的相对性及相互关系	对立统一及辩证的思维看问题，融入哲学思维	图片、视频、动画
配位反应	重金属离子的检测，提高社会责任感	课外文献阅读及撰写课程小论文
元素部分	温室效应、超临界流体，渗透绿色化学意识	时政、科技新闻报道
结构与性质的关系	现象与本质的关系，融入哲学思维	图片、视频、动画
化学键	现象与本质的关系，融入哲学思维	多媒体课件
误差及其消除	科学严谨的精神，实事求是精神	实验操作并总结
沉淀反应	与环境保护结合，增强学生环保意识	图片、视频、动画
分光光度法	在药物等检测方面的应用，理论联系实际	学术论文、科技报道
四大晶体	我国科学家的贡献，民族自豪感的建立	学术论文、科技报道
稀土元素	战略应用，增强责任感	课外文献拓展及撰写课程小论文
化学发展简史	科学家的探索精神，立德树人	课外文献拓展及撰写课程小论文

五、教学实施过程

<table>
<tr><td>章节名称</td><td>氢键</td><td>学时</td><td>1</td></tr>
<tr><td colspan="4">一、教学目标</td></tr>
<tr><td colspan="4">理解氢键的形成条件、概念、特点以及氢键对物质物理性质的影响；通过研究水分子中氢键的形成过程及氢键强弱对比，区别范德华力和化学键。明确微粒间的相互作用对性质的影响，培养学生严谨的科学探究精神</td></tr>
<tr><td colspan="4">二、教学实施过程</td></tr>
<tr><td>教学环节</td><td>教学活动</td><td>学生活动</td><td>课程思政</td></tr>
<tr><td>课程导入</td><td>提出问题：
1.冰为什么会附在水面上
2. HF、H_2O、NH_3的沸点为什么高于同族氢化物</td><td>联系上节课所学范德华力的知识，思考问题</td><td>现象与本质的关系，融入哲学思维</td></tr>
<tr><td>分析问题</td><td>以H_2O为例，讲解氢键的形成条件及特点，介绍我国科学家首次拍摄到氢键，提供了氢键第一个直观的证据</td><td>学生聆听、小组讨论</td><td>通过介绍我国科学家在氢键方面的突出贡献，厚植家国情怀和不断攀登的科学精神</td></tr>
<tr><td>参与式学习</td><td>引导学生讨论分析氢键对一系列化合物性质的影响：
1.根据氢键形成的位置不同，可分为哪些种类
2.氢键对物质的熔沸点、溶解度、密度的影响</td><td>学生讨论、踊跃发言，解释课程引入时提出的问题</td><td>明确微粒间的相互作用对性质的影响，培养学生严谨的哲学思维</td></tr>
<tr><td>前沿拓展</td><td>结合文献报道，介绍氢键在生物大分子、多级有序结构、超分子组装等方面的应用</td><td>了解前沿知识和技术</td><td>理论联系实际，提高专业自豪感和社会责任感</td></tr>
<tr><td>随堂测试</td><td>随堂检测学生对氢键的形成条件、特点以及对物质物理性质的影响</td><td>在线检测，后测结果反馈、讨论</td><td rowspan="2">在检测学生学习效果的同时，引导学生进一步思考现象与本质的关系</td></tr>
<tr><td>课程总结</td><td>重申课程的主要内容、重难点，明确各知识点具体要求</td><td>加深对重难点的理解</td></tr>
</table>

续表

二、教学实施过程			
教学环节	教学活动	学生活动	课程思政
作业、任务拓展	1.查阅文献资料说明氢键含量同DNA稳定性的关系 2.布置课后自测题 3.将扩展资料上传至学习平台，拓宽学生视野	学生利用中国知网和万方数据库查阅资料，小组以调研报告的形式上传至学习平台	通过学术论文阅读，塑造科技创新精神；在分工合作中，培养学生的团队合作能力
三、教学反思			
本节的教学重点是让学生学会如何判断化合物是否能够形成氢键，同时学会利用氢键的相关知识分析物质的物理性质，根据教学内容和育人目标进行了相应的课堂教学设计和组织。通过两个问题的引入，激发学生的学习兴趣，引导学生从典型化合物入手分析，将抽象的理论和具体性质相结合，进而拓展到实际应用和科技创新，便于学生理解和掌握。注重知识的广度、深度和挑战性，以学生为中心，将“传授专业知识”和“引领核心价值”两者有机结合，对学生开展爱国教育、信念教育和责任教育，培养学生的科学素养，将立德树人总目标贯穿教学全过程。今后应继续深挖课程内容中的思政素材，拓展更多思政载体			

（化学化工学院　高分子材料与工程专业　范迎菊）

气象学与气候学

一、课程概况

《气象学与气候学》是地理科学专业的一门专业基础课，课程学时40学时，其中理论学时32学时，课内实践学时8学时。课程理论教学以课堂教学为主，课程网站的线上自学为辅的方式进行。实践教学采取室外实验的方式进行，实践内容与理论教学紧密相关。

课程教学团队由5人组成，教授2人，副教授2人，讲师1人，团队成员均有多年教学经验。

《气象学与气候学》的课程改革已经持续多年，2011年通过学校百门课程改革验收，此后连续三次获得课程的教学改革项目的资助，形成了从课程的理论教学到实践教学完善的教学体系。本课程建有完善的线上课程网站，网络资源丰富，可满足线上的课程教学。与课程相关的教研论文、SRT项目、教学技能大赛指导均取得了较好的成绩。出版课程教材1部，实践指导教材1部。依托课程多年的教研成果，获得济南大学优秀教学成果三等奖。

为发挥本专业课程的思政教育的作用，本课程依托丰富的课程案例资源，凝练思政要素，正着手建设课程思政案例库，力争建成专业思政教学的示范课。

二、课程教学目标

1.知识目标：使学生掌握气象学、天气学和气候学相关的基本知识和基本理论。

2.能力目标：培养学生探究学习的能力和团队协作能力；形成将理论知识应用于生产实践的应用能力。

3.素质目标：培养学生的责任感、敬业精神和科学精神；帮助学生树立环境安全意识、防灾减灾意识、可持续发展观；培养学生的爱国主义精神，增强学生的家国情怀和民族自豪感。

三、思政育人目标

1.通过介绍气象学与气候学领域著名气象学家的感人事迹及杰出贡献，引导学生弘扬科学追求真理、敢于为科学献身的科学精神。

2.通过气象学与气候学相关的历史人物、文学知识、历史故事、经典案例的介绍，增强学生“四个自信”和民族自豪感，激发学生的爱国主义情怀。

3.通过对典型天气、气候事件及相关时事等内容的介绍，加深学生对自然灾害形成机制的理解，培养学生的可持续发展观和防灾减灾意识。

4.通过介绍全球气候变化前沿相关的国家重大战略需求，提升学生的历史使命感和社会责任感，激发其使命与担当。

毕业要求	毕业要求指标点	思政目标			
		1	2	3	4
专业知识	具有扎实的气象学、天气学和气候学基础，系统掌握课程相关专业知识，了解气象学领域的新成果；形成比较完整的学科基础知识结构	0.4	0.3	0.1	0.2
能力培养	具有解决较复杂实际问题的能力、团队协作能力、自主学习与适应发展的能力和初步的科学研究能力	0.1	0.1	0.5	0.3
价值塑造	具有创新精神和终身学习意识；树立正确的世界观、人生观、价值观；具有历史使命感和社会责任感	0.2	0.2	0.3	0.3

四、思政案例设计

授课知识点	思政设计	载体途径
气象学与气候学发展简史	历史、现代气象学相关人物、事件，文学经典中的气象、气候知识介绍，培养学生的民族自豪感	课程网站： Course.ujn.edu.cn 微信公众号： 地理学科网、地理教学短视频、地理知识精选等
气象学相关理论知识的学习	通过相关经典理论的学习，介绍本领域和相关领域的科学家及经典科学实验，引导学生弘扬科学追求真理、敢于为科学献身的科学精神	课程网站： Course.ujn.edu.cn 经典视频： 地理教学短视频、环球地理、地理知识精选等 相关专业网站
典型天气、气候事件分析	通过对典型天气、气候事件的成因分析，培养学生的综合分析能力和科学精神；加深学生对自然灾害形成机制的理解，培养学生的可持续发展观和防灾减灾意识。介绍全球气候变化前沿相关内容，使学生了解国家在气候变化方面的战略需求，提升学生的历史使命感和社会责任感，激发其使命与担当	相关专业网站；时事新闻等

五、教学实施过程

章节名称	人类活动对气候变化的影响	学时	1
一、教学目标			
通过本节课的学习，使学生掌握影响气候变化的因素，从太阳辐射、大气环流、海陆分布、地形等角度，结合案例分析各因素对气候的影响机制，并能深刻认识人类活动对气候变化的影响。同时通过具体案例分析，使学生深刻理解全球气候变化的影响，并树立可持续发展的理念，增强环境保护和防灾减灾意识。通过具体的应对措施分析及拓展知识，使学生了解我们如何应对全球气候变化，进一步理解大国的责任与担当，深刻认识中国在国际舞台的重要作用，激发学生的家国情怀和爱国主义精神，树立全球意识			

续表

<table>
<tr><th colspan="4">二、教学实施过程</th></tr>
<tr><th>教学环节</th><th>教学活动</th><th>学生活动</th><th>课程思政</th></tr>
<tr><td>课程导入（5分钟）</td><td>观看视频《气候的形成》并引导学生思考影响气候形成的因素，使学生能够利用所学知识分析成因</td><td>讨论总结：影响气候形成的因素</td><td>利用案例分析，使学生深刻理解全球气候变化的影响，并树立可持续发展的理念，增强环境保护和防灾减灾意识</td></tr>
<tr><td>教师讲授、案例分析（10分钟）</td><td>从太阳辐射、大气环流、海陆分布、地形等角度，结合案例讲解各因素对气候形成的影响，重点强调人类活动对气候变化的影响
案例：（1）森林破坏对气候变化的影响；（2）城市建设对气候变化的影响（城市气候）</td><td>针对具体案例，让学生学会具体问题具体分析（小组讨论、个别提问）</td><td rowspan="3">通过案例分析，使学生深刻理解全球气候变化的影响，使学生树立可持续发展的理念，增强环境保护和防灾减灾意识</td></tr>
<tr><td>观看视频（5分钟）</td><td>观看视频《气候变化的影响》，让学生总结气候变化会带来哪些有利和不利的影响
案例：（1）2021年7月20日，郑州暴雨；（2）2021年5月22日，甘肃国际马拉松事故</td><td>讨论：针对这些不利影响，我们如何应对</td></tr>
<tr><td>观看视频（3分钟）</td><td>通过短视频《是时候采取行动了》，结合目前全球气候变暖的现状，让学生讨论、分析应对气候变化我们应采取哪些措施</td><td>讨论、探究分析：如何应对越来越严重的气候变化带来的不利影响</td></tr>
</table>

续表

二、教学实施过程			
教学环节	教学活动	学生活动	课程思政
教师总结（6分钟）	总结气候变化带来的巨大影响。通过总结引出全球气候变化与节能减排，通过这部分内容拓展学生专业知识面	课后了解全球气候变化、碳达峰、碳中和等相关知识	
知识拓展（20分钟）	介绍联合国气候变化会议：（1）历届联合国气候变化会议任务；（2）习近平主席在21届气候变化巴黎大会上的讲话《携手构建合作共赢、公平合理的气候变化治理机制》。签署《巴黎协定》，为2020年后全球应对气候变化行动作出安排	课后了解联合国气候变化会议的主要议题和中国的贡献 讨论：大国的责任与担当	理解大国的责任，中国的责任与担当。认识中国在国际舞台的重要作用，增强学生的民族自豪感
	让学生从专业角度认识全球变化的影响及其成因，深刻认识到全球气候变化问题的解决与我们每一个人息息相关，认识到作为大学生的责任	了解世界大学气候变化联盟的成立背景 讨论：应对气候变化，大学生的责任与担当	让学生认识到大学生应成为应对气候变化的先行者，积极为中国应对气候变化承担应有的责任，积极为构建人类命运共同体添砖加瓦，激发学生的家国情怀和爱国主义精神，树立全球意识

续表

二、教学实施过程			
教学环节	教学活动	学生活动	课程思政
时事关注（1分钟）	当地时间2020年10月31日，《联合国气候变化框架公约》第26次缔约方大会（COP26）在英国格拉斯哥开幕	利用网络平台，关注气候变化相关内容	引导学生养成关注时事，关注气候变化的习惯
三、教学反思			
本部分内容的教学设计合理、清晰，目标明确；从课程的导入气候变化成因的分析，从成因的分析到人类活动对气候变化的影响，从气候变化给人类活动带来的不利影响到全球气候变化的应对，环环相扣；从专业基础知识的传授到专业知识的拓展，由浅及深，问题的分析不断深入。整个教学过程层次分明，思路清晰。教学过程中视频的使用，增加了学生学习的兴趣；与视频、案例相结合的分析讲解，加深了学生对专业知识的理解；分组讨论让学生从现象分析本质，增强了学生探索、求索的精神，同时又做到了学生理论知识与实践知识的结合。思政要素的融入自然、有一定深度；与时事相结合、与生活相结合，与专业知识相结合，做到了专业教育与思政教学的有机融合，使专业知识的学习不枯燥无味，思政教育不牵强附会			

（水利与环境学院　地理科学专业　高卫东）

环境化学

一、课程概况

环境化学是济南大学环境科学与工程学科的专业核心课程，主要讲授有害物质在环境介质中的来源、赋存状态、迁移转化行为与效应及其控制的化学原理与方法，使学生具备一定的处理实际环境问题的思路、方法和技术，为培养学生分析、处理实际环境问题的能力以及学生将来从事环境保护和环境科学研究工作奠定理论基础。课程组成员均为环境工程或者环境科学专业博士毕业，对国内主要高校环境化学课程的内容体系、实践教学环节等情况较熟悉，利于将理论与教学实际结合起来并付诸教学实践。他们擅于从科研项目凝练课程案例，积极探索知识讲授与价值引领相融合的有效教学机制，形成了“价值引领、案例示范、全域渗透”为主线的创新课程思政建设模式。其课程历经校达标课、优质课建设，被评为济南大学校级精品课程。团队成员评教成绩在学院名列前茅，主持并参与省级、校级教改项目6项和多项国家、省部级科研项目，发表教研论文10余篇，荣获济南大学教学成果奖二等奖1项。

二、课程教学目标

1.知识目标：掌握大气、水、土壤、生物体环境介质中污染物的存在特征、迁移和转化（反应）过程的基本原理；学习运用化学反应式、平衡关系图、动力学与热力学模型等。

2.能力目标：能够运用环境化学知识，针对各圈层污染物的不同特点，借助各种资料及手段分析环境问题的关键参数，获得有效结论，并能够提出减少、消除影响的可行技术和措施。

3.素养目标：帮助学生正确看待化学物质与人类的辩证关系，树立绿色可持续发展理念，培养学生的大国工匠精神和家国情怀，使学生德智体美全面发展，积极投身社会主义现代化建设。

三、思政育人目标

1.培养学生形成正确的环境观和环境污染观。

2.建立科学思维和数字化思维，培养学生根据环境污染特征寻求和发现污染物的迁移转化规律，提高学生正确认识问题、分析问题和解决问题的能力。

3.提升学生的化学品污染“防、控、治”全局化环境保护素养，形成规范使用和科学处置日用化学品的良好习惯。

毕业要求	毕业要求指标点	思政目标		
		1	2	3
1.工程知识	1-2：掌握环境工程领域相关化学、微生物学等专业基础知识，理解环境污染与治理基本原理	0.5	0.3	0.2
2.问题分析	2-1：能够利用自然科学和工程科学知识，识别和判断复杂环境工程问题的关键环节	0.7	0.1	0.2
4.研究	4-1：能够基于科学原理、专业知识及相关文献，根据研究对象特征选择可行的技术路线，制定具体的实验方案	0.3	0.4	0.3

四、思政案例设计

授课知识点	思政设计	载体途径
环境化学定义与研究内容	人类关怀，家国情怀，传递“人类只有一个地球，可持续发展是唯一出路”思想 八大公害事件与中国环境问题的日益突出，学科发展史	视频资料、学术论文

续表

授课知识点	思政设计	载体途径
环境化学研究特点	强化时代使命感和社会责任感，生态安全意识，践行环保理念 煤炭在各个环境介质中的迁移转化之旅	视频资料、多媒体课件
大气颗粒物与气溶胶	树立专业自信和严谨求实的职业观 PM2.5、新冠肺炎的预防	新闻报道、学术论文
光化学烟雾	中国特色社会主义制度优越性，科学家的担当与责任感 环境科学专家唐孝炎	视频资料、多媒体课件
硫酸烟雾	激发历史使命感和进取心 煤改气政策，践行“蓝天工程”	政策法规、新闻报道
有机物在水体中的迁移转化	职业素养和责任意识，激发学生的专业获得感 松花江重大污染事件的应急处置及长期修复案例	案例分析、新闻报道
土壤中重金属的形态	明底线，知敬畏，增强民族自豪感 南方离子型稀土尾矿污染及其修复案例，推进资源全面节约和循环利用，融入徐光宪院士生平	工程案例分析、学术论文
土壤中农药的迁移转化	科学发展观，加强对“绿色发展是解决环境污染问题的根本之策”的认识 农药的增产增效与生态安全	视频资料、多媒体课件
受污染环境的修复	培养生态文明意识，厚植爱国情怀 导入铀矿污染及其修复案例，融入九三学社社员、“两弹一星”元勋邓稼先事迹	工程案例、视频资料

五、教学实施过程

章节名称	水中有机污染物的迁移转化	学时	1
一、教学目标			
掌握从有机污染物的结构和性质出发分析其在水中可能发生的迁移转化途径，分析导致污染的内在原因及消除机制；引入松花江重大污染案例事件，启发学生思考根据污染物的理化性质，分析其在水体中的最终归宿，培养学生建立科学思维，提高学生分析和解决问题的能力，增强其科技报国信心			

续表

二、教学实施过程			
教学环节	教学活动	学生活动	课程思政
总结回顾，新课导入（5分钟）	通过回顾总结有机污染物与重金属污染物的不同（有机物可以在环境中发生分解，同时改变其自身结构形态），导入本节课教学内容“有机污染物在水体中的迁移转化”，归纳水体中典型有机物的迁移转化途径	学生聆听、积极思考	从污染物类别及性质差异，科学性及严谨性角度出发，培养学生的思辨能力、工匠精神
探究式讲授（20分钟）	进行情景设计，引入实际有机污染案例，探究式讲授污染物在水体中的迁移和转化途径基本原理知识 首先，引入松花江重大污染案例事件，分析事件主要污染物硝基苯的基本理化性质（物质结构式及理化性质图解） 其次，启发学生思考根据硝基苯的理化性质，在松花江污染事件中，硝基苯在自然条件下可能存在的迁移转化途径（图解过程） 最后，归纳并自然导出该事件中有机物硝基苯的最终归宿（随水流长距离运输），导致引起我国第一起严重、恶劣的环境污染事故（图解归纳）	学生聆听、踊跃发言	借助我国第一起严重、恶劣的水环境污染事件，吸引学生的注意力，激发学生的学习热情；引导学生思考如何解决这个实际问题，从而引出本次课的主要内容和教学重点，培养学生明底线，知敬畏，职业素养和责任意识

续表

二、教学实施过程			
教学环节	教学活动	学生活动	课程思政
小组讨论（15分钟）	进行情景设计，分小组，设立圆桌会议，引导学生以生态环境部应急专家的身份进行环境问题的应急处置讨论，并提出环境污染长期修复技术的合理化建议	圆桌会议、小组讨论	进行情景设计学习，培养学生建立科学思维，提高学生分析和解决问题的能力，增强其科技报国信心，激发学生的专业获得感
总结、拓展（8分钟）	引导学生了解《中华人民共和国水污染防治法》《城市污水处理及污染防治技术政策》等法律法规，告知学生“知敬畏，明底线”的环保法规要求，带领学生体会水中主要污染物及迁移过程中蕴含的辩证思想。结合研究成果，提出“零价铁+生物还原修复硝基苯污染水环境”的处置方法	学生聆听、踊跃发言	启发学生终身学习、勇于探索的创新意识，增强学生社会责任感和专业自信
布置作业（2分钟）	将“未来化学品与水环境有约吗”作为拓展思考题，让学生完成有机物绿色合成、水体污染风险评估与分子设计等前沿文献阅读，实现知识运用和拓展	课下查阅资料、撰写小论文	对学生进行科学思维方法的训练和前言学科知识的引导学习
三、教学反思			
本节课根据教学内容和育人目标进行了相应的课堂教学设计和组织。通过典型水环境污染事件案例的引入，激发学生的学习兴趣，引导学生进行积极思考，将实际环境污染问题转化为学科问题；通过问题驱动、启发式教学法，启发、引导学生对问题深入思考；通过讨论式教学法提高学生对课堂的参与度及学生分析和解决问题的能力。在教学过程中秉承“课程承载思政，思政寓于课程”的理念，将知识传授、能力培养和价值塑造深度融合，落实立德树人的根本任务。课程的知识、能力、素养三维教学目标及思政目标得以有效达成			

（水利与环境学院　环境工程专业　何芳）

水文学原理

一、课程概况

《水文学原理》是水文与水资源工程专业的专业基础课，为学生后续专业课的学习及未来从事水文、水资源及水环境的研究打下坚实的理论基础。课程的主要内容包括各种水体的形成、演变；水体的形成原因、演变规律；研究水体形成原因及演变规律的方法。具体包括以水文循环为主线，以产汇流为重点，系统地介绍降水、下渗、蒸发、径流四大水文现象的基础知识和基本理论，详细地介绍流域产流、流域汇流、河道汇流的理论与计算方法。通过水文规律研究，模拟和预报自然界中水量和水质变化及发展动态，最终为开发利用水资源、控制洪水、保护水环境等水利建设提供科学依据。

课程组有教授2人，副教授3人，均具有博士学位。课程组注重教学研究与改革，并取得良好效果。已完成3项教研项目研究，目前正进行校级教学项目2项，已发表相关教学科研论文4篇。目前《水文学原理》已完成济南大学优质课程评估。为发挥本课程知识传授、能力培养、价值引领三位一体的思政教育作用，依托丰富课程案例，不断挖掘思政元素，力争建成专业思政教学的示范课程。

二、课程教学目标

1.掌握水文循环及其中的水量平衡、能量平衡原理；掌握降水、下渗、蒸散发等物理过程和基本理论以及定量计算方法；使学生掌握水文现象的基本规律。

2.熟练掌握利用水文学单点产流、流域产流基本概念、原理及分析方法，对流域产流模式及过程进行分析；熟练掌握基本产流计算模型、河道洪水波运动理论，槽蓄原理及槽蓄方程，以及流域汇流的物理过程、系统分析方法和初步计算方法，并能利用这些模型方法对流域水循环及产汇流进行定量分析和表达。

3.了解当前水问题，以及社会经济环境保护和社会可持续发展对水文学的要求；深入了解如何采用水文学原理、产汇流等方法解决实际水问题。

三、思政育人目标

1.社会主义核心价值观——爱国：热爱社会主义祖国，坚持道路自信，具有民族自豪感。

2.社会主义核心价值观——敬业：热爱水利事业，忠于职守、敢于吃苦、敢于奉献；具备积极向上的劳动态度和敬业精神。

3.马克思主义思想方法：树立正确的工程伦理观，明白自然的客观性与人的主观能动性的辩证统一，认识和改造世界时不能违背自然规律才能人水和谐。

毕业要求	毕业要求指标点	思政目标		
		1	2	3
1.工程知识	理解水文循环、产汇流、水环境演化的原理，掌握径流分析、力学计算、水质分析等技术方法，并能应用于水文水资源分析计算，为流域规划、管理及工程建设提供依据	0.2	0.4	0.4
2.问题分析	能够运用数学与自然科学的基本概念、理论和方法对流域水文循环、产汇流的模式和过程、溶质运移转换等问题进行定量分析和表达	0.2	0.3	0.5
4.研究	能根据科学原理针对水文、水资源、水环境及水生态的问题设计相关实验或构建模型，并运用数理与信息知识对结果进行分析和解释	0.3	0.4	0.3

四、思政案例设计

授课知识点	思政设计	载体途径
水文学意义、水文水利的发展史	思政设计 1.讲述道路自信、理论自信、制度自信、文化自信的核心内容，让学生牢牢树立“四个自信”意识 2.增强学生主观学习意识，深化学生对专业的认同感，及早树立职业理想 3.传承和弘扬“忠诚、干净、担当，科学、求实、创新”的新时代水文、水利精神 融入点 1.世界水文学发展史介绍 2.课程学习的目的、知识体系中的地位与作用 3.水利工程、水利事业介绍	驱动式教学、视频观看、案例分析、课堂讨论： 1.都江堰、戴村坝等网络资源、图片展示 2.红旗渠、三峡工程、小浪底枢纽、南水北调等工程视频、图片展示 3.城市供水系统与三门峡工程案例对比分析 4.《大河》电影片段观赏
水文循环与水量平衡	思政设计 1.家国情怀、立志科研、科技报国、攻克新挑战的精神 2.“精益求精、创新”的工匠精神 融入点 1.水文对气候变化和人类活动的影响 2.我国水文特征	新闻报道、视频观看、课堂讨论： 1.我国南涝北旱日益加剧、“城市看海”的新闻报道 2.工程、城市化带来的水文过程显著变化实例
流域与水系	思政设计 志存高远，激发学生科技报国的家国情怀和使命担当 融入点 水系和河流的分段	视频观看、课堂讨论： 1.央视拍摄的《话说长江》视频观看 2.祖国的壮美河山、科考人员不懈探求长江真正源头过程的讨论

续表

授课知识点	思政设计	载体途径
降水—降雨类型及特征	思政设计 1.遵守国家标准、行业标准、规范意识 2.安全、规范、严谨细致的职业精神和学以致用的工程意识和创新精神 融入点 1.地形雨、气旋雨的特点 2.我国降雨分布特征	案例分析、网络资源、课堂讨论: 1.板桥、石漫滩水库溃坝案例分析 2. 2007年济南、2021年郑州暴雨洪涝灾害图片、视频及网络资料 3.济南城市防洪排涝技术案例分析
径流影响因素	思政设计 1.习近平总书记“绿水青山就是金山银山”“黄河流域生态保护和高质量发展”理论的认识 2.全面看待问题、科学决策的主人翁意识 融入点 1.径流特征变化 2.人类改造下垫面对产流、汇流的影响	探究式教学、信息化载体、课堂讨论: 1.“山水林田湖草”生命共同体概念及国家“三退(退耕、退渔、退养)三还(还林、还湖、还湿地)”政策相关文本 2.城市化对径流量及洪峰流量的影响的案例 3.低影响开发技术LID模式网络资源
降雨、径流数据的监测与整理	思政设计 1.艰苦奋斗、无私奉献、严细求实、团结开拓的水文精神 2.科技创新现代水文、发展“智慧水文”和“工匠水文”的实干、创新精神 融入点 1.水文数据的核心地位 2.水文观测的方法技术	视频观看、课堂讨论: 1.观看水文人物先进事迹视频 2.观看水文观测技术视频 3.水文站网、水文信息网及水文信息系统网络资源

五、教学实施过程

<table>
<tr><td>章节名称</td><td>水文学概述</td><td>学时</td><td>2</td></tr>
<tr><td colspan="4">一、教学目标</td></tr>
<tr><td colspan="4">熟悉本门课程的作用及其与其他课程的联系；掌握水文学的概念、研究方法与分类；了解水文学、水利发展史。通过思政案例引入，让学生树立“四个自信”意识、增强专业认同感，传承新时代水文、水利精神</td></tr>
<tr><td colspan="4">二、教学实施过程</td></tr>
<tr><td>教学环节</td><td>教学活动</td><td>学生活动</td><td>课程思政</td></tr>
<tr><td>课前预习</td><td>采用驱动式教学方法，课前通过QQ群发布预习任务，让学生带着任务进行探究式学习</td><td>查找关于“水文”的资料；查找我国历史上比较有名的水利工程</td><td>培养学生自主学习、思考的能力和探究精神；同时了解这些工程项目背后的历史与文化，增强学生的民族自豪感</td></tr>
<tr><td>问题提出（5分钟）</td><td>介绍水文工作者的任务</td><td>了解未来从事的工作以及本课程的作用</td><td>深化学生对专业的认同感，及早树立职业理想</td></tr>
<tr><td>案例分析（15分钟）</td><td>提供图片及资料介绍供水工程的成功案例与三门峡工程问题案例，引导学生对比讨论，分析说明水文学在水利工程上的重要意义</td><td>互动思考，导致不同工程后果的原因，认识掌握不好水文规律带来的后果与巨大损失，引导学生深化对水文学意义的认识</td><td>不懈探索与实践的精神，并弘扬“忠诚、干净、担当，科学、求实、创新”的新时代水文、水利精神</td></tr>
<tr><td>讲授水文学定义、内容及性质（20分钟）</td><td>讲授水文学定义、水文学的研究内容、水文学的性质及研究方法和水文学的分类</td><td>掌握水文学定义、研究内容、水文学的性质及研究方法和水文学的分类等</td><td>深化学生对专业的认同感，及早树立职业理想</td></tr>
</table>

续表

二、教学实施过程			
教学环节	教学活动	学生活动	课程思政
水文学、水利工程发展史（35分钟）	采用案例教学法、视频观看以及课堂讨论，带领学生学习水文学的发展过程以及我国在水利工程方面的实践	了解都江堰无坝引水水利工程和戴村坝工程，了解我国古代在水文知识积累及实践方面的伟大成就，理解水文知识对于工程设计的意义	爱岗敬业、为民务实的奉献精神；勇于开拓、求实创新的实干家精神；科学严谨的水利工匠精神。坚定“四个自信”，逐步形成爱岗敬业的社会主义核心价值观
电影《大河》片段欣赏（20分钟）	介绍水利专家陈大河一生扎根新疆，为当地人民修建水库解决生活基本保障用水，将青春和生命奉献给新疆水利建设的感人故事	通过欣赏由真人事迹拍摄的电影《大河》，思考新时代水文人的精神与追求	引领新时代水文、水利精神，培养学生为水文、水利事业奉献的职业情操以及大爱精神与责任感、视人民群众安危及国家公共财产安全高于一切的高尚情操
小节与讨论（5分钟）	对本课教学内容进行总结，引导学生讨论对本课程的认识、如何学好本门课程以及通过本次课程学习有何体会	总结本节课所学知识，加深对重难点的理解	提升专业认同感和职业认同感，厚植家国情怀，激发报国之志

续表

三、教学反思
本部分内容的教学设计合理、清晰，目标明确；从专业课程初步认识到专业基础知识，最后是专业工程案例与实践，整个教学过程层次分明，思路清晰，有效起到课程绪论的基础与引导作用。教学过程中驱动式预习让学生带问题进入课堂，授课中图片、视频与网络资料的使用，增加了学生学习的兴趣，与视频、案例相结合的分析讲解，加深了学生对课程和专业知识的理解，讨论让学生从现象分析本质，增强了学生探索、求索的精神，同时又做到了学生理论知识与实践的结合，让抽象的知识具体化；在思政方面，深刻地理解“课程思政”与“立德树人”的关系，把立德树人贯穿教育教学全过程，用好课堂教学这一主渠道，思政要素的融入自然、有深度，与专业知识相结合，做到了知识传授、能力培养、价值引领三位一体。在以后的教学过程中，应进一步探索思政元素，完善案例和丰富教学载体

（水利与环境学院　水文与水资源工程　李庆国）

细胞生物学

一、课程概况

《细胞生物学》是生命科学领域的三大基础学科之一，是我校根据应用型人才培养要求，生物技术专业开设的专业基础必修课。该课程在生物技术专业学生的基础知识、实践能力、人文素质与科学素养培养方面具有重要的支撑作用，是达成生物技术专业“高级复合型应用人才”培养目标的重要基础环节。团队现有主讲教师5人，其中副教授4人，讲师1人，具有博士学位的教师4人。近年来，团队成员共主持校级教研项目4项，作为主要完成者，获得校级教研成果二等奖和三等奖各一项，发表教研论文10余篇。经过多年建设，已经形成了以中青年为主、专业与年龄结构合理、具有创新精神的教学研究团队。

二、课程教学目标

1.知识目标：使学生理解和掌握细胞的显微、亚显微和分子三个层次的结构及细胞生命活动规律，了解细胞生物学的研究方法和手段。

2.能力目标：使学生具备细胞生物学相关实验技能，提升学生理论联系实际的能力、分析与解决问题的能力以及创新能力。

3.素养目标：使学生深刻地认识到生物学的科学思想，培养学生踏实的工作作风，良好的团队合作精神以及对专业的奉献精神。

三、思政育人目标

1.挖掘细胞结构及功能中蕴含的哲学原理，培养学生树立辨证唯物主义的观点和实事求是的作风。

2.通过引入细胞生物学发展史中的典型事例，培养学生严谨的学习态度、创新的科学思维和规范的科学伦理。

3.结合科学家在探索细胞生物学领域过程中不畏艰险、开拓进取、百折不挠、淡泊名利的典型事例，引领学生树立正确的人生观、价值观和世界观。

4.通过介绍我国科学家在细胞生物学领域取得的重大进展，激发学生的民族自豪感、文化自信和爱国奉献精神。

毕业要求	毕业要求指标点	思政目标		
		1	2	3
专业知识	了解生物技术的理论前沿、应用前景和最新发展动态以及生物技术产业的发展状况	0.4	0.3	0.3
专业能力	能够综合运用所掌握的理论知识和技能，具有从事生物技术及其相关领域产品研发的能力	0.3	0.4	0.3
职业素养	受到良好的科学思维训练，掌握一定的科学研究方法，有求实创新的意识和精神	0.4	0.3	0.3

四、思政案例设计

授课知识点	思政设计	载体途径
细胞生物学学科的形成及发展	辩证唯物观、工匠精神 不同领域研究工作者共同推动细胞生物学学科的发展	历史图片、学术论文

续表

授课知识点	思政设计	载体途径
病毒与细胞	民族自信、制度自信 新冠病毒发展态势及作用机制，我国抗击疫情的策略及事例	新闻报道、学术论文、学生自身体会
细胞膜	家国情怀、国防意识 细胞膜通过对物质的屏障作用保护细胞——国防对国家的重要性	视频、图片
内膜系统	全局意识、奉献精神 内膜系统各司其职，共同完成蛋白合成及加工——个人与集体的关系	新闻报道、学生自身体会
线粒体	爱岗敬业、奉献精神 线粒体虽小，但为细胞提供了能量——全国劳动模范张桂梅等先进人物事迹	新闻报道
细胞信号转导	家国情怀、工匠精神 细胞信号转导与药物开发的关系——诺贝尔医学奖获得者、药学家屠呦呦发现青蒿素的事迹	学术论文、新闻报道
染色体	家国情怀、工匠精神 华裔科学家蒋有兴发现人类二倍体细胞的46条染色体	学术论文、新闻图片
细胞骨架	团队协作，责任担当 细胞骨架与胞质蛋白互作介导细胞内物质运输——科学问题的解决离不开团队协作	学生实验实践中的自身体会
细胞周期	人文精神、家国情怀 细胞周期的连续性促进细胞的增殖——中华民族五千多年的文化历史传承	历史资料
癌细胞	价值观的塑造 内外因素促进细胞癌变——学生应抵制不良诱惑，树立正确的人生观、价值观和世界观	新闻报道、时政

续表

授课知识点	思政设计	载体途径
细胞凋亡	家国情怀、工匠精神 我国科学家王晓东发掘凋亡基因的研究历程	学术论文、新闻报道
干细胞	科学伦理、工匠精神 我国科学家邓宏魁教授解决干细胞运用中存在的伦理道德问题，开发小分子诱导干细胞产生新方法	视频、学术论文
细胞连接	辩证思维 细胞个体通过细胞连接构成联系行使功能——国家通过“一带一路”促进经济共同发展	新闻报道、时政

五、教学实施过程

<table>
<tr><th>章节名称</th><th>干细胞</th><th>学时</th><th>1</th></tr>
<tr><th colspan="4">一、教学目标</th></tr>
<tr><td colspan="4">理解干细胞的概念及分类原则；掌握胚胎干细胞与成体干细胞的特点及应用；深刻认识诱导多能干细胞产生的原理；了解干细胞在临床医学运用中存在的问题；培养学生的科学伦理，勇于探索的工匠精神</td></tr>
<tr><th colspan="4">二、教学实施过程</th></tr>
<tr><th>教学环节</th><th>教学活动</th><th>学生活动</th><th>课程思政</th></tr>
<tr><td>课程导入
（5分钟）</td><td>当今社会，“老年痴呆”（阿尔茨海默症）患者比例逐年升高，神经细胞功能受损是其本质原因，是否能够通过补给正常的神经细胞达到治疗目的</td><td>讨论细胞治疗疾病的可行性，哪些细胞可以运用细胞治疗</td><td rowspan="2">工匠精神、民族自信、家国情怀
我国科学家利用间充质干细胞在治疗“老年痴呆”中的最新研究进展</td></tr>
<tr><td>明确目标
（2分钟）</td><td>提出本节课教学目标：知识、能力、素质、思政四方面具体目标，强调课程重点和难点</td><td>明确学习目标</td></tr>
</table>

续表

二、教学实施过程			
教学环节	教学活动	学生活动	课程思政
前测 （3分钟）	对干细胞相关知识点——细胞分化的掌握程度，对可用于细胞治疗的干细胞种类的认识	通过雨课堂完成在线检测，结果反馈并讨论	科学伦理 干细胞治疗需遵循伦理道德
参与式学习 （35分钟）	通过课件讲授干细胞的概念及种类 通过图例详细讲述胚胎干细胞的来源及建立；讨论并举例常见的成体干细胞 通过细胞核具有全能性，引发学生思考终末细胞能否逆转成干细胞，结合案例介绍诱导多能干细胞产生的科学本质 通过案例介绍目前干细胞在疾病治疗中存在的瓶颈问题	互动思考，列举在现实生活中接触到的干细胞类型；判断终末分化的体细胞是否具有逆转成干细胞的能力；讨论胚胎干细胞等成体干细胞是否能够直接运用到临床	创新思维、团队协作、科学伦理、工匠精神 聚焦干细胞治疗的伦理道德问题，诺贝尔奖获得者山中伸弥构建诱导多能干细胞的过程 我国科学家邓宏魁教授带领团队经过多年潜心研究，创新性地利用化学小分子将体细胞重新编程为干细胞，揭开干细胞治疗新篇章
后测 （2分钟）	设计题目，检测学生对干细胞概念，多能干细胞的产生的掌握，以及对干细胞在疾病治疗运用的理解	通过雨课堂完成在线检测，后测结果反馈、讨论	创新思维、工匠精神、科学伦理 在检测学生学习效果的同时，引导学生立足于科学问题，勇于探索，同时明白科学问题的解决要遵循伦理道德
总结 （2分钟）	强调课程的主要内容、重难点，明确各知识点具体要求	总结本节课所学知识，特别是根据后测内容，加深对重难点的理解	

续表

二、教学实施过程			
教学环节	教学活动	学生活动	课程思政
布置作业 （1分钟）	基于知识点提出开放型作业：干细胞转化医学已从间充质干细胞治疗迈向了诱导多能干细胞治疗领域，这也是干细胞治疗的必然，讨论对这现象的认识	小组讨论，查阅文献，巩固课程知识点	伦理道德、创新精神、团队合作依托课后作业，通过学生自主思考，加深对相关思政目标的理解和认识
三、教学反思			
本节课程运用BOPPPS教学法进行教学环节设计，课程以干细胞在疾病领域中的治疗为引导，有效激发学生的学习积极性；学生可通过多种形式参与到教学各个环节；在授课过程中，将思政案例从多个维度出发“润物细无声”地渗透到课程的知识点中，在达成课程知识、能力、素养教学目标的同时，激发学生家国情怀，培养了学生的科学伦理、团队协作以及工匠精神，使育人工作变得有温度，有力量，有亲和力，有可信度			

（生物科学与技术学院　生物技术专业　孟宁）

生物化学

一、课程概况

《生物化学》是生物学专业必修课程之一，包括生物化学理论课程以及独立开设的实验课程。生物化学课程是高校生命科学相关专业的必修课和核心专业基础课。通过本课程的学习，使学生能全面掌握生物化学的基本理论、知识和技术，了解现代生物化学发展趋势和生物化学研究的最新成果、最新技术，具备解决生物化学研究、生产中实际问题的基本能力；也为学生学习其他相关的拓展课程打下坚实的基础。生物化学教学团队由9人组成，包括教授1人，副教授6人，讲师2人。团队教学科研水平高，知识结构和年龄结构合理。近年来，团队教师在教学改革中取得了一定成绩，包括济南大学教学名师、青年教学能手，“挑战杯”国家银奖指导教师等。

二、课程教学目标

1.知识目标：系统掌握生物化学的基本理论及基本实验技术和方法，了解并掌握生物有机体的物质组成，尤其是生物大分子的结构与功能的关系、生物物质在体内的代谢规律及遗传信息的表达与调控等，具备生化分离、制备、分析和鉴定的实验技术。为进一步学习分子生物学、微生物学等课程打下坚实的理论和技术基础。

2.能力目标：具备解决生物化学研究、生产领域中实际问题的基本能力，能从事生物化学领域的教学、科研、生产、开发等工作。

3.素养目标：了解现代生物化学发展趋势和生物化学研究的最新成果、最新技术，培养学生科学的思维方法、创造能力及运用知识解决实际问题的能力。

三、思政育人目标

1.着重注意培育学生的科学精神、探索创新精神，引导学生树立正确的人生观、世界观和价值观。

2.把辩证唯物主义、历史唯物主义贯穿渗透到课程教学中，引导学生增强人与自然环境和谐共生意识，明确人类共同发展进步的历史担当。

3.培养学生的家国情怀、社会责任感和使命感；使学生以吴宪、邹承鲁等科学家为榜样，为国为民服务，投身科学研究，勇攀科研高峰。

毕业要求	毕业要求指标点	思政目标		
		1	2	3
2.专业知识	掌握生物技术基础理论、基本知识和基本技能，受到较扎实的专业理论和专业技能训练	0.4	0.3	0.3
2.人文素养	拥护中国共产党的领导，爱国爱党，具有良好的思想理论和道德修养，较高的文化素质和团队协作精神	0.3	0.4	0.3
3.能力素养	掌握资料查询、文献检索及运用现代化信息技术获取相关信息的基本方法	0.3	0.3	0.4

四、思政案例设计

授课知识点	思政设计	载体途径
生物化学发展历程	爱国情怀、民族自豪感 生物化学学科发展过程中我国科研工作者作出的杰出贡献	新闻报道、人物传记
蛋白质的生物合成	创新精神、民族自豪感 我国科研人员首次成功合成具有生物活性的结晶牛胰岛素	图片、视频、新闻报道

续表

授课知识点	思政设计	载体途径
蛋白质变性与复性	创新精神、民族自豪感 我国生化学家吴宪在蛋白质变性领域的重大成就	软件展示、视频、人物传记
蛋白质三维结构的研究方法	探索精神 冷冻电镜在结构生物学领域的应用	信息化载体、科研论文
血红蛋白的结构与功能	科学素养、珍爱生命 一氧化碳中毒机理与防治	新闻报道、学术论文、学生自身体会
抗体的结构与功能	爱国主义情怀、科研精神 新冠肺炎发生历程、我国抗疫政策、抗体鸡尾酒疗法用于新冠肺炎治疗的优缺点	信息化载体、学生讨论、翻转课堂
蛋白质分离纯化的方法	科研探索精神 抗体药物的分离纯化方法与其抗肿瘤效果	新闻报道、视频、学术论文
酶学研究历程	民族自豪感 我国古代酿酒技术	纪录片、应用实例
不可逆抑制剂	热爱祖国、热爱和平 化学武器——路易斯毒气的作用机理及解毒方法	纪录片、时政、图片
核酸的分子杂交	珍惜粮食、厉行节约、反对浪费 袁隆平是我国乃至世界的“杂交水稻之父”	新闻报道、图片
维生素C的结构与功能	科学素养、健康意识 航海时船员易患坏血症与维生素C缺乏症	课堂投票、辩论、学术论文
糖的有氧代谢与无氧代谢	民族认同感、强身健体的热情 苏炳添与“亚洲飞人”	比赛视频、电影片段
血糖	珍爱健康、合理饮食运动 糖尿病与血糖	课下调查、统计数据、学术论文

续表

授课知识点	思政设计	载体途径
脂肪酸的生物合成	合理膳食、爱护身体 肥胖的机理与科学减肥	学生计算BMI、统计数据、健康报告
生物固氮	节约资源、保护环境 化石能源的前世今生及生物固氮带给人类的福利	纪录片、调查数据、学术论文
嘌呤核苷酸的分解代谢	合理饮食、爱护身体 痛风的发病机理与别嘌呤醇治疗痛风的生化机理	动画模型、学术论文、科普论坛
DNA突变	探索科学、热爱生命 癌症发生的生化机制与治疗策略	短视频、学术论文、投票
RNA病毒的逆转录	爱国主义情怀、投身科学、探索科学 新冠病毒与我国针对新冠病毒的抗疫方针	信息化载体、时政

五、教学实施过程

<table>
<tr><td>章节名称</td><td colspan="2">蛋白质变性与复性</td><td>学时</td><td>1</td></tr>
<tr><td colspan="5">一、教学目标</td></tr>
<tr><td colspan="5">1.课程教学目标：识记并理解蛋白质变性与复性的概念；了解蛋白质变性的因素和特点
2.思政育人目标：求真务实、积极探索的科学精神；以爱国主义为核心的民族精神；服务人民、奉献社会的人生观</td></tr>
<tr><td colspan="5">二、教学实施过程</td></tr>
<tr><td>教学环节</td><td>教学活动</td><td>学生活动</td><td colspan="2">课程思政</td></tr>
<tr><td>课程导入、明确学习目标（3分钟）</td><td>由生肉与熟肉、生鸡蛋与熟鸡蛋的图片出发，引导学生思考“为什么煮熟的肉、蛋更容易消化”“肉、蛋变熟的过程中发生了什么”“这个过程是否可逆”，引出本节课的学习目标</td><td>根据生活常识，思考食物煮熟的过程中蛋白质的变化</td><td colspan="2">从与日常饮食相关的知识入手，善于从生活常识中学习和思考</td></tr>
</table>

续表

二、教学实施过程			
教学环节	教学活动	学生活动	课程思政
前测（2分钟）	随堂检测：维持蛋白质空间结构的次级键有什么特征	通过雨课堂完成在线检测，前测结果反馈、讨论	
启发式学习（32分钟）	1.蛋白质变性理论的提出与蛋白质变性的定义：讲授蛋白质变性理论的提出与蛋白质变性的生化定义	互动思考，积极回答问题	1.培养循序渐进、不断探索的科学研究精神 2.通过吴宪的故事和学生课下查阅资料，激发学生的爱国主义情怀与民族自豪感，并激励学生向老一辈科学家学习，勇攀科研高峰 3.引导学生树立科学的饮食观念和生活观念，并树立科学防疫的精神
	2.变性蛋白质的特征：抛出问题，引导学生思考“变性之后的蛋白质有何改变”通过课堂派提前设置的投票题目，给出若干选项	学生思考并讨论“变性之后的蛋白质有何改变”并在课堂派进行投票	
	3.引起蛋白质变性的因素：教师抛出问题引导学生思考“什么因素能引起蛋白质的变性”，释放课堂派的投票题目。教师公布答案，并进行讲解和总结	思考与讨论什么因素能引起蛋白质的变性。在课堂派参与投票	
	4.蛋白质变性的机制：借助AR技术让学生利用手机Protein AR App，扫描任务单上蛋白质变性前后的结构示意图。最后，教师对此进行知识点的讲解与总结	学生利用手机端Protein AR App，观察蛋白质变性前后的结构	
	5.蛋白质复性的定义与方法：抛出问题——蛋白质变性的过程是否可逆？引导学生思考：变性的蛋白质是否能恢复正确的空间构象和生物学功能	学生分组讨论、小组代表回答	

续表

<table>
<tr><th colspan="4">二、教学实施过程</th></tr>
<tr><th>教学环节</th><th>教学活动</th><th>学生活动</th><th>课程思政</th></tr>
<tr><td>后测
（3分钟）</td><td>通过雨课堂的选择题，随堂测试学生对导致蛋白质变性的因素的掌握情况</td><td>通过雨课堂完成在线检测，后测结果反馈、讨论</td><td rowspan="3">在检测学生学习效果的同时，引导学生贴近生活，从生活、疫情防控、疫苗研发等角度思考蛋白质变性的应用价值</td></tr>
<tr><td>课程总结
（3分钟）</td><td>利用思维导图对本节课的内容进行总结、升华</td><td>总结本节课所学知识，加深对重难点的理解</td></tr>
<tr><td>话题讨论及前沿拓展
（5分钟）</td><td>结合新冠疫苗研发，讨论灭活疫苗和重组蛋白疫苗的优缺点并加以比较</td><td>思考并分小组展开讨论</td></tr>
<tr><td>作业、预习
（2分钟）</td><td>在课堂派释放互动话题——“你认为煮熟的鸡蛋还可以返生吗？为什么？”并预习蛋白质的复性</td><td>通过查阅文献，在课堂派发言或上传论文，完成老师提出的问题</td><td>内化知识、升华情感、以创新精神永攀科研高峰</td></tr>
<tr><th colspan="4">三、教学反思</th></tr>
<tr><td colspan="4">本节课遵循学生中心、产出导向，教学目标及思政目标明确、重点/难点突出，将BOPPPS教学模式与研究导向的项目式教学有机结合，有效激发学生学习的积极性，突出了教学过程中学生的主体地位。课堂气氛活跃，学生参与积极性高。在课后学生反馈中，绝大多数学生对本案例反响很好，很钦佩我国老一辈科学家刻苦钻研的科研精神和热爱祖国的高尚情操，激发了学生的爱国情怀，并且有不少学生表示要奋发向上，为实现中华民族伟大复兴贡献力量</td></tr>
</table>

（生物科学与技术学院　生物技术系　高娟）

微生物学

一、课程概况

《微生物学》是生物类专业基础课，是山东省线上线下混合式一流本科课程、济南大学课程思政示范课程。课程团队教师9人，其中教授1人、副教授3人、讲师5人，均为微生物学专业博士。课程基于学校高素质应用型人才培养总目标，设置知识传授与引导一能力培养与提升一价值引领与塑造三位一体的教学目标，使学生熟知专业知识、熟悉学科前沿、知晓行业需求；形成学会学习、能够独立应对与解决实际复杂问题的能力；强化职业素养、具备服务社会的综合素质。团队获山东省高等学校本科教改项目1项，山东省一流本科课程1项，济南大学教研项目、课程建设、教材建设等项目多项，济南大学优秀教学成果二等/三等奖各1项。参编“十三五”规划教材2部，发表教研论文30余篇。指导学生科创比赛多项。

二、课程教学目标

1.知识目标：熟知微生物学形态结构、生理代谢、遗传变异、生态特性和分类进化等规律，熟悉学科前沿，知晓行业需求，掌握显微观察、消毒与灭菌、分离培养、菌种鉴别、生长测定、育种与保藏等专业技术。

2.能力目标：学会独立自主学习，能够运用微生物学理论和方法应对与解决实际生活、生产、科研中的复杂问题。

3.素养目标：培养创新、创业思维，增强团队合作意识，强化职业素养，提高服务社会的综合素质。

三、思政育人目标

1.梳理微生物学科发展史、聚焦科学家事迹，激发学生的家国情怀与科学家精神，塑造学生的职业素养。

2.引入微生物与食品安全、传染病疫情等典型案例，引导学生树立正确的生命价值观、强化社会公共卫生安全意识、增强社会责任感。

3.立足地方发展战略，关注学科瓶颈问题，培养学生的思进、思变、思发展、创新、创意、创业思维，鼓励学生弘扬和践行社会主义核心价值观。

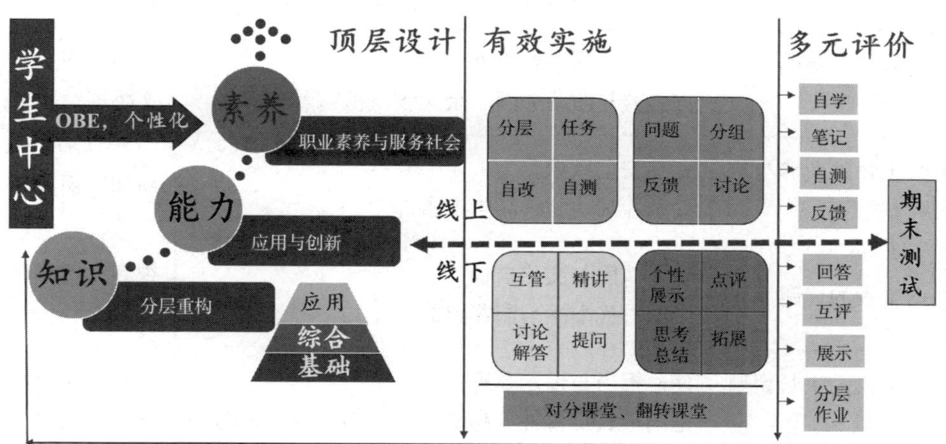

图1　微生物学课程教学设计

毕业要求	毕业要求指标点	思政目标		
		1	2	3
专业学识	3-3：了解生物技术理论前沿、应用前景和最新发展动态，知晓生物技术产业发展动态	0.5	0.3	0.2
专业能力	3-4：具有综合运用专业理论和技能从事生物技术相关领域研究及产品开发的能力	0.3	0.4	0.3
职业素养	3-7：受到严格的科学思维训练，掌握一定的科学研究方法，有求实创新的意识和革新精神	0.4	0.3	0.3

四、思政案例设计

授课知识点	思政设计	载体途径
微生物学的建立与发展历程	家国情怀与科学家精神 伍连德与东北鼠疫疫情防控	视频、图片、文献
微生物的纯培养和显微技术	家国情怀与科学家精神 谢少文与立克次氏体培养，汤飞凡与沙眼衣原体	视频、图片、文献
原核微生物的形态与结构	辩证唯物主义世界观 幽门螺杆菌与胃肠疾病，长生不老芽孢杆菌	视频、图片、新闻、文献
真核微生物的形态与结构	工匠精神与创新思维 方心芳与曲蘗酿酒、余大绂与植物黑粉病	视频、图片、文献
微生物的营养与培养基	食品安全意识 食源性细菌与食品中毒事件	新闻、视频
微生物的代谢	专业认同与文化自信 中国古代酿酒与制酱典故	视频、图片、文献
微生物的生长繁殖与控制	使命担当与追求真理 德国毒黄瓜事件、超级细菌与细菌耐药案例	视频、新闻、图片、文献
病毒	社会公共卫生安全、生命健康 全球新冠肺炎疫情	视频、新闻、图片、文献
微生物生态	生态文明与法治意识 环境污染与环境治理案例	视频、图片、文献
微生物的分类鉴定	普通联系与发展规律 生命进化演绎故事	视频、图片、文献
感染与免疫	伦理道德、社会责任感与制度自信 伤寒玛丽传奇的一生、假疫苗事件、新冠检测与全民疫苗接种	故事、新闻、视频

五、教学实施过程

<table>
<tr><td>章节名称</td><td colspan="2">病毒概述</td><td>学时</td><td>2</td></tr>
<tr><td colspan="5">一、教学目标</td></tr>
<tr><td colspan="5">1.知识目标：描述病毒的定义与结构组成、比较病毒分类、宿主范围与个体群体形态、表述病毒与人类的关系
2.能力目标：能够正确识别病毒
3.素养目标：引导学生正确认识病毒引起的人类疾病，强化辩证思维、增强学生生命健康与社会公共卫生安全意识、激发学生民族自豪感</td></tr>
<tr><td colspan="5">二、教学实施过程</td></tr>
<tr><td>教学环节</td><td>教学活动</td><td colspan="2">学生活动</td><td>课程思政</td></tr>
<tr><td>课前准备</td><td>线上分组、布置小组任务</td><td colspan="2">查阅资料绘制中国新冠病毒研究重要事件的时间流程流图</td><td>阅读资料、感同身受，激发民族自豪感</td></tr>
<tr><td>聚焦问题（5分钟）</td><td>问题1：从中国新冠病毒研究时间轴你感受到了什么
问题2：新冠病毒快速被“破解”的科学基础是什么？（雨课堂抢答）</td><td colspan="2">（1）根据课前准备，进行雨课堂弹幕回答；（2）抢答病毒的发现与病毒学研究</td><td>引导学生感受中国的科技进步、中国的研发实力，增强学生的民族自豪感</td></tr>
<tr><td>激活旧知（7分钟）</td><td>问题3：你还记得病毒是如何发现的吗？（雨课堂抢答）
问题4：你知道病毒学的发展历程吗？（导入本节知识——病毒的概述）</td><td colspan="2">（1）学生抢答：富贵郁金香热与滤过性病毒发现；（2）学生通过雨课堂学习病毒知识</td><td>回顾荷兰富贵郁金香热历史典故，强化学生辩证思维</td></tr>
</table>

续表

二、教学实施过程			
教学环节	教学活动	学生活动	课程思政
示证新知（40分钟）	问题4：你能以新冠病毒为例，描述什么是病毒吗？它由哪些部分组成 以新冠病毒为例：讲授病毒宿主范围；讲授病毒分类；讲授病毒的个体形态和群体形态特征；讲授病毒的检测方法	（1）阅读课本、绘制毒粒组成与结构思维导图；（2）听课	知病毒、识病毒，进而增强生命健康意识
运用练习（15分钟）	问题5：如果在某一疑似病人的病原体检测形态观察中发现与新冠病毒形态非常类似的病毒，可以直接判断其为新冠病毒感染吗？为什么	全班讨论、雨课堂投稿作答	引导学生正确运用专业知识进行分析与判断，培养其科学思辨思维，提升其专业素养
融会贯通（25分钟）	课堂活动：小组合作查阅某一病毒与人类疾病或病毒与疫情相关的文献，进行“某一病毒与人类关系”的3分钟主题演讲	小组合作查阅资料、形成演讲稿推选小组代表演讲	引导学生正确认识病毒与人类的关系，增强生命健康与社会公共卫生安全意识
总结与拓展延伸（6分钟）	用思维导图总结本节重点知识	听课	内化病毒知识、提升防范意识
课后作业（2分钟）	布置作业：面对席卷全球的新冠肺炎疫情，作为相关专业的学生，你有什么更好的应对建议	思考与课后作答	进一步唤起生命健康与社会公共卫生安全意识

续表

三、教学反思
采用线上线下混合教学模式覆盖课前、课中、课后三阶段，利用五星教学法设计教学环节，通过对分课堂开展教学活动，以问题导向引入教学内容，使师生活动环环相扣，采用雨课堂等信息化教学手段使学生全员灵活参与课堂、教师时时评价学生学习效果，收获了良好的教学成效，达到了传授病毒知识，培养识、认、辨、分病毒能力，强化学生生命健康与社会公共卫生安全意识，增强学生民族自豪感的教学目标，全面贯彻了“以学生为中心、以学习产出为导向，以立德树人为根本任务”的教学理念

（生物科学与技术学院　生物技术专业　李玉梅）

文科篇

WEN KE PIAN

视听语言

一、课程概况

《视听语言》是广播电视学专业的专业基础、专业核心课程。自2013年创设，于每年秋季学期开课。课程团队有王蓓、闫伟娜、孙佳祺，均为中青年骨干教师。课程内容包括概论、画面构图、景别、镜头角度、光学镜头、镜头的运动、光与色彩、剪辑与蒙太奇等。课程内容作为影视语言基础性、语法性的知识，对于学生影视理论知识的架构、影视知识学习体系的形成具有重要意义。同时，课程内容实用性较强，对于学生的影视创作实践具有重要的指导作用，为广播电视学专业人才培养目标中的电视节目摄制等知识、技能的学习奠定重要基础。近年来，课程围绕学生考评机制探索与创造能力培养、“课程+比赛+实践”的“三连环”实践教学模式创新等开展教学改革，已获省、校级教研课题10余项，获校级教学成果一等奖1项、二等奖1项、三等奖2项，指导学生在国内各级各类微电影（微视频）大赛获奖60余项。

二、课程教学目标

1.知识目标：通过系统阐述视听语言的基础知识与基本元素，从镜头、构图、景别、角度、运动、剪辑、声音等不同方面进行深入分析，使学生掌握视听语言在影视中的主要特点与常用表现手法，使学生理解正确的视听语言概念。

2.能力目标：运用视听语言的基本元素与理论，分析经典的影视作品，拓展其艺术思维空间，进而将镜头理论逐步过渡到实际运用中。

3.素养目标：灵活运用视听语言的基本元素与理论创作影视作品，使学生能够“讲好中国故事，传播好中国声音”，成为懂政治、有思想、有技能的媒体人，实现社会价值引领的效应。

三、思政育人目标

1.通过本课程学习的团队合作形式、创意发现与表达的特点，激发学生自主探究的动力和创造力，在体验式课程学习过程中学会合作、学会反思、学会发现和表达，在实践中塑造健全的人格，培养学生积极向上的精神风貌，精益求精的工匠精神，综合协调能力，团队协作精神，以及良好的心理素质等职业道德素养。

2.通过本课程的创作实践，鼓励学生从寻常巷陌发现素材，贴近生活、贴近现实、贴近百姓，能饱含着对人民群众的热爱、对现实生活的关注、对国家民族的赤诚，去弘扬社会主义核心价值观念，去传播真善美的艺术审美价值观。

3.积极培养学生的艺术创作使命感和责任感，使学生努力成为习近平总书记提出的能够承担“高举旗帜、引领导向，围绕中心、服务大局，团结人民、鼓舞士气，成风化人、凝心聚力，澄清谬误、明辨是非，联接中外、沟通世界”的新时期影视艺术人才。

毕业要求	毕业要求指标点	思政目标		
		1	2	3
1.价值引领	掌握马列主义、毛泽东思想和邓小平理论，树立正确的世界观、人生观	0.4	0.3	0.3
2.实践操作	灵活运用视听语言的基本元素与理论创作影视作品，使学生能够讲好中国故事，传播好中国声音	0.4	0.3	0.3
3.职业规范	具有良好的政治素养、敬业精神、新闻职业道德及新闻专业精神	0.4	0.3	0.3

四、思政案例设计

授课知识点	思政设计	载体途径
画面构图的元素与布局	中华传统文化、爱国精神 介绍故宫的宫殿建筑、少林寺的寺庙建筑等摄影作品；钱学森、杨振宁等老一辈科技工作者工作时具有说明作用的背景	图片
画面构图元素：景别·远景	民族自信心、生态保护 介绍内蒙古草原、黄土高原、青藏高原等我国标志性地形地貌摄影作品	图片
画面构图元素：镜头角度	民族国家责任心 播放《长津湖》视频中“千里”的仰角镜头；播放电影《黄土地》中翠巧挑水的俯角、平角、仰角镜头	视频
长焦镜头	民自信心、保家卫国的责任感 播放中华人民共和国成立六十周年国庆阅兵视频，通过展现长焦镜头中的横向运动，即人民子弟兵伴随着铿锵的行进节奏，展现我军斗志昂扬的精神风貌	视频
场景转换	革命英雄精神、民资自豪感 播放电影《长津湖》中“战争场面”，展示无技巧性转场方式的组接与运用	视频
色彩的运用	民族国家情怀 欣赏贵州的黄果树瀑布、宜昌的三峡人家等中国的名山大川的摄影作品、影视段落，延伸出影视的色彩运用知识，使学生了解中国国家地理和自然景观，培养民族自豪感	图片与视频
经典剪辑的原理	民族国家情怀 要求学生围绕叙事的经典剪辑方法（连贯剪辑、非连贯剪辑、跳接），拍摄并剪辑关于中国为抗疫采取的一系列行之有效举措的纪录短片，通过拍摄与剪辑，使学生关注国情与民生，强化个人对国家与民族的责任感	学生视频剪辑作业

续表

授课知识点	思政设计	载体途径
场面调度	中华传统文化、民主责任心 播放中国边防官兵在边境冲突中卫国戍边的英勇表现的视频报道及《国家宝藏》中长沙马王堆汉墓帛画视频片段，使学生了解我国优秀传统文化，启发学生的爱国热情，增强民族自豪感与责任心	新闻报道、影视视频
影像叙事	公仆精神、民族国家责任感 播放2002年中国电视新闻奖一等奖作品湖南郴州电视台新闻报道《有事找政府》，讲授影像叙事的基本结构与三个支撑点	视频
拉片分析	爱国主义精神、民族国家情怀 选取爱国主义题材的影片《我和我的家乡》《我和我的祖国》《战狼》《长津湖》《八佰》等，通过拉片分析培养学生的人生价值观、民族自信心和爱国情怀	视频
微电影（微视频）创作实践	关注民生、工匠精神、团队协作 在学生微电影（微视频）剧本创作过程中，向学生强调剧本主题应立足现实、关注民生；在实地拍摄过程中，注重培养学生积极向上的精神风貌，精益求精的工匠精神，综合协调能力，团队协作精神，以及良好的心理素质等职业道德素养	剧本创作、视频拍摄与制作

五、教学实施过程

章节名称	长焦镜头	学时	1
一、教学目标			
掌握光学镜头的三种类型及其功能，理解长焦镜头的表现功能，以及表现物体的横、纵向运动分别具有怎样的特点，熟练运用长焦镜头进行表意			

续表

二、教学实施过程			
教学环节	教学活动	学生活动	课程思政
导入部分	1.播放电影《我的父亲母亲》中“父母初见”段落，展示母亲第一次见到父亲时的镜头画面 2.让学生观察镜头画面，提问：这些画面的景深具有怎样的特点？画面纵深方向清晰的范围是大还是小 3.提问：导演为什么要这样处理？这是母亲的主观镜头，用这种景深小的镜头是为了表达在母亲的眼中只有父亲，其他人和环境都不重要了 4.引入主题：这样的小景深画面显然和我们日常生活中人眼看到的影像是不一样的，其实是光学镜头中的长焦镜头	观看视频、思考回答问题	通过分析镜头景深特点，向学生讲授光学镜头的差异，同时向学生阐明镜头语言表达故事内容的创新性思维，及长焦镜头在塑造剧中人物“母亲”所表现出的破除世俗思想，大胆追求真挚爱情的真善美精神
长焦镜头的景深：长焦镜头具有景深小的特征	1.讲授焦距、视角等基本概念，通过示意图向学生揭示焦距与视角的反比关系，进而讲授光学镜头的三种类型：标准镜头、广角镜头、长焦镜头 2.通过三种镜头的特征对比，分析长焦镜头的景深特点及表意功能。向学生展示刘翔百米夺冠等系列图片，让学生分析画面的景深特点，即主体清晰，背景模糊，景深小 3.揭示长焦镜头的景深小的表意功能，即净化背景，突出主体 4.通过刘翔百米夺冠等系列图片的展示，使学生充分感受运动员为国争光的精彩瞬间	观看视频、思考回答问题	通过刘翔百米夺冠等系列图片的展示，使学生充分感受运动员为国争光的精彩瞬间，增强民族责任心与自豪感

续表

二、教学实施过程			
教学环节	教学活动	学生活动	课程思政
长焦镜头表现物体的横向运动时起到加速的作用	1.通过图例向学生展示长焦镜在视域范围上的特点，即画面的四周被压缩，只能呈现一个很小的视野 2.提问：长焦镜头在表现物体的横向运动时具有怎样的特点 3.通过动画演示，向学生揭示因长焦镜头的横向空间被压缩，所以会加速物体的横向运动 4.播放中华人民共和国成立六十周年天安门国庆阅兵视频，通过展现长焦镜头中的横向运动，即人民子弟兵伴随着铿锵的行进节奏迅速地入画出画，展现我军展示斗志昂扬的精神风貌	观看视频、思考回答问题	向学生播放中华人民共和国成立六十周年天安门国庆阅兵视频，通过展现人民子弟兵伴随铿锵的行进节奏迅速地入画出画，让学生感受长焦镜头表现物体的横向运动时起到加速的作用的同时，也充分感受我国军人的昂扬斗志与祖国的繁荣强大，增强民族的自信心与保家卫国的责任感
长焦镜头的纵深空间：长焦镜头表现物体的纵向运动时起到减速的作用	1.通过展示望远镜的视觉效果，让学生体验长焦镜头在纵深方向的特征，即压缩纵深空间 2.提问：长焦镜头在表现物体的纵向运动时具有怎样的特点 3.播放电影《大红灯笼高高挂》中“颂莲出嫁”段落，让学生体会主人公颂莲在纵深方向的行走速度，得出结论：长焦镜头在表现物体的纵向运动时表意功能是减速的作用 4.提问：为什么导演要用长焦镜头表现颂莲的纵向运动，起到减速作用呢？通过启发式教学，使学生明白这是一条人生之路的隐喻，导演用长焦镜头表达这条悲惨的人生路怎么走也走不完，从而使镜头的运用与影视主题表达结合起来	观看视频、思考回答问题	通过播放电影《大红灯笼高高挂》中“颂莲出嫁”段落视频，采用启发式教学，使学生明白导演将镜头技法的创新运用与主题内容相结合，同时使学生感受电影作品中的现实主义表现手法以及对底层悲苦主人公的人文关怀精神

续表

二、教学实施过程			
教学环节	教学活动	学生活动	课程思政
长焦镜头在影视作品中的综合运用	播放《千手观音》演出视频，让学生思考《千手观音》在电视机前还是现场才能看到理想的艺术效果？即使用哪种光学镜头才能拍出理想的效果？答案是使用长焦镜头，即长焦镜头压缩纵向空间，所以只有在电视机前观看长焦镜头拍摄出来的画面，才能达到唯美的效果	观看视频、思考回答问题	通过播放《千手观音》演出视频，让学生充分感受传统文化的艺术美，以及残疾演员追求卓越的艺术创新精神，锻炼学生的实操把控能力和审美能力，让他们在工作中切身体会和领悟理论对实践的指导意义、创新思维的重要性
三、教学反思			
本节课主要讲授光学镜头的三种类型（标准镜头、长焦镜头、广角镜头）、划分依据；长焦镜头的表现功能及其在影视作品中的运用。采用教授法，以基础讲解和案例分析为主。主要通过播放图片与视频，采用提问与讨论的形式，引导学生理解知识点，同时深刻感受思政内容。在教学过程中秉承“课程承载思政，思政寓于课程”的理念，将知识传授、能力培养和价值塑造深度融合，提高学生对课堂的参与度，不断完善与丰富教学载体，落实立德树人的根本任务			

（文学院　广播电视学专业　鲁毅）

学科教育学

一、课程概况

《学科教育学》是汉语言文学师范专业的专业必修课，是一门综合性的应用理论实践课程，直接导向产出，为培养合格的中学语文教师服务。主讲教师2人皆副教授。近5年授课总学时480，学生900余人。持续改进课程教学，将思政与教学深度融合，育人成效显著。在第九届山东省高校师范生教学技能大赛中，指导学生4人获一等奖，7人二等奖，11人三等奖，教师四次获省级优秀辅导教师奖。创建了课程案例库，出版专著类教材《中小学语文说课与模拟上课艺术》。两次获济南大学优秀教学成果一等奖，一次三等奖，6次获济南大学本科教学贡献奖。主持市厅级教研课题1项，校级6项，省级研究生教研课题2项。独立发表教研论文16篇。指导两篇济南大学优秀毕业论文。

二、课程教学目标

1.知识目标：系统掌握中学语文教育教学的基础理论知识，包括语文新课标，语文教学方法、教学模式等；正确认识中学语文教学的历史、规律及问题；为语文教学教研和未来职业发展奠定理论基础。

2.能力目标：培养深度分析、大胆质疑、勇于创新的能力；提高教学设计能力、实施能力，说课能力；养成教学反思习惯，形成教学研究能力；发展解决复杂问题的综合能力和高阶思维。

3.素质目标：立德树人，正确认识语文教学的人文性，充分挖掘课程思政元素，全面提升语文教学素养，努力成为“四有”好老师。

三、思政育人目标

学科教育学的研究对象是中学语文教学。将“传授专业知识”和“引领核心价值”两者有机结合，深度分析、充分挖掘课程中承载的思政元素和蕴含的育人功能，对师范生开展热爱祖国热爱母语的情感教育和责任教育、中国特色社会主义信念教育、健康的审美教育、优秀的中华文化教育，培养师范生的教研精神，将立德树人总目标贯穿教学全过程。

1.形成社会主义核心价值观，有理想信念和责任担当。

2.学习中华优秀传统文化、革命文化、社会主义先进文化，坚定文化自信。

3.培养对母语和母语教育的深厚情感，形成教育情怀和娴熟的教学能力，学会反思，具有创新理解能力。

4.培养健康的审美情趣，先进的育人理念，诗意的生活。

毕业要求	毕业要求指标点	课程思政目标
教育情怀	具有问题意识和创新意识，能够将教育教学与社会需求、大众关怀等关联起来，具有与现实对接的前瞻性	1、2、3、4
教学能力	掌握科学合理的语文学科评价方法与标准，强调综合评价和整体评价，从知识与能力、过程与方法、情感态度与价值观多方面进行自我评价、反思、自我纠正与调整	2、3
综合育人	熟悉中学生身心发展规律，能够运用科学的教育学理论、传统文化资源并结合语文学科特点进行全程、全员、全方位育人规划	1、2、3、4
学会反思	培养批判性思维，及时反思、分析、解决教育教学实践中的新现象、新问题	2、3

四、思政案例设计

授课知识点	思政设计	载体途径
语文课程标准	课标是语文课程的“宪法”，用学科理论指导教学实践，能保证教学内容和教学方法的科学性、有效性	课外阅读文献
课文课程性质：工具性和人文性相统一	人文性即课程思政的内容。比如，语文课标理念之一就是“坚持立德树人，增强文化自信，充分发挥语文课程的育人功能”	课堂讲授及讨论
统编新教材的特点	由不同个性的课文组成单元的编排特点，有利于发展学生的个性及创新能力	课堂讲授及讨论
语文考试（教学评价）的改革	作文重视千人千面、写出体现学生个性和创新能力的文章	小组讨论并汇报
新课标对教师的新要求	能独立读懂课文，有自己独到的认识，在教学中体现出教师的主体性，不做别人观点和思想的传声筒	课外文献拓展及撰写课程小论文
学生主体（中心）	学生是学习和发展的主体，要坚持产出导向、学生中心和持续改进的教育教学理念，促进全面发展，提高语文学科核心素养	小组讨论并汇报
多元对话	以学生为主体，开展多元对话，多元解读，提高学生的个性化解读能力，教师进行价值引领	课外文献阅读及讨论“中学语文教学的无效现象”
识字与写字教学	培养学生对祖国语言文字的情感，形成娴熟的阅读能力和表达能力，掌握打开民族文化宝库的钥匙	小组讨论并汇报
阅读教学	学习中华优秀传统文化、革命文化、社会主义先进文化，坚定文化自信，培养学生的深读能力	多媒体链接国家精品课程资源：华东师大张心科教授《语文阅读教学设计》

续表

授课知识点	思政设计	载体途径
真善美错位分析法	用审美价值标准解读文学作品，培养正确的审美标准、健康情趣	课堂讲授及讨论
理清思路分析法	形成社会主义核心价值观，有理想信念和责任担当	课堂讲授及讨论

五、教学实施过程

章节名称	理清思路分析法	学时	1
一、教学目标			
理清情感线索，把握思路，深度理解课文。提高学生情感体悟和感知能力及思维品质			
二、教学实施过程			
教学环节	教学活动	学生活动	课程思政
温故知新	教师画简图，呈现《变色龙》的情感变化曲线	学生直观感知，深入思考	将警官奥楚蔑洛夫对比我们国家的人民警察形象，学生强烈感受到沙皇统治下的恶劣人性：见风使舵，变化多端，没有公平正义。在对比中感受社会主义制度的优越性
参与式学习	教师引导学生重点理解第6段关键句的情感，即朱自清在《背影》中情感的转折点、关键点	学生朗读感悟分析，开展多元解读，培养个性化解读能力	血浓于水；尊老爱幼是中华民族的传统美德；借父亲的事情对学生进行正确人生观的引导教育

续表

二、教学实施过程			
教学环节	教学活动	学生活动	课程思政
落实教学重点	教师补充资料：扬州人把“走运”说成“走局”；局、橘同音	学生理解朱自清“第二次流泪”的深意：在惨淡境遇中，父亲把希望全部寄托在大儿子身上	了解扬州的风俗文化，深入感受父亲对儿子的情感和寄托
完善情感的发展线索	教师引出写作落点：第7段最后，父亲在来信中说“大约大去之期不远矣”，这让惦记着父亲的朱自清，内心更加不安，更加想念	学生聚焦重点细节，感受朱自清情感的升华	善于示弱是打开父母与子女之间心结的一把钥匙，是人际交往中的润滑剂
三、教学反思			
充分运用雨课堂网络平台和中国大学慕课的优质课程资源，让学生把握文学作品的学习重点是感受情感，然后学习运用“理清思路分析法”来深度理解叙事类文学作品。叙事类文学作品都有很明显的叙事线索，但是，如果直接从叙事线索去分析课文，起初如何，后来如何，结果又如何，思路虽然很清晰，但是理解就比较表面、肤浅。传统的“划分段落、概括段意”教学法，主要目的就是理清叙事线索。但是，要真正分析出课文的深度，还是要理清作者或人物情感的发展脉络。能带领学生理清课文的情感线索，就是最好的人文教育、审美教育和课程思政，也有利于发展学生的高阶思维能力			

（文学院　汉语言文学专业　谷瑞丽）

管理学

一、课程概况

《管理学》是我校经管类专业核心基础课程，对各专业人才培养目标的实现具有先导指向作用。课程团队锐意教改：课程思政突出中国特色；双创教育融和理论实践；互动工具提升教学效率；案例分析增强教学效果。自2000年济南大学成立以来，各专业《管理学》课程均完成“达标课”“优质课”建设，2009年被评为校级“精品课”。2016年商学院成立以来，管理学课程团队和资源充分整合，编写出版教材1部，发表教研论文5篇。2018年新版“马工程”教材实施，团队积极开展专业课课程思政建设，2020年“经管类课程思政研究”获得校级教研立项，2021年获济南大学一流（线下）本科课程立项建设。

二、课程教学目标

1.知识目标：掌握管理的基本概念、原理和方法，全面理解决策、计划、组织、领导和控制等管理职能的基本概念、基本理论和一般方法。

2.能力目标：开拓国际视野，具备批判性思维能力；掌握管理技能，获得创造性的发现、分析和解决现实世界管理问题的实践能力、创新能力和创业能力。

3.素质目标：提升学生管理科学素养、人文情怀，确立正确管理理念、传承先进管理思想、践行管理创新精神，为后续课程及工作实践夯实专业基础，培养具有历史使命感和社会责任感、富有经世济民人文情怀的优秀管理者。

三、思政育人目标

（一）管理学思政育人理念

管理学思政育人的核心理念是“以习近平新时代中国特色社会主义思想为指导，培养中国特色社会主义优秀管理者”，增强学生思想觉悟、政治信念、道德品格，使之能正确应对并有效解决学习、生活及工作中的管理问题，为经管类各专业后续课程夯实课程思政先导基础。

（二）管理学思政育人目标

1.以学生为中心，聚焦价值塑造目标，全面贯彻社会主义核心价值观，正确认识管理思想，树立爱国主义情怀和先进管理理念。

2.培养学生的管理认知、情感、态度、价值观，提升协作动机、团队精神、文化自信、创新创业实践能力。

3.激发学生成为中国特色社会主义优秀管理者的使命感、责任感。

（三）管理学课程思政对毕业要求的支撑情况

以工商管理类人才培养目标为例，管理学课程思政对毕业要求具有基础支撑作用：支撑毕业生辩证唯物主义、历史唯物主义的世界观和社会主义核心价值观确立；支撑文化自信、法治意识、创新精神和社会责任感培育；支撑战略管理、运营管理、财务管理、信息管理、人力资源管理等管理能力提升。

四、思政案例设计

授课知识点	思政设计	载体途径
管理的本质	责任担当、民族复兴 明确新时代管理者责任担当，提升学生家国情怀、责任意识。报效祖国，自觉融入坚持、发展和建设中国特色社会主义现代化强国，实现中华民族的伟大复兴	创建企业团队

续表

授课知识点	思政设计	载体途径
管理实践、管理思想、管理理论发展	四个自信、爱国情怀 了解中国管理实践和管理思想的发展，培养学生正确的管理价值取向，增强四个自信。以马克思主义为指导，加快构建中国特色哲学社会科学学科体系、学术体系、话语体系	中国管理典故；团队阅读报告：当代中国管理理论贡献（管理前沿文献）
管理道德与企业社会责任	商业伦理、职业道德 引导学生正确地进行管理价值判断，培养职业精神、团队协作精神，社会主义职业道德观念	团队案例报告：企业是否应承担社会责任
决策和计划	社会主义核心价值观、国家政策 反思个人决策，了解企业战略决策，充分认识中国特色社会主义的奋斗历程、发展走向和国家战略决策。帮助学生了解相关行业领域的国家战略、法律法规和相关政策	党的十九大精神进课堂：贯彻新发展理念，建设现代化经济体系 团队案例报告：公司战略分析
组织职能	以人为本、家国情怀 引导学生了解党组织，从党的组织建设中学习组织管理经验	四史教育；新闻报道
领导职能	初心使命、三个认同 了解国内外优秀领导者的领导风格、行为和艺术。了解世情国情党情民情，增强对党的创新理论的政治认同、思想认同、情感认同	新闻报道
控制职能	敬业精神、抗疫精神 充分认识质量控制的重要性。结合大学生安全健康教育，了解最新疫情防控政策，提升个人疫情防控能力	案例分析：三聚氰胺奶粉事件 小组讨论："疫情防控的有效方法"
创新职能	辩证思维、开拓创新 充分认识创新在新时代中国特色社会主义建设中的重要作用和价值所在。结合我国技术创新问题，分析原因，树立正确的创新观念和意识	小组讨论：如何破解技术"卡脖子"难题

五、教学实施过程

章节名称	公司战略案例分析		学时	1
一、教学目标				
理解掌握组织内外部环境的构成要素；掌握环境分析方法（PEST分析、五力分析模型、价值链分析、SWOT模型），提升创新能力、沟通能力、团队协作能力；了解相关行业领域的国家战略、法律法规和相关政策，培养创新精神、团队精神，引导批判性思维				
二、教学实施过程				
教学环节	教学活动	学生活动	课程思政	
课前准备（约2学时）	QQ课程群发布团队项目任务要求	阅读通知公告和团队任务、完成PPT、案例分析报告	了解相关行业领域的国家战略、法律法规和相关政策，培养创新精神、团队精神、批判性思维	
课程导入（5分钟）	回顾上次课主要内容，申明案例报告分析任务目标及案例分析流程	每个团队选荐评委、决定报告顺序、填写案例报告信息	密切关注当前现实环境发展，将个人发展与组织发展相结合	
学生分组报告（30分钟）	教师主持、引导案例报告过程	每个团队案例报告过程（15分钟）：企业报告（限时10分钟，不足或超过均会有罚分）；问答互动；评委打分、点评（5分钟）	融入社会主义核心价值观：爱国 了解目标企业所处外部环境（政治、经济、社会和技术），国家政策、行业及企业发展现状	
全员讨论（10分钟）	全体学生从报告内容、演讲者、PPT制作三方面点评	每个人参与“微助教”主题讨论：“为你点赞”，参与投票，表明观点	融入社会主义核心价值观：公平；引导学生的批判性思维	

续表

二、教学实施过程			
教学环节	教学活动	学生活动	课程思政
教师总结（5分钟）	教师从教学目标实现程度方面总结、评估教学绩效	提交书面报告、团队讨论记录	辩证思维、开拓创新
三、教学反思			
学生参与是落实管理学课程思政目标的关键，结合现实问题，学生通过真实的公司战略案例分析报告的准备、实施、评价和总结，将家国情怀、创新精神、责任意识、使命担当内化于心、外化于行。以学生为主体、教师为主导，在学习《管理学》马工程教材“第二篇　决策”基础上，理论联系实际，进行任务驱动探究式学习，强化学生的管理技能，任务考核完全采用学生自主评价，提升课程高阶性和挑战度。通过“微助教”在线教学手段，提升了学生的积极性、主动性和参与度，甚至超出预期教学效果。团队协作过程中，出现少数“搭便车”现象，须赋予团队负责人组内评价权利，采取更有效的激励措施，体现“以管理教管理、以管理学管理”的教学改革特色			

（商学院　工商管理专业　张彩霞）

财政学

一、课程概况

《财政学》课程是商学院经济类专业共同的专业基础课，金融学、投资学、经济学、国际经济与贸易专业在第四学期开课。目前，本课程已经连续开设16年。团队成员开展线上课程建设，获批济南大学精品在线开放课程、山东省高等学校在线课程。本课程教学团队由2位副教授和1位讲师组成，团队成员评教成绩名列前茅，先后主持山东省本科教改项目1项，教育部产学合作协同育人项目4项，校教改项目2项，发表教研论文10余篇，荣获山东省优秀教学成果奖二等奖1项，校教学成果奖二等奖1项，三等奖1项。

通过课程学习，一方面使学生系统地掌握财政方面的基本概念和理论，把握财政分配的规律性，通过教学不断强化学生的认知和兴趣；另一方面，通过加强实践环节，使学生初步具有辨析财政理论和解决财政实际问题的能力，对于培养高层次应用型财经人才发挥积极作用。

《财政学》课程不断改革和创新教学内容、探索教学方法、改革教学模式、完善教学资源，2021年获批山东省线上线下混合式一流本科课程。

二、课程教学目标

1.知识传授目标：使学生对财政和税收学的基本概念、理论及制度有较为全面的了解。

2.能力培养目标：培养学生用财政学的方法、理论和规律观察、分析和解决经济社会问题的能力；培养学生具有科学的头脑，提高学生的社会科学素养。

3.素养培养目标：训练学生如何计算和缴纳税金，提升科研能力，对学生进行价值塑造。

三、思政育人目标

1.加强国情教育

重点加强现实国情教育和中国历史教育两个方面。教育引导学生关注现实，深入社会，了解国情，理解中国。教育引导学生善于发现现实问题，研究社会问题，讲好中国故事，激发学生强烈的热爱国家、经国济世的社会责任感和担当意识。

2.培养公共意识

随着社会的不断进步，基于个体和公共的利益和责任有机结合的理性公共意识成为主流。“公共性”在每个人身上折射出的现代素养，体现着一个民族迈向现代化的文明高度。财政学即是如何“理公共之财，管公共之事”的学问。从事公共经济管理的人才需要具有更强的公共意识和公共能力。

3.强化法治意识

法治意识是人们对法律发自内心的认可、崇尚、遵守和服从。《财政学》致力于培养专业性强的治国理政人才，其公共身份的特殊性要求特别培养其高于一般公民和经济主体的法治意识和法律信仰，更高程度地自觉学法守法、严格执法、公正司法、维护法律尊严。

4.培育人类命运共同体理念

人类命运共同体理念是财政学类专业课程思政教育的重点内容之一，契合了财政学专业教育的公共属性。既是研究我国国际财政理论与实践问题的价值导向，也是解答我国国际财政新发展的金钥匙。

毕业要求	毕业要求指标点	思政目标			
		1	2	3	4
1.财政知识	掌握财政基础知识，用于解决财税领域的重点问题	0.4	0.3	0.2	0.1
2.财政能力	能够逐渐养成关注和分析国内外政府收支和管理等热点的习惯，具备对财政现象分析和研究的能力	0.6	0.2	0.1	0.1
3.价值塑造	培养具有社会责任感、公共意识和创新精神的应用型人才	0.2	0.3	0.3	0.2

四、思政案例设计

授课知识点	思政设计	载体途径
财政的职能	我国财政体制改革的内容	信息化载体，课堂讨论
国防支出	对国庆阅兵的学习，激发学生的民族自尊心，培养学生的民族自豪感	视频播放
社会保障支出	国家构建社会保障制度的初心，体现小康路上一个都不能少等思路	视频播放，课堂讨论
财政补贴	关系到国计民生的公共企业享受财政补贴	课堂讨论
文化支出	把中国历史和传统文化“悄悄”融进课堂，增强学生的民族自豪感	视频播放
教育支出	弘扬优秀传统文化，培养家国情怀	切身体会，使用教材数据图表
环境保护支出	了解我国国情，坚守18亿亩耕地的红线	给学生推荐观看6集纪录片《红线》
税制改革	“营改增”的初衷是什么？具体怎么改？效果如何？“营改增”减税降负表明了我国政府以服务企业、改善民生为重点的决心	课堂讨论

五、教学实施过程

<table>
<tr><td>章节名称</td><td>我国财政预算体制</td><td>学时</td><td>2</td></tr>
<tr><td colspan="4">一、教学目标</td></tr>
<tr><td colspan="4">掌握财政预算的基本构成，预算编制的基本流程，预算管理体制的基本知识。结合预算管理体制的讲解，通过专业课程教育，使学生了解多元财政监督内容与程序，培养财税人才强化法治意识，加强权力监督教育</td></tr>
<tr><td colspan="4">二、教学实施过程</td></tr>
<tr><td>教学环节</td><td>教学活动</td><td>学生活动</td><td>课程思政</td></tr>
<tr><td>课前探究</td><td>线上课程平台发布课程任务——观看预算管理有关的视频</td><td>查阅教材复习财政职能和财政政策工具</td><td>从预算管理规范性出发，加强权力监督教育</td></tr>
<tr><td>问题引入、明确学习目标</td><td>通过本年度召开的“两会”热点问题，引入本节课学习内容，激发学生学习兴趣</td><td>学生聆听、积极发言，深入思考</td><td>引导学生思考国家面临的重大问题，从而引出本次课的教学目标和主要内容</td></tr>
<tr><td>前测</td><td>随堂检测：财政学职能、财政政策工具</td><td>通过雨课堂完成在线检测，前测结果反馈、讨论</td><td></td></tr>
<tr><td>参与式学习</td><td>财政税收等公共部门在行使权力过程中要接受多重监督。包括立法机构监督，即各级人大的全过程监督，专业性最强的审计监督，还有财税机关等内部的监督，社会公众监督等</td><td>引导学生关注“两会”报道，关心国家大政方针，以小组为单位，自主选择感兴趣的报道结合预算管理进行汇报</td><td>将社会主义核心价值观教育贯穿在课堂教学中</td></tr>
</table>

续表

二、教学实施过程			
教学环节	教学活动	学生活动	课程思政
后测	设计题目，了解学生对本节课预算编制的掌握程度，进行针对性讲解	通过雨课堂完成在线检测	树立服从监督、依法行政、严谨工作的意识
布置作业	布置小组课题，给出资料查找大致范围，引导学生课后通过查找资料、数据进行深入分析	通过翻转课堂提交，课后批改，给予反馈意见	增强学习主动性，培养学生的科研思维和创新能力
三、教学反思			
本节课把我国国情和法治意识引入《财政学》的课堂，培养学生的忧患意识，进行爱国主义教育。强调学生要每天关注学习强国App和时政新闻报道，强化教育引导，把社会主义核心价值观融入课堂，并转化为学生的情感认同和行为习惯。注重新的教学技术的运用，如提前观看在线课程视频、使用雨课堂和翻转课堂，通过适时提问、案例讲解等让学生对我国的财政改革、财税政策有更深入的了解。通过线上+线下混合式教学，围绕课程教学目标，根据教学资源条件，按不同维度设置线上线下教学内容，收到预期的教学改革效果，使学生把社会主义核心价值观融入课程学习中，并内化为自己的人生观、价值观，弘扬传统文化、增强爱国主义情怀			

（商学院 金融学专业 李凡）

管理会计

一、课程概况

在管理会计教学过程中，将会计诚信教育融入成本控制等内容之中，将家国情怀、社会责任教育融入价格决策、产品生产决策等内容之中。

课程组成员参与的教育部高等教育首批新文科研究与改革实践项目《数字经济背景下经管类专业改造提升研究与实践》获批立项，成功入选“原有文科专业改造提升改革与实践”大类。课程组主持的虚拟仿真项目《基于企业价值

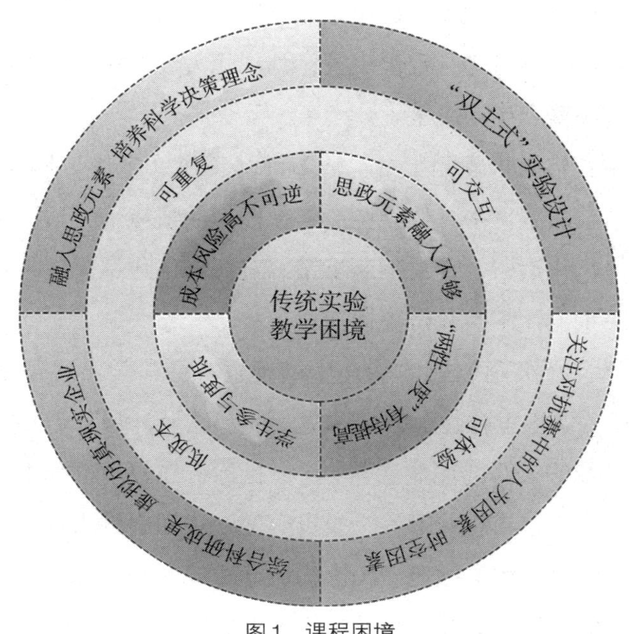

图1　课程困境

创造的管理会计决策过程虚拟仿真实验》获批山东省一流课程，并推荐申报国家一流课程。课程组负责人主持校级教研课题7项，主持教育部产学研协同育人项目4项；作为项目主持人，获“济南大学优秀教研成果奖”二等奖、三等奖各1次，作为参与成员，获“济南大学优秀教研成果奖”一等奖1次、二等奖1次；主编教材1部，发表教研论文7篇；作为主要成员，参与了济南大学“审计学”“管理会计”精品课程建设工作；2017年2月—2018年7月援疆期间，主持了喀什大学财务管理专业的建设工作，被聘为喀什大学经管学院专业指导委员会副主任；2020年3月，主讲的“管理会计”被评为教育部高等学校工商管理类核心课程金课；2020年5月，撰写的《多措并举，灵活实施，开启线上实践教学新模式》获山东省高校疫情期间在线优秀教学案例评选活动一等奖。

二、课程教学目标

1.知识目标：能够掌握供—产—销各生产经营环节决策的基本知识，能在基于企业内外环境进行SWOT分析的基础上进行决策。通过各环节决策实验，能够熟练运用简单算术平均法、加权平均法、移动加权平均法、线性回归分析法等相关知识点进行销售预测；运用作业成本法、变动成本法进行产品成本计算；运用保本点、保利点进行定价决策；利用相关成本法、无差别点分析法等知识点进行存货决策和生产决策。

2.能力目标：将需求预测工具、成本计算工具、定价工具等工具软件化，融入具有故事情节的案例中，使学生能够在虚拟的情境下，运用管理会计工具反复实验，最终优化运营，通过不断试错、对运营优化结果的不断追求以及参与核心业务的决策，让学生获得决策能力。

3.素养目标：在准确把握“构建中国特色社会科学学科体系、学术体系和华语体系”这一课程思政建设方向和重点的基础上，基于培养学生“经世济民、诚信服务、德法兼修的职业素养”这一目标，在教学过程中结合课程内容介绍最新理论和法规，在企业筹资、投资等教学过程中融入社会主义核心价值观的法治元素，教育学生必须遵守国家的法律法规，在潜移默化中深化学生对于依法治国理念的理解，提高学生的法治道德修养。

三、思政育人目标

1.将会计职业的“诚信为本、操守为重”理念、管理决策中的家国情怀及社会责任理念融入教学内容，通过案例小故事达到“立德树人、润物无声”的效果。

2.着重进行价值观教育，使从业者在最大化企业价值与社会价值间进行权衡，做到企业与社会和谐发展。

3.结合战略管理会计的内涵，用孙子兵法阐述战略管理会计的方法和特点，比如“知彼知己，百战不殆”等，培养学生的文化自信。

毕业要求	毕业要求指标点	思政目标
2.决策能力	能够进行亏损产品是否生产、零部件外购还是自制、半成品是否进一步加工等方面的决策，以及成本差异分析、全面预算、绩效评价等能力	决策过程中树立节能降耗、可持续发展、利益相关者价值最大化、凡事预则立不预则废等理念
4.决策知识	掌握企业经营决策的基本方法、基本工具，能够在不同经营环境和业务流程中，结合市场需求、竞争对手情况以及本企业战略规划，选择合理的销量预测方法、产品成本计算方法及定价方法	决策过程中，树立事前、事中、事后时时管理控制的思想，培养创新思维、管理思维、商业思维和决策思维。兼顾经济利益和社会责任

四、思政案例设计

授课知识点	思政设计	载体途径
管理会计概述	价值观教育 通过讲授中国管理会计之父——余绪缨的生前事迹，培养学生坚持学术研究以及对管理会计刻苦钻研的精神	人物传记
成本性态与变动成本法	爱国主义教育 通过某汽车生产公司在疫情期间，利用厂房、固定生产设备生产口罩、消毒液等医疗防护用品，积极投身抗疫的行为，引导学生树立爱国主义精神	新闻报道

续表

授课知识点	思政设计	载体途径
“本—量—利”分析	大局意识 “本—量—利”分析的前提涵盖四个假设，引导学生树立大局意识，从全局的角度来看问题	企业案例
经营预测	尊重客观实际 通过对我国“大跃进”时期，由于对社会主义经济发展规律和中国经济基本情况认识不够，“左”倾错误严重泛滥的历史事件进行介绍，引导学生做人做事要从实际出发，实事求是	视频资料
生产经营决策	时事政治 通过介绍影响价格的基本因素知识点，讲解宏观环境在定价决策中的重要性，引导学生关注时事政治，关心国际时局及国家宏观环境发展的最新动向	新闻报道
预算管理	中华传统文化 以《礼记·中庸》“凡事预则立，不预则废”为导入，培养学生事先做计划或准备的习惯	经典文献

五、教学实施过程

章节名称	企业产品生产决策	学时	2
一、教学目标			
掌握： 1.企业产品生产决策的常用方法 2.产品生产决策的基本原则 3.产品生产决策案例分析。进行价值观教育，使从业者在最大化企业价值与社会价值间进行权衡，做到企业与社会和谐发展			

续表

二、教学实施过程			
教学环节	教学活动	学生活动	课程思政
课程导入、明确学习目标（4分钟）	引导学生思考： 1.作为理性经济人，企业进行产品生产决策追求的是什么 2.通过案例，分析企业除了经济利益，还要追求什么，还要承担什么责任	阅读案例	仅用时3天，某企业生产的第一批口罩就下线了，企业家的家国情怀
前测（4分钟）	提问：完全成本法产品相关成本包括哪些	产品成本计算	
产品变动成本计算（4分钟）	讲解变动成本法计算产品成本	变动成本法计算产品成本	成本控制，节约资源，践行绿水青山就是金山银山理念
项目式教学（70分钟）	1.引导学生分析产品亏损的可能原因 2.引导学生采用作业成本法计算产品成本 3.引导学生对亏损产品是否停产进行决策 4.引导学生分析产品生产所需零部件外购还是自制	1.作业成本法计算产品成本 2.无差别成本法分析零部件外购还是自制	结合美国的芯片禁令使得某企业的芯片从“对外采购”改为“中国制造”；企业家的赞助案例，说明管理决策在一定情况下未必坚持成本效益原则，还需要考虑国家安全、社会效益等，树立学生的爱国主义精神

续表

二、教学实施过程			
教学环节	教学活动	学生活动	课程思政
后测（6分钟）	设计题目，了解学生对本节内容的掌握情况	灵活运用作业成本法、成本无差别点法进行决策	产品生产决策中分析“固定成本”为何是无关成本的概念特点时，引用“某汽车生产公司在疫情期间生产口罩”的案例，一方面企业可以利用现有厂房设备（固定成本）转产口罩求生存，另一方面体现企业的社会责任。引导学生将“爱国”这一社会主义核心价值观内化为精神追求、外化为自觉行动
总结（6分钟）	总结产品生产决策的基本方法及注意事项	回顾亏损产品是否停产的决策、零部件外购还是自制决策的方法	产品生产决策既要考虑经济效益，更要关注社会责任。涉及国家发展的核心技术必须摒弃“造不如买”的错误思想
布置作业（6分钟）	案例：疫情期间，无数中国企业前赴后继，无论是捐款是援助物资，都在为自己的国家贡献着力量。其中“某公司口罩”一度登上热搜，打开搜索引擎，键入某汽车生产公司，第一个弹出来的不是某某车型，而是口罩	案例分析：某汽车生产公司生产口罩的决策思维	培养学生树立社会主义核心价值观，不忘初心，牢记使命，通过家国情怀实现中国梦

续表

三、教学反思
本节课围绕产品生产决策展开，教学设计体现“学生为主，教师主导”的教学理念，教学内容体现“两性一度”。授课过程中，教师通过告知学生同一决策问题有不同决策方案可供选择，选择不同方案会带来不同的企业价值，以培养学生解决复杂问题的综合能力和高级思维能力。课程内容反映前沿性和时代性，使学生认识到企业价值既要看经济价值，还要体现社会价值（顾客满意度等），让学生在决策时更多考虑社会责任

（商学院　会计学专业　刘西国）

汉英翻译

一、课程概况

《汉英翻译》是山东省首批“一流专业”英语专业大三下学期的专业核心课，面向全年级英语不同专业的学生，系统讲解了汉译英的翻译技巧，具有较强的应用性。旨在将学生培养为能够主动服务于国家战略和地方经济发展的复合型人才，让学生在文明交流互鉴中具有坚定的文化自信，坚守中华文化立场，讲好中国故事，传播好中国声音。

根据教育部《高等学校英语专业英语教学大纲》，通过本课程学习，学生能够初步了解翻译基础理论和英汉两种语言的异同并掌握常用的翻译技巧，能够将中等难度的汉语篇章或段落译成英语，译文忠实于原文，语言通顺，同时具备一定的翻译速度。

本课程团队成员4人（副教授3人，讲师1人），在翻译实践和翻译研究中身体力行，多年躬耕于教学一线，进行了面向过程的评注式笔译教学改革、引入AI翻译教学平台辅助教学等尝试，并获批我校2020年度一流课程。近几年，本课程获批3个相关的教学研究项目，其中2个获得校级三等奖，发表相关论文3篇，其中CSSCI1篇。

二、课程教学目标

1.知识目标：掌握汉英翻译的主要理论、方法和标准；了解汉英语言特点和文化差异，掌握汉英翻译基本技巧。

2.能力目标：能运用各种工具查询所需信息，运用翻译技巧完成中等难度的汉英翻译，译文忠实原文、通顺，速度约为300字每小时。同时具备独立思考能力、在翻译实践中发现问题和独立解决问题的能力。

3.素养目标：成长为具备沟通能力、人文素养、中国情怀、国际视野、文化自信、有责任感的跨文化交际者。

三、思政育人目标

1.培养学生积极了解国内外热点问题、关心国家大事的意识，实现汉英翻译教学的国情政策、家国情怀和政治素养教育，在翻译实践中接受理想信念、价值观念和职业道德教育。

2.将中国元素融入汉英翻译教学，使学生了解中国共产党和社会主义现代化建设的相关知识，充分储备中国文化和中国特色的词语或表达，为讲好中国故事奠定扎实的基础。

3.通过汉英语言天然的差异，使学生充分体会到中英思维的差异以及文化的巨大不同，客观看待跨文化交流中的种种难题，形成良好的翻译职业素养和职业道德。

4.让学生了解语言作为交流工具和文化载体的同时所具有传播意识形态的功能。因此，学生既要了解英语主流媒体中的西方意识形态，也要懂得如何恰当转换意识形态，塑造良好的中国形象。

毕业要求	毕业要求指标点	思政目标			
		1	2	3	4
2.能力培养	具有良好的思辨能力和终身学习能力。能够熟练运用英汉双语、翻译理论和技巧，借助搜索技术和翻译辅助工具，在规定时间内完成翻译任务，有效达成跨文化交际	0.2	0.3	0.3	0.2
3.价值塑造	树立正确的世界观、人生观、价值观，中国情怀和国际视野，社会责任感，职业道德，合作精神和创造精神	0.3	0.3	0.2	0.2

续表

毕业要求	毕业要求指标点	思政目标			
		1	2	3	4
5.专业知识	具备扎实的双语基础，掌握汉英两种语言特点、文化差异，掌握汉英翻译理论和翻译技巧	0.1	0.3	0.4	0.2

四、思政案例设计

授课知识点	思政设计	载体途径
翻译概论	文化自信、职业素养、历史责任感 汉语同音字故事，介绍翻译定义彰显汉语魅力；译者能力；历史上翻译的作用	多媒体课件、视频、历史故事
词语翻译	文化自信、职业道德、开放思想 中国经典散文翻译；语境确定唯一词义：严谨的职业态度；翻译多样性：开放思想	多媒体课件、学术论文、专八真题
词法翻译技巧	思辨、客观、包容的跨文化意识 对比汉英语言文化差异：词语级翻译	多媒体课件、图片
抽象具体译法	文化自豪感、职业素养 视频《长城》案例；英汉对比：抽象具体	视频、多媒体课件
动态静态译法	文化自信、正确的人生观 视频《旗袍》案例；散文《地平线》	视频、多媒体课件
数词、冠词翻译	批判性思维、工具能力、家国情怀 视频《中秋节》案例；政府报告中数字翻译vs课本中数字翻译，自行引擎搜索例证验证其正确性	视频、多媒体课件
成语的翻译	历史责任感、职业素养、批判思维 张京中美高层战略对话会翻译；电影、绘本中的成语、谚语、惯用语、歇后语、粗俗语翻译：批判思维	时事视频、电影片段、绘本、多媒体课件
修辞格的翻译	珍惜时间、辩证思维、实践能力 时间主题的翻译，修辞格的不可译性，自行搜索例证	多媒体课件、实操练习

续表

授课知识点	思政设计	载体途径
文化词的翻译	家国情怀、职业使命、职业素养 纪录片《英雄之城》、文化词语对比	纪录片、多媒体课件
句子翻译	欣赏能力、中西思维差异 案例《江南春雨》；汉英句子螺旋与直线思维	多媒体课件
换序与转态	文化自信、中西思维差异 案例《儒家思想》；长句与被动句	多媒体课件
断句与合句	关注时事、中西思维差异 李克强总理在第七届世界自然保护大会开幕式上的讲话	时事翻译、多媒体课件
长句翻译	正确的价值观、耐心严谨的态度 案例《我的母亲》；长句分析	多媒体课件
CAT翻译	自学能力、职业素养 COCA语料库	软件实操、科研论文
语篇翻译	职业担当、职业素养 案例《中国的医疗卫生事业》片段	八级真题、多媒体课件

五、教学实施过程

章节名称	断句	学时	1
一、教学目标			
通过实际案例和例证学习，理解汉英两种语言的差异，习得汉英翻译中五种常用断句技巧，培养家国情怀、政治素养，树立爱护自然与环境观念，提高客观了解两种语言文化差异的职业素养和批判性思维			
二、教学实施过程			
教学环节	**教学活动**	**学生活动**	**课程思政**
问题导入 （5分钟）	李克强总理在第七届世界自然保护大会开幕式上的讲话片段中长句翻译，如何断句才能使英语译文意思清晰、符合英语表达习惯	思考讨论在哪儿断句、以什么为标准	培养独立思考精神，关注时政世事，将翻译学习融入生活。问题设置激发求知欲望

续表

二、教学实施过程			
教学环节	教学活动	学生活动	课程思政
前测与目标（3分钟）	前测：汉英句式最显著的差异是什么 目标：了解翻译汉语长句时断句的原因	思考、讨论并尝试回答前测问题	培养客观看待汉英语言及其深层的思维差异，为跨文化交际打好基础。简单的前测提高学习积极性和学习成就感
参与式学习——讲授（18分钟）	运用典型例证、译文对比、启发讨论等方法逐一讲授五种断句技巧。每种技巧举出两到三个典型例证，内容上与中国文化、政府文件或学生学习生活场景紧密相关 1.对第一个例证，给学生示范使用哪种断句手段的思考过程 2.从第二个例证开始，共同讨论，引导学生尝试五种断句技巧，找出断句位置 3.对于复杂例证，提供两个版本的译文，对比优缺点 4.同时关注翻译过程中的细节，如措辞、术语与已学知识与技巧的关联	学习、模仿老师使用五种技巧的过程，思考讨论不同例证中的难点	培养对比分析归纳总结能力以及认真细致的专业素养。学习翻译技巧的过程，也是自然关注语义、主题的过程，中国文化（春节、红色）、中国名著内容（《骆驼祥子》《药》）、时政国情（《邓小平文选》、政府工作报告）、保护自然（李克强讲话）、经贸等内容也就自然而然融入其中。不断提升文化自信、加强家国情怀、社会责任感。断句涉及英汉思维转换，提高了学生的思辨能力
后测（18分钟）	对每种翻译技巧测试练习，紧接在每种翻译断句翻译技巧之后，以达到及时反馈的效果	通过雨课堂练习、弹幕等在线形式，结合口头讨论完成，根据数据针对性反馈	理论运用于实践，不断反思，自我提高

续表

二、教学实施过程			
教学环节	**教学活动**	**学生活动**	**课程思政**
总结 （3分钟）	重申课程的主要内容、重难点，为开启下一章节长句翻译打好基础	回顾本节课所学知识，加深对重难点的理解	温故知新、扎实学习
作业 （3分钟）	1.修改真实的二专论文翻译案例（服装设计主题） 2.拓展阅读伍小军论文《论汉语长句断句译法》	试译宝翻译平台提交；回答“造成断句不当的原因有哪些”	培养独立思考、解决问题的专业能力，提高学生学以致用的能力，培养成就感；培养独立学习和思辨能力
三、教学反思			
本节课的教学重点是根据汉英两种语言各自的句式特点，探讨了五种常用断句翻译技巧及其应用。根据教学内容和育人目标，本节课采用了BOPPPS教学法进行教学环节设计，节奏紧凑，实施效果良好，有效激发了学生的求知欲和学习积极性。在传授知识技能、锻炼实践能力的同时，注重培养学生的家国情怀、文化自信、社会责任感以及关注时政世事的意识。教学全过程润物细无声地将各种思政内容与育人理念结合起来，有效达成了知识、能力和素养的三维目标			

（外国语学院　英语专业　孙燕）

思想政治学科教学论

一、课程概况

《思想政治学科教学论》是研究思想政治学科教学过程中的规律、原则、方法和艺术的学科，是思想政治教育专业的专业必修课程，在思想政治教育专业学生的培养中具有重要的地位。通过本门课的学习，培养师范生初步具备中学政治教师的技能和素质，为教育见习、实习以及将来成为一名合格的政治教师奠定基础。课程团队成员具有丰富的课程教学经验，科研成果丰富，曾获国家社会科学基金项目和教育部人文社会科学项目立项，多次获得校本科教学贡献奖、校教改项目立项，指导学生获得国家级科创和省级奖励50余项。

二、课程教学目标

1.知识目标：掌握思想政治学科教学过程中的规律、原则、方法，正确认识对学生的学法指导，领会新课程下的教学评价。

2.能力目标：能够运用学科教学知识和信息技术，进行教学设计、实施和评价，具备教学基本技能，具有初步的教学能力和一定的教学研究能力。

3.素养目标：立足于中小学思政课课堂教学实践，以立德树人为己任，能够有机结合学科教学进行育人活动，树立远大的理想信念、培养高尚的道德情操，成为有扎实学识、有仁爱之心的好老师。

三、思政育人目标

1.具有基本的思想政治学科素养，掌握所教学科的基本知识、基本原理和基本技能，理解学科知识体系基本思想和方法。

2.具有初步的思想政治和思想品德教学能力，运用学科教学知识和信息技术，进行教学设计、实施和评价，具有初步的教学能力和一定的教学研究能力。

3.具有一定的班级指导能力，掌握班级组织与建设的工作规律和基本方法，能够参与德育和心理健康教育等教育活动的组织与指导。

4.具有一定的综合育人能力，理解学科育人价值，能够有机结合学科教学进行育人活动，参与组织主题教育和社团活动，对学生进行教育和引导。

毕业要求	毕业要求指标点	思政目标			
		1	2	3	4
学科素养	3-2：理解学科知识体系基本思想和方法，掌握所教学科与其他学科的联系	0.4	0.3	0.2	0.1
	4-2：能够进行教学设计、实施和评价，获得教学体验，具备教学基本技能，具有初步的教学能力和一定的教学研究能力	0.4	0.3	0.2	0.1
班级指导	5-2：掌握班级组织与建设的工作规律和基本方法。能够在班主任工作实践中，参与德育和心理健康教育等教育活动的组织与指导，获得积极体验	0.1	0.1	0.7	0.1
综合育人	6-1：了解中学生身心发展和养成教育规律	0.1	0.1	0.1	0.7

四、思政案例设计

授课知识点	思政设计	载体途径
社会主义核心价值体系是德育的核心思想	习近平新时代中国特色社会主义思想 结合我国的社会主义建设历程，阐述中国特色社会主义对我国德育建设的指导意义	多媒体、视频 参观体验
	社会主义核心价值观 分析加强道德建设的重要性，社会主义核心价值体系作为德育的思想基础和精神力量	多媒体、视频
思想政治学科的性质	立德树人、人文精神 启发学生把爱国主义精神、民族文化、传统的革命主义精神等人文精神融入思政课程教学中	多媒体、视频
思想政治学科课程标准	立德树人、文化自信 “文化自信”是重要的育人目标，通过思想政治课教学，确立和强化文化自信，是教育者尤其是思想政治教师的应尽职责	专题讨论、文献选读
	法治意识 以案说法，把法治意识核心素养融入问题探究之中，增强法律观念，提升法治意识	专题讨论、文献选读
案例教学法	家国情怀、责任担当 在思政课程的教学设计中融入载人航天、FAST天文望远镜、登月工程、蛟龙号载人潜水器、港珠澳大桥等重大工程取得的巨大成就，以及一些国有品牌的案例	多媒体、视频 案例分析
思想政治学科教学设计	专业素养、工匠精神 通过系统的讲授，提升学生的专业素质以及应用专业知识分析和解决实际教育问题的能力	多媒体、视频 翻转课堂
思想政治学科教师的价值观、学生观	职业伦理、社会责任 通过科学认识个人发展的价值，道德规范、法制观念、心理素质等内容，培养良好的职业价值观	多媒体、视频 案例分析

续表

授课知识点	思政设计	载体途径
思想政治课教师的素质	工匠精神 思想政治课教师也需要爱岗敬业、精益求精、执着专注、追求创新，这些都是现代工匠精神的具体体现	多媒体、视频 案例分析
班主任工作	职业素养、职业道德 介绍“感动中国”中优秀教师的先进事迹	多媒体、视频 专题讨论

五、教学实施过程

章节名称	组织教学的艺术	学时	2
一、教学目标			
理解教学艺术和教学艺术风格的含义，提高学生在特殊情况下组织教学的能力；初步掌握组织教学的基本技能，运用组织教学的艺术进行教学；培养学生的职业素养和职业道德，提升家国情怀和责任担当			
二、教学实施过程			

教学环节	教学活动	学生活动	课程思政
导入/暖身	播放PPT，简述6个基本环节：组织教学、检查复习、导入新课、学习新课、巩固新课、布置作业。提问在课堂教学过程中如何组织教学	学生认真观看课件，积极思考问题，逐步了解教学艺术和教学艺术风格的内容	以统编版思想政治必修一《中国特色社会主义》第4课中的中国特色社会主义进入新时代为例，分析6个基本环节的设置
学习目标	介绍本节课的主要学习目标是教学艺术论中组织教学的艺术	学生明确教学目标	以教学艺术为例，联系生活中教师成长的实例，如“人民教育家”奖章获得者于漪的成长故事，培养未来思政课教师的职业素养和职业道德

续表

二、教学实施过程			
教学环节	教学活动	学生活动	课程思政
前测	播放教学视频片段。并提问：这两位老师的教学艺术风格有什么特点？他的语言、手势或者动作对你有什么启发	学生认真观看视频案例，积极思考相关问题，充分发挥学生学习的主体作用和教师的主导作用	借助往届同学的视频案例，唤起学生对专业素养的直观感受，从而进一步提升专业教学水平和能力
参与式学习	通过课件讲授组织教学的艺术；通过实际课堂情境的展示，详细讲授特殊情况下组织教学的艺术；通过案例分步骤展示，分析在课堂教学中如何处理预设与生成的关系；最后要求学生运用组织教学的艺术和技巧，设计思政课教学的一个环节（片段）	学生聆听、踊跃发言	运用“案例教学法”“启发式教学法”进行教学，以现实教学中的实例分步骤展示，让学生积极参与课堂，引导学生自主地分析问题，实现能力目标。增强学生的创新意识和进取精神，实现情感态度价值观目标
后测	现场演练课堂教学中偶发事件的处理，并思考为了应对课堂中的偶发事件，作为思政课教师今后可以从哪些方面提高自身素质，提升教学能力	学生现场演练，纠正错误观念	通过现场演练，认识到思政课教师提高人文素质和职业技能，提升教学能力的重要性，增强学生不断学习成长的观念

续表

二、教学实施过程			
教学环节	教学活动	学生活动	课程思政
课堂小结	组织教学的艺术：一般艺术；特殊情况	回顾课堂内容，总结教学技巧	通过回顾板书，巩固本节课所学知识，引导学生建立起知识框架。检验教师的教学效果和学生的学习效果
三、教学反思			
本节课在教学中加入课程思政内容，能够加强中国特色社会主义信念教育、坚定四个自信，引导学生培育和践行社会主义核心价值观，增强学生对中华民族的热爱，培养学生的民族认同、国家认同感，增强学生的社会责任感和担当意识。通过课程思政内容的教学，一方面使得课堂的教学效果得到了极大提升，另一方面也使思政专业的学生在专业技能和教学水平上得到了极大提高			

（政法学院　思想政治教育专业　张晖）

人力资源管理

一、课程概况

《人力资源管理》是劳动与社会保障专业的一门专业核心课程，主要讲授人力资源管理理论和相关实务，为其他相关课程如《绩效管理》《劳动关系》《职业生涯管理》提供先导性知识框架，同时也是一门实践性较强的课程。目前，本课程在政法学院已连续开设17年。

本课程主讲教师始终坚持教学改革，不断革新教育理念，优化课程教学内容，评教成绩在政法学院名列前茅，先后主持或参与学校教改项目10余项，发表教研论文10余篇，指导学生获得国家级、省级赛事奖项5项。主讲教师曾获山东省青年教师教学比赛三等奖、济南大学青年教师教学比赛二等奖、济南大学教研成果三等奖等奖项。以该课程育人经验为基础参与的教研项目《"全人教育"理念下劳动与社会保障专业"3+2"人才培养模式建构与实践》2016年获济南大学优秀教学成果奖一等奖，2018年获山东省优秀教学成果奖二等奖。

二、课程教学目标

1.知识目标：系统介绍人力资源管理理论、流程工具及相关政策法规，为学生提供专业能力素养的支撑框架。

2.能力目标：培养学生运用专业视角、专业理论和方法分析问题和解决问题的能力，为从事宏观人才开发政策制定、人力资源管理与咨询等工作奠定基础。

3.素养目标：有机融合中国传统文化、时政要点、家国情怀、敬业精神以及个人职业生涯设计等内容，帮助学生树立正确的人生观、价值观、择业观及职业素养。

三、思政育人目标

1.通过各模块现代人力资源管理理念的导入，倡导“以人为本”的职业责任与使命，形成终身学习的个人发展理念。

2.通过提炼人力资源管理者在各模块中的职责与角色定位，培养学生严谨求实和精益求精的工作作风。

3.通过聚焦人力资源管理者在各模块中的误区与避免措施，强化学生未来职场中的职业道德。

4.通过中国传统人事思想和习近平科学人才观，促进中国文化自信和制度自信的形成。

毕业要求	毕业要求指标点	思政目标			
		1	2	3	4
专业知识	熟练掌握劳动与社会保障基本理论与知识，熟悉相关法律法规、方针政策及实务，了解国内外专业领域的发展动态与趋势	0.2	0.3	0.2	0.3
能力培养	具有较强的社会保障、人力资源实务操作与管理能力；具备良好的组织协调、人际沟通与团队协作能力	0.2	0.3	0.4	0.1
价值塑造	树立公平正义的价值观，具有高度的社会责任感；具有较强的专业素养、人文情怀、国际视野与创新创业精神	0.2	0.3	0.2	0.3

四、思政案例设计

授课知识点	思政设计	载体途径
人力资本理论	文化自信和制度自信、个人发展理念 介绍案例超强的人力资本拥有者子贡、习总书记科学人才观	历史典故、习总书记讲话、小组讨论
人力资源管理系统构成	职业使命、职业素养和职业道德 案例：某企业的“芭蕾脚”，以折射的管理理念为导言，引出人力资源管理系统作用机制	案例、媒体报道
员工胜任素质模型	敬业、追求卓越的工匠精神 结合视频案例中国机长刘传健史诗级紧急迫降，深化学生对胜任素质价值和内涵的理解	视频、案例
人力资源规划供需预测	敬业、职业素养和职业道德 案例：国企改革的阵痛；著作《帕金森定律》；猝死的企业家；康熙九子夺嫡	案例、书籍、历史典故
招聘工作的职责分工	正确的职业道德和权力观、诚信敬业 案例：唐骏学历造假；习近平《努力造就一支忠诚干净担当的高素质干部队伍》讲话	案例、习总书记讲话
人员甄选技术	敬业、终身学习、创新意识 案例：某公司的结构化面试表格、飞机失事后谁先逃生等；课内实验：模拟招聘	案例、课内实验
培训的内涵	终身学习、职业素养、团队合作、组织利益 案例：长寿公司的秘诀	案例
绩效管理的基本问题	廉洁勤政、战略思维、正确的金钱观 案例：某企业跑步女不服从防疫规定被开除；小组讨论：结合经历总结绩效的3个特征	小组讨论、案例
绩效考核的误区	合作双赢的理念、职业素养和职业道德 小组讨论：结合经历总结绩效考核存在的误区；案例：冯唐易老、李广难封、庞统被拒	小组讨论、案例、历史典故
薪酬的影响因素	诚信敬业、职业素养和职业道德 案例：某些优秀企业的薪酬体系	案例
员工关系管理的框架	公正法治、职业素养和职业道德 案例：劳动碰瓷现象；习近平“构建中国特色和谐劳动关系，构建人类命运共同体”观点	案例、习总书记讲话

五、教学实施过程

<table>
<tr><td>章节名称</td><td>人力资本理论</td><td>学时</td><td>2</td></tr>
<tr><td colspan="4">一、教学目标</td></tr>
<tr><td colspan="4">理解并掌握舒尔茨和贝克尔的人力资本理论，能够利用相关理论解释我国的人力资本政策和西方的经济增长之谜；树立“以人为本”的职业责任与使命及终身学习的个人发展理念，增强民族自豪感和文化自信</td></tr>
<tr><td colspan="4">二、教学实施过程</td></tr>
<tr><td>教学环节</td><td>教学活动</td><td>学生活动</td><td>课程思政</td></tr>
<tr><td>问题引入
（5分钟）</td><td>结合案例和图片介绍各国首脑和企业家眼中的人力资源。融入习近平的科学人才观“功以才成，业由才广”“发展是第一要务，人才是第一资源，创新是第一动力”等内容</td><td>学生聆听、积极思考</td><td>强化中国文化自信和制度自信，坚守以人为本的初心</td></tr>
<tr><td>问题分析
（50分钟）</td><td>通过介绍战败国经济恢复奇迹、马歇尔计划与欧洲的迅速复兴、资源短缺型国家现代化之谜，让学生明确人力资本理论提出的现实背景
介绍3个经济增长之谜，引导学生明确人力资本理论提出的理论背景，理解人力资本的内涵及实践价值
结合德日经济发展的奇迹、超强的人力资本的拥有者子贡、各级教育对经济发展的贡献等案例，介绍舒尔茨和贝克尔人力资本理论的内容</td><td>学生聆听、踊跃发言</td><td>倡导“以人为本”的职业责任与使命，形成终身学习的个人发展理念</td></tr>
<tr><td>参与式学习
（30分钟）</td><td>以《读大学是合算的吗》和A good career or a good marrige：the returns of higher education in France为阅读材料，深化学生对人力资本和人力资本投资的理解
组织小组讨论：1.现在中国是人力资本强国吗？2.如何看待留学生回国潮</td><td>学生聆听、小组讨论</td><td>引导学生厚植爱国情怀，树立终身学习的个人发展理念</td></tr>
</table>

续表

二、教学实施过程			
教学环节	教学活动	学生活动	课程思政
总结拓展 （10分钟）	通过讲授法和案例法总结人力资本理论作为有力的研究工具，在贫困、人口和生育率、人口迁移与流动、可持续发展等领域的运用，鼓励学生运用理论探析生活万象	学生聆听、踊跃发言	强化职业职责与使命；培育较强的社会责任感和主人翁意识
布置作业 （5分钟）	作业：根据人力资本理论谈谈如何提升自身的人力资本存量	课下查阅资料、撰写作业	进行科学思维训练，提高人力资本投资的主动性
三、教学反思			
本节教学的重点内容是让学生理解并掌握人力资本理论的提出背景、具体内容及评价，同时学会利用人力资本理论解析相关政策，并以此为研究工具进行科学研究的训练。根据教学内容和育人目标进行了相应的课堂教学设计和组织。通过案例、习近平总书记的科学人才观和历史典故的引入，激发学生的学习兴趣；结合人力资本理论的内涵体系，在知识的设计和讲授中，注重系统性、前沿性、政策性，将思政元素深入贯穿其中；通过问题驱动、启发式教学法，启发、引导学生对问题深入思考；通过小组讨论提高学生对课堂的参与度，促进知识及素养的内化，从而将知识传授、能力培养和价值塑造深度融合。在以后的教学过程中，应进一步完善和丰富教学载体			

（政法学院　劳动与社会保障专业　刘建花）

社会保障概论

一、课程概况

《社会保障概论》是面向公共管理类（含劳动与社会保障、行政管理专业）大一新生开设的专业基础课，遵循“理论性与政策性相结合、知识性与政治性相结合、专业导向性和思政教育性相结合”的基本思路，主要讲授社会保障理论及相关制度安排，让学生充分认识社会保障在社会发展中的地位和作用，为后续相关专业课程学习奠定基础。

课程团队5人，含教授1名，副教授3名，讲师1名。主持省级教研项目2项，发表教研论文10余篇；获济南大学优秀教学成果一等奖1项，济南大学优秀教材一等奖1项，2人获山东省第五届“超星杯”高校青年教师教学比赛优秀奖；指导学生获国家级、省级科创和专业竞赛奖励23项，国家级大创项目立项3项。

本课程自2003年开设，授课对象已覆盖十九个年级、3000余名学生。于2011年入选济南大学首批百门改革课程，2013年被评为校级精品课，2020年纳入济南大学“课程思政”示范课程立项建设课程，2021年入选济南大学“一流课程”。

二、课程教学目标

1.知识目标：框架式了解社会保障理论及相关制度，充分认识社会保障在社会发展中的地位和作用。

2.能力目标：能够敏锐发现、客观认识社会保障现象和问题，并初步具备运用专业视角、专业理论知识分析和解决社会保障领域相关问题的能力。

3.素养目标：给学生以正确的价值观引导，培养专业意识、家国情怀和社会责任感，激发学生关心社会、参与社会的主动性和积极性。

三、思政育人目标

1.通过社会保障核心理念公平、正义、共享的学习，加深学生对于社会主义核心价值观的体会和认同，加强对学生人生观、价值观的培养和塑造。

2.通过国内外社会保障建立发展实践及理论基础的学习，深化对马克思主义基本理论、党和国家重要思想的理解和运用，培养学生的辩证思维能力，悲天悯人的家国情怀，为天地立心、为生民立命的社会责任感。

3.通过对社会保障制度内容及前沿问题的学习，强化对党和国家大政方针和政策的跟进与解读，培养学生的大局意识和危机意识，树立文化自信和制度自信，激发民族自豪感。

毕业要求	毕业要求指标点	思政目标		
		1	2	3
价值理念	掌握马克思主义基本原理，树立劳动与社会保障专业公平正义的价值观，具有高度的社会责任感	0.4	0.3	0.3
知识能力	熟练掌握社会保障基本理论与知识，熟悉劳动与社会保障相关法律法规、方针政策及实务	0.2	0.4	0.4
专业素养	具有较强的专业素养、人文情怀、国际视野与创新创业精神	0.2	0.4	0.4

四、思政案例设计

授课知识点	思政设计	载体途径
社会保障概述	家国情怀、公平正义 社会保障的理论基础，马克思主义、社会主义核心价值观的重要性	历史资料展示、材料分析、启发式提问

续表

授课知识点	思政设计	载体途径
社会保障的产生与发展	文化自信、制度自信 中国民生保障发展史，社会主义优越性的体现	历史资料展示、课堂讨论
社会保障模式	党政引领、大局意识 中国社会保障模式的选择之路	制度比较分析、国家政策解读
社会保障法治与管理	依法治国，国家治理能力现代化 社会保障法的地位、立法先行的重要性	案例分析、课堂讨论
生存风险与保障	悲天悯人情怀、社会责任感 对低保、流浪乞讨人员等特殊群体的关注及相关社会政策制定	案例分析、材料分析、启发式提问
健康风险与保障	制度自信、工匠精神 疫情下的公共卫生和医疗保障	启发式提问、典型案例分析
职业风险与保障	以人为本、国家发展理念 人的生命和健康是无价的，就业是民生之本，稳就业是重中之重	启发式提问、典型案例分析
老残风险与保障	人文关怀、家国情怀、危机意识 人口老龄化与应对	启发式提问、案例分析、材料分析

五、教学实施过程

章节名称	中国社会保障的建立与发展	学时	2
一、教学目标			
了解新中国社会保障制度建立与发展进程的时间脉络，重点掌握改革开放以来我国现代社会保障体系的建立及其发展历程，理解掌握中国特色社会保障体系的基本内涵及其建立健全过程。培养学生的家国情怀，增强制度自信			

续表

二、教学实施过程			
教学环节	教学活动	学生活动	课程思政
课程导入，明确学习目标（5分钟）	观看视频，思考：新中国社会保障经历了怎样的建立发展过程？中国特色在社会保障体系中如何体现	学生观看，积极思考	借助新闻视频，激发学生的学习兴趣，引导学生带着问题学习本课内容
社会保障的初创时期（10分钟）	讲授新中国成立初期社会保障的建立情况，包括社会保险制度、社会救济和社会福利制度	结合所掌握的历史知识，思考社会保障制度建立的背景及影响因素	制度自信、家国情怀 在新中国成立初期国民经济千疮百孔的情况下，党和国家就建立起社会保障制度，充分体现了社会主义制度的优越性
社会保障调整发展与受挫时期（10分钟）	讲授1958年到1977年间社会保障制度进行调整以及“文革”期间遭受的挫折	思考政治因素对于社会保障制度的影响	明确站位，树立危机意识 面对挫折，既要不忘初心，有战胜困难的信心和决心，也要树立危机意识，防微杜渐
向市场经济转型时期的社会保障体系建设（35分钟）	讲授1978年改革开放后中国社会保障体系的改革与发展，重点讲授1993年后现代社会保障体系的建设过程 思考问题：1997年十五大报告明确建立和完善社保制度，规定养老、医疗、失业保险制度需要个人承担缴费责任，为什么需要个人缴费	思考这一时期社会保障体系改革的背景及面临的问题，就个人缴费问题进行思考并自由发言	大局意识，正确看待权利和义务关系 建立社会保障制度是国家的责任，享受社会保障是国民的权利，缴费是义务。权利和义务相结合是社会保障制度的基本原则

续表

二、教学实施过程			
教学环节	教学活动	学生活动	课程思政
中国特色社会保障体系的建立健全（40分钟）	讲授中国特色社会保障体系的基本内涵及政策目标导向变化过程，十九大以来的发展完善过程 思考问题：中国特色社会保障体系是如何建立起来的	对比前面所学国外社会保障发展历程，思考中国特色是如何在社会保障体系建设中体现和落实的，分组讨论并发言	增强制度自信，深刻领悟以人为本理念 充分体现了中国共产党领导和我国社会主义制度的政治优势，集中力量办大事，推动社会保障事业行稳致远，进一步坚定实现中华民族伟大复兴中国梦的信念
课后作业	结合新中国社会保障改革发展的相关内容，谈谈你对社会保障特征的认识	学生记录，课下完成	知识内化，总结归纳
三、教学反思			
本课程作为大一新生的入门先导课和专业基础课，教学过程中突出专业内容与时政热点的有效衔接性，让学生深刻理解社会主义核心价值观以及各项党政方针政策；强化教学内容与学生生活的密切相关性，调动学生对专业和相关时政的关注与热情；注重专业教学与思政教育的内在平衡性，寓思政教育于专业教育；完善“团队协同共讲法”，共同探索思政渗透的广度和深度；综合运用案例分析、探究式教学以及制度比较分析法等，激发学生参与积极性与主动性。较好地实现了全员、全程、全方位思政教育的呈现与渗透，受到学生的普遍喜爱和高度评价			

（政法学院　劳动与社会保障专业　朱丽敏）

大学体育健美操

一、课程概况

《大学体育健美操》是非体育专业全校本科生的公共基础必修课程，十分注重健美操动作技术的教学指导和训练，让学生在强身健体的同时树立正确的审美观，提高体育观赏能力，陶冶高雅情操，培养学生的创新能力、团结协作精神。在教学中，通过把健美操运动与健康和终身体育密切相联系，培养学生良好的体育锻炼习惯和终身体育的意识，实现学生身体、心理、社会的全面健康。

课程负责人及团队成员积极参与教学改革，评教成绩优异，多次连续获得济南大学本科教学贡献奖，教学团队有1名副教授、3名讲师（健将、一级运动员）。近三年，主要完成国内教学论文10余篇、国际论文5篇、教学立项3项、校级教学成果三等奖3项。本课程为济南大学一流本科课程，指导学生参加健美操相关比赛，获得国家级奖项8项，省级奖项25项。

二、课程教学目标

1.知识目标：通过健美操练习，增强学生的心肺功能，改善学生的形体，使学生了解健美操运动的基本知识等，培养学生的健美操创编能力、团结协作精神和创造力。

2.能力目标：掌握一项自己喜欢的运动技能及调整身体健康情况的方法，把健美操运动与健康和终身体育密切联系，培养学生良好的体育锻炼习惯和终身体育的意识，实现学生身体、心理的整体健康。

3.素养目标：使学生树立正确的审美观，提高观赏能力，陶冶高雅情操。培养学生爱国主义精神和集体观念责任感，形成良好的竞争意识和勇于拼搏的精神等，不断提高学生的思想道德修养。

三、思政育人目标

1.通过健美操动作技术的学习，提高学生体质，促进学生强健体魄，培养学生勇于拼搏的精神，坚持锻炼身体，养成终身锻炼的习惯。

2.通过创编动作和分组练习，促使学生齐心协力、相互合作、团结友爱，逐步适应并形成与同伴良好的交往模式，培养学生的创新能力、集体主义观念和团队精神。

3.通过对我国竞技体育的介绍和《爱国系列健身操》《你我同行》校操的学习，对学生进行爱国主义教育教学，让学生更加爱国爱校，并在学习中树立新的现代的体育观念。

4.通过对课上小组动作完成质量的评价，强化学生的规则意识，激发学生良好的竞争意识和团结协作精神，让学生理性地看待成功与失败。

毕业要求	毕业要求指标点	思政目标			
		1	2	3	4
1.专业知识	了解健美操理论与发展；熟悉健美操锻炼标准与健身知识，掌握基本动作技术和相关规则	0.6	0.1	0.2	0.1
2.能力培养	能够进行健美操动作及队形编排，能运用健美操动作进行音乐的表达，具有较高审美和艺术表现能力，提高学生的柔韧、协调、核心力量，为后期运动打下基础	0.3	0.4	0.2	0.1
3.价值塑造	具有团队协作精神和集体观念，吃苦耐劳、精益求精、勇于拼搏的品性，公平竞争、遵守规则、顽强自信、合作包容的品质，认同社会责任、社会主义核心价值观	0.1	0.3	0.3	0.3

四、思政案例设计

授课知识点	思政设计	载体途径
健美操课堂常规	体育道德 教师提出要求、学生积极配合完成，规范学生的思想和行为	礼貌用语 教师讲解
健美操的历史	爱国主义、拼搏精神 中国健美操的历史及世界地位的介绍，里程碑赛事：2006年第一次在中国南京举办健美操世锦赛	多媒体课件 视频资料 观看世界级比赛
健美操的表现力	集体主义、美育教育 全体同学一起学习和练习面部表情、肌肉表现	视频资料 教师示范 教学比赛
动作的整体完成	主人翁责任感 分组练习并有组长喊口号练习，每组都有专属名字，每个同学都有归属感	录像指导 教师讲解 自由练习
动作的多样化	民族元素、创新精神 最新“爱国系列”动作学习手势多样化，动作风格多样化，中国元素和西方音乐相结合，中国音乐和西方元素相结合	视频资料 教师示范 1对“一”练习 短视频 新闻报道
健美操的基本姿态	礼仪规矩、国防教育 强调健美操是我国强项体操的分支项目，挺拔站姿是每个中国人的自豪。规范学生姿态，定时定量，互相尊重	教师讲解 集体练习 个别指导
动作的强化练习	协作精神、质量意识 小组内相互指导，发扬互帮互助精神，保证动作质量	讲师指导 课堂讨论 集体练习 集体展示
优秀小组动作表演	团队意识、刻苦勇敢 集体练习后，在众人面前进行小组展示，选出优秀团队，教师进行点评，计入平时成绩	教师讲解 集体展示

续表

授课知识点	思政设计	载体途径
健美操难度动作学习	勇于拼搏、奥运精神 介绍竞技健美操中的部分难度动作：纵劈腿、垂地劈腿、俯卧撑等。成立提高小组，参加课余练习活动	视频资料 教师示范 集体练习 个别指导
健美操考试	创新意识、工匠精神 部分音乐需要创编动作，服装统一，按最新比赛要求执行妆容和评分标准，精益求精	视频资料 教师讲解规则 分组指导
健美操知识拓展	红色基因、体育强国 介绍具有中国特色的健美操套路，例如民族音乐、武术音乐、红歌音乐等，具有风格特色的动作	通信平台 直播平台 视频资料 教师讲解

五、教学实施过程

章节名称	《没有共产党就没有新中国》啦啦操 第一部分　4×8拍	学时	2
一、教学目标			
学生能够掌握啦啦操的基本动作，90%的学生可以做到手位和下肢动作熟练结合，使学生的协调素质得到提高；使学生了解红色歌曲啦啦操的创编思想，强化对学生的红色教育，培养爱国主义精神，同时使学生对中华传统文化和西方运动项目融合创新的认同			
二、教学实施过程			
教学环节	**教学活动**	**学生活动**	**课程思政**
准备部分	师生问好，课堂常规 提出本节课教学目标：认知、技能、素质、思政四方面具体目标，强调教学重点和难点 热身运动：半蹲移重心、左右并步、“V”字步、上步冲拳、开合跳、小马跳、拉伸运动	学生明确教学目标： 教师示范 学生跟做 要求积极 节奏正确 达到热身目的	从动作的规范性和严谨性出发，进行工匠精神培养。思政目标是终极目标，引导学生在运动中不断提升自我

续表

<table>
<tr><th colspan="4">二、教学实施过程</th></tr>
<tr><th>教学环节</th><th>教学活动</th><th>学生活动</th><th>课程思政</th></tr>
<tr><td rowspan="3">基本部分
（理论）</td><td>1.简介啦啦操及其发展
如今，经过近二十年的不断学习和创新，我国已经创编出具有中国特色的啦啦操，并在全国大中小学进行推广。如今，在建党100周年之际，CCA啦啦操推出了《没有共产党就没有新中国》《我和我的祖国》及《共产主义接班人》等红色歌曲的花球啦啦操，学生在红色歌曲中做着富有时代节奏的动作，不仅能强身健体，更能受到红色教育，深深地沉浸在爱国的情怀中</td><td>学生聆听</td><td>介绍我国竞技体育突飞猛进的发展，结合相关赛事和政策，积极引导学生密切关注体育运动赛事，全面了解当前国内外体育发展形势，促进体育成为凝聚党心、民心、民族自豪感的纽带</td></tr>
<tr><td>2.视频讲解
教师提出问题：想象一下，中国能创编出什么风格的啦啦操？如果让你创编啦啦操，你会选择什么样的音乐
教师讲解创编背景：2021年是中国共产党成立100周年，为庆祝党的百年华诞，党中央决定举行一系列活动，《没有共产党就没有新中国》花球啦啦操就应景而生。给学生播放一遍视频并进行动作讲解</td><td>学生聆听，积极讨论，回答问题，仔细观看视频</td><td rowspan="2">能够运用动作、基础知识的认知能力进行音乐的表达，具有感受美、欣赏美、创造美的能力。提升人文素养和艺术气息</td></tr>
<tr><td>3.音乐分析
教师分析音乐的变化，从动作技术角度分析，不同部分音乐节奏搭配的动作效果不同
给学生播放一遍音频并提出问题：听着这样的音乐，你脑海里会有什么样的画面？哪部分音乐能触动你的内心</td><td>学生聆听，积极讨论，回答问题，再次欣赏音乐</td></tr>
</table>

续表

二、教学实施过程			
教学环节	教学活动	学生活动	课程思政
基本部分（实践）	4.学习动作技术 （1）教师做镜面示范1遍，言传身教，让学生看到啦啦操的变现力和感染力 （2）教师做背面示范1遍，让学生体会动作路线和动作技术 （3）教师分解动作进行单个动作讲解3遍，包括动作技术和节奏代入 （4）教师组织学生集体练习3遍，提出错误，再练习3遍 （5）教师指导学生分组练习10分钟，同时进行个别指导 （6）教师用慢节奏音乐和快节奏音乐，对全体学生进行变节奏练习2次 （7）教师请出优秀学生进行示范展示动作 （8）教师组织学生进行小组团队展示，现场打分，进行点评	学生积极学习动作，反复刻苦练习动作，虚心听取教师的动作指导，改正错误动作，提高动作完场质量，力求精益求精，完美展示	树立正确的挫折观，体育技能只有反复练习才能熟能生巧。要刻苦练习，勇于拼搏、敢于展示自我 增强学习主动性，树立正确的学习价值观，团队展示使学生更加注重团队协作能力，注重配合，更加热爱集体，在红歌的伴奏中，把自己想象成保卫祖国的战士，更加热爱祖国，培养学生的家国情怀，增强民族自豪感
结束部分	1.放松整理活动 2.（选择民族音乐） 头部放松、肩部放松、上肢放松、下肢放松、拉伸运动 3.总结及布置作业	教师讲解示范动作，提出要求，学生积极配合	对学生进行科学的体育恢复锻炼和教育 督促学生养成终身体育习惯，强健体魄，报效祖国

续表

三、教学反思
1.成功经验：学生课上积极性高涨，充分发挥了以学生为主体的作用，师生交流增多，创设了民主、和谐、平等的学习氛围，爱国主义氛围浓厚，课程思政育人效果显著 2.吸取教训：个别学生协调性不好跟不上团队，影响展示效果会有自卑心理，通过不断观察，对个别学生加强一对一辅导 3.教学应变：小组展示顺序可以选取随机选取，指定选取，自愿选取等多种排序方法，不同顺序制定不同的分数给予奖励，提高学生乐于展示的积极性

（体育学院　体育教育专业　戴静）

图形创意

一、课程概况

《图形创意》课程是艺术设计类专业人才培养目标的核心创新能力培养的对标课程。通过该课程构建创新思维能力的底层基础理论体系。理论环节结合东西方现当代艺术理论对设计思维的启示、创新能力六要素、创新思维工具与方法、创意构型法则等有序展开。实践环节通过图形语言三级训练体系分步实施，该训练体系是一个开放的结构，为后续专业课程设置了衔接模块，使课程群成为一个创新思维与表现的系统整体。图形创意课程理论和实践两个环节充分运用“多维联动式”课堂组织形式作为载体，有效提升学生的创新意识和能力。目前围绕该课程的教研项目有4项，线上课程也逐渐完善。自编课程教材《图形语言的创意与表现》2016年由清华大学出版社出版，目前3次印刷发行5000余册，20余所大学选用。2019年该教材及课程体系获得济南大学教学成果一等奖。近5年围绕该课程体系创作，同学们获得国家级专业竞赛一、二、三等奖8项（其中一等奖10万元1项），优秀奖12项；省级专业竞赛一、二、三等奖30余项。该课程任课教师多次获得国家级、省级竞赛优秀指导老师。近年来同学们对该课程的评教成绩在96分以上。

二、课程教学目标

1. 知识目标：深入理解东西方艺术理论观点对创新思维启示与影响，掌握图形创意理论历史发展脉络，创新能力理论体系与图形构型法则。

2.能力目标：熟练运用创新思维工具与方法，充分探索创意造型与表现能力。培养整合与跨界的创新意识与能力，创作主题的剖析与问题的提炼能力，问题驱动创新意识以及提出创新解决方案的能力。

3.素养目标：培养学生对形式美感与价值美的认同，使形式与内容高度统一，让学生意识到价值观在创新能力中的核心驱动力作用，理想使命激发无限创新潜能。运用图形创意表现社会主义核心价值观，弘扬社会正义，构建中华民族伟大复兴宏大叙事的图形创意表达。

三、思政育人目标

1.文质彬彬，探索实现形式美与内容美的高度统一。

2.中华民族传统价值观念仁义礼智信与社会主义核心价值观融合与创新表达，作为公益和商业主题图形创作的底层文化基因。

3.充分认识中国传统设计文化理论体系的博大精深，培养学生从中国思想文化理念和现代价值视角创意表达中国图形形象的意识。

4.将时代楷模、红色革命精神的符号创作实践作为命题，助力学生将课程内容转化为思维工具，提升创新能力，实现立德树人。

5.从专业基础课程环节就支撑学生成长为有使命、有担当的设计师，为中华民族伟大复兴和人类命运共同体建设贡献设计智慧。

毕业要求	毕业要求指标点	思政目标			
		1	2	3	4
专业知识	具有扎实设计基础理论、创新思维理论，掌握图形创新的发展趋势	0.4	0.3	0.1	0.2
能力培养	熟练运用创新思维工具与方法，结合正向价值观基础，具有独立思考能力，剖析问题并创新表达商业、文化和公益主题的图形符号	0.2	0.3	0.1	0.4
价值塑造	文质彬彬，探索实现形式美与内容美的高度统一	0.2	0.3	0.2	0.3

四、思政案例设计

授课知识点	思政设计	载体途径
图形概念	文化自信 只可意会，不可言传，圣人立象以尽意	八卦图、太极图、中国象形文字
东西方艺术理论体系	文化自信 西方：从具象到抽象 东方：传神写意，妙在似与不似之间	学术论文
思维方法	中华古典文化、人文精神 庄周梦蝶、龙场顿悟、“便形鸟”	学术论文
价值观	中华古典文化、人文精神 仁、明明德、止于至善、致良知 横渠四句	古诗句诵读
想象力	中华古典文化、人文精神 庄子《逍遥游》、《山海经》	成语典故、视频、图片
构型法则	家国情怀、人文精神 西方新闻图片价值立场对比、祖国统一图形类经典创意	视频、图片
表现手法	中华古典文化、人文精神 水墨技法、金石刻印、木版年画	成语典故、视频、图片
经典赏析	文化自信 陈幼坚、靳埭强、洪卫、林邵斌、袁由敏	视频、图片、新闻报道
设计伦理	文化自信 天人合一、厚德载物、人类命运共同体—《流浪地球》—背着地球一起走	视频、图片、新闻报道
创作实践	时代楷模、革命精神 雷锋——“七一勋章”获得者，红船精神—井冈山精神—沂蒙精神	视频、图片
参观考察	文化自信、革命精神 博物馆、革命历史纪念馆	场馆现场、讲解

五、教学实施过程

章节名称	图形构型法则与实践	学时	1
一、教学目标			
梳理中华民族文化底层基因中的核心概念，从“仁义礼智信”到“社会主义核心价值观”的主题出发，运用现代图形语言构型法则创造新的图形形态诠释家国情怀、文化自信和价值使命，坚定正向意识形态观念，构建“中华民族伟大复兴”的核心叙事主题，助力学生实现设计理想和价值使命			
二、教学实施过程			
教学环节	教学活动	学生活动	课程思政
课前探究	线上课程平台发布课程任务：赏析战争与和平主题经典图形	赏析线上课程平台发布的经典案例，思考老师在平台留下的问题	东西方不同叙事立场的对比分析。文化外衣下的虚伪与真实
新课导入（4分钟）	图片赏析《硝烟与阿富汗的学校》《老兵对红旗的亲吻》	讨论、观点碰撞与统一，启发与引导	和平背后的巨大牺牲，中国和平发展来之不易
揭示主题：西方的叙事主题与视角（3分钟）	“他们失去了一切，但他们自由了”	课堂互动，观点碰撞与统一，启发与引导	东西方媒体对民主与自由的不同解读。彰显文化自信意识
参与式学习（30分钟）	“祖国统一”主题图形赏析，以“中国优秀传统文化”为元素和切入点的经典图形创意作品赏析，感悟文化魅力，体悟家国情怀，激发创意热情	课堂互动：你看到了什么？想到了什么？学生举手发言，老师引导与升华	从看似寻常的物象中发现全新语义结构，情理之中意料之外。体悟中华文化的博大精深，内涵极富哲理性与思辨性

续表

<table>
<tr><th colspan="4">二、教学实施过程</th></tr>
<tr><th>教学环节</th><th>教学活动</th><th>学生活动</th><th>课程思政</th></tr>
<tr><td>知识点讲解
（10分钟）</td><td>图形创意构型法则：分解置换、残缺、意念组合、正负图形、肖似形</td><td>笔记与思考</td><td>图形创意与表现方法掌握、能力的提升，并构建有使命与担当的设计理想</td></tr>
<tr><td>布置作业
（3分钟）</td><td>“冲锋号”图形造型联想和创意表现。（价值观+创意思维+创意表现+建党百年时效性）。一题四联，多重目标整合</td><td>思维导读
头脑风暴
创作实践</td><td>体现中华民族顽强不屈的斗争精神，塑造民族独立，文化觉醒，进而确立为中华民族伟大复兴宏大叙事立场的创作实践</td></tr>
<tr><th colspan="4">三、教学反思</th></tr>
<tr><td colspan="4">图形创意作为视觉传达主题符号创作的主要形式，承载主题与观点、思想与观念，是价值观、意识形态塑造的载体，所以必须在正向价值观的立场下去创意和表现，传达价值与使命，让学生在创造性思维能力与表现能力提升的同时，增强批判性意识，提升发现问题的能力、独立思考的能力。运用创新思维与表现解决问题。在课程的知识传授和创新能力养成过程中引导学生关注身边时事，辨明是非，关注国家和人类命运，坚定立场信念，树立责任使命，不仅要“明德”“亲民”还要“止于至善”，这才是一个大学生的“大学之道”，也是一个合格的设计师创作观的基本立场</td></tr>
</table>

（美术与设计学院　视觉传达设计专业　田雪梅）

视唱练耳

一、课程概况

《视唱练耳》课程是音乐学院音乐学专业的一门专业基础课。视唱练耳是学生必须掌握的技能，不管学习声乐还是器乐，它都是提高音乐素质所不可或缺的。目前，本课程已连续开设10年。本课程教学团队由2位讲师和1位助教组成，其中1位教师获校青年教师教学比赛文科组三等奖。本课程教学团队始终坚持教学改革，不断革新教育理念，优化课程教学内容。2011年音乐学院成立后，作为基础课程的《视唱练耳》就在郑中院长带领下从教学模式、教学内容、教学方法、教学评价机制、教学反馈机制等各个方面开展了研讨工作。

二、课程教学目标

1.知识目标：（1）一升一降内西洋大小调、民族调式旋律的演唱与听记；（2）八度内十四类音程的构唱与听记；（3）大小三和弦原位听记；（4）2/4、3/4、3/8拍中速8小节左右含有前八后十六、前十六后八、三连音、切分、附点音型的节奏听记。

2.能力目标：（1）能够熟练分辨不同时期音乐声响的风格特征；（2）能够立足于简单旋律线条编配符合中小学生演唱的多声部作品；（3）能够立足于多声部作品进行排练与指导演出工作；（4）能够为中小学生声乐合唱、乐器合奏提供声音效果的指导；（5）能够巧妙借助音乐课程开展符合中小学生接受能力的思政活动。

3.素养目标：（1）能够通过视唱感知作品的艺术魅力，陶冶情操；（2）能够将乡土音乐改造为富有地域特色的多声作品，并在演绎过程中体味传统文化的底蕴，增进民族自信心与自豪感；（3）能够在多声部音乐编排过程中体察声部间的融合，并在融合感知中确立和谐之美。

三、思政育人目标

1.在传授“练耳”方法和“视唱”技能的同时，引导学生主动探索方法与技能的生成机理。

2.结合具体视唱作品激发学生的理想和信念。

3.让音乐成为一种生活的态度，注重快乐和体验。

4.注重激励和评价，培养学生的目标达成意识、团队归属感与健康的荣辱观。

5.通过风格化作品的演绎，开阔视野、增加智慧，能够以辩证唯物主义与历史唯物主义的视角评价特定时期的特定作品与特定影响。

毕业要求	毕业要求指标点	思政目标				
		1	2	3	4	5
1.专业知识	具有全面的专业知识和理论基础	0.2	0.2	0.2	0.2	0.2
2.艺术素养	具备较高的艺术文化修养及审美能力	—	0.3	0.3	0.2	0.2
3.专业教学	掌握音乐教学法，熟悉本专业及相关学科的研究现状、发展方向及发展趋势	0.3	0.2	0.2	0.2	0.1
4.舞台表演	具备示范教学能力，具有一定的声乐表演和舞台实践能力	—	0.2	0.2	0.2	0.4

四、思政案例设计

授课知识点	思政设计	载体途径
单音及音程模唱、听记	名人语录：要像灯塔一样，为一切夜里不能航行的人，用火光把道路照明（马雅可夫斯基） 以钢琴白键音为切入点，确立部分绝对音高为“灯塔”，而后拓展到黑键音，从而提高听记音高的准确度	视频资料、多媒体课件、课堂实操
节奏听记	创新理念　革新思维 以“聚沙成塔，集腋成裘”为切入点，通过逆向思维分解简单节奏型，逐步叠加休止符、延音线、切分节奏实现节奏复杂化，从而促进节奏听记的速度与精度	多媒体课件、课堂实操
和弦构唱与听记	塑造积极健康的审美观 以和弦色彩为切入点，通过听觉刺激与心理感受的共鸣，引导学生培养积极乐观的生活态度与健康向上的审美旨趣	多媒体课件、课堂实操
民族调式作品的演唱	民族自信心与文化传承 以民间音乐素材为视唱内容，结合相关影视作品加以感官体认	多媒体课件、课堂实操

五、教学实施过程

<table>
<tr><td>章节名称</td><td>以《沂蒙山小调》为切入点演唱具有山东地域特色的徵调式作品</td><td>学时</td><td>2</td></tr>
<tr><td colspan="4" align="center">一、教学目标</td></tr>
<tr><td colspan="4">准确演唱《沂蒙山小调》及其他相关作品，掌握山东地域特色的徵调式歌曲的旋律旋法，在历史文化背景下深刻感知红色歌曲的魅力，增强民族自豪感和文化自信</td></tr>
<tr><td colspan="4" align="center">二、教学实施过程</td></tr>
<tr><td>教学环节</td><td>教学活动</td><td>学生活动</td><td>课程思政</td></tr>
<tr><td>听赏环节</td><td>欣赏彭丽媛教授演唱版本《沂蒙山小调》</td><td>学生聆听、积极思考</td><td>塑造积极健康的审美观</td></tr>
</table>

续表

二、教学实施过程			
教学环节	**教学活动**	**学生活动**	**课程思政**
交流环节	教师进行导聆	学生谈主观感受（作品的旋律美与演唱美）	塑造积极健康的审美观
音乐分析环节	1.作品的调式调性 2.乐句的划分与终止音 3.旋律建构特征 4.衬词的使用与地域特色的凸显 5.结合创作背景讨论歌词的美学诉求	学生思考：跳进的运用与山东大汉形象的影射关系；学生用各地区方言朗诵唱词，强化旋律与语言的关系；引导学生强化对乡土音乐文化的关注	民族自豪感与自信心
演唱环节	演唱		
听赏环节	美丽的山东——十一届全运会版《沂蒙山小调》	学生聆听、积极思考	塑造积极健康的审美观
交流环节	教师进行导聆	学生谈主观感受（重点是《沂蒙山小调》的地域化象征、名片化改造，基于地域文化而凸显的“好客山东人”形象）	创新理念与革新思维
演唱环节	演唱	引导学生结合新的认知谈演唱体验	塑造积极健康的审美观
听赏环节	《长津湖》中《沂蒙山小调》主题奏响片段	学生聆听、积极思考	
交流环节	深入认知《沂蒙山小调》承载的齐鲁儿女、华夏儿女抛头颅洒热血的斗争精神，为建设新中国、保卫新中国作出的惊天地、泣鬼神的牺牲精神	引导学生结合红色文旅体验、观影、演唱实践深化认知	缅怀先烈、不忘初心

续表

<table>
<tr><th colspan="4">二、教学实施过程</th></tr>
<tr><th>教学环节</th><th>教学活动</th><th>学生活动</th><th>课程思政</th></tr>
<tr><td>插入</td><td colspan="2">全体起立唱国歌，将情绪推向高潮</td><td rowspan="3">民族自豪感与自信心</td></tr>
<tr><td>演唱环节</td><td colspan="2">再唱《沂蒙山小调》</td></tr>
<tr><td>回顾、结束</td><td>回顾知识点，下发课堂作业</td><td>鼓励学生在历史语境的敏锐感知中演唱经典红色歌曲，缅怀先烈</td></tr>
<tr><th colspan="4">三、教学反思</th></tr>
<tr><td colspan="4">本节的教学重点内容是让学生能够准确区分徵调式音乐基本特征，熟练演唱相关作品，并以《沂蒙山小调》为个案开展教学活动，根据教学内容和育人目标进行了相应的课堂教学设计和组织。在教学方法和手段上采用作品导聆+讨论+演唱实践的模式，层层深入、循循善诱，让学生在鉴赏中感受，在讨论中思考，在演唱中升华，巧妙营造情绪的高潮点，通过国歌齐唱点燃，歌声嘹亮，努力践行立德树人的根本任务</td></tr>
</table>

（音乐学院　音乐学　范洪涛）

展示空间基础设计

一、课程概况

《展示空间基础设计》是会展经济与管理专业的专业必修课。通过本课程的学习，使学生掌握展示设计的基本理论、基本方法和基本技能及其在各种大型、中型、小型展览设计中的应用，并且对展示设计中所需要的材料、工时等进行资金筹措。通过对本课程的学习，培养学生利用所学知识进行设计方案的分析、策划和制作的展示设计能力。课程负责人自参加工作起，十一年中均参与本课程的本科生授课，教学方式一直都是“精讲多练”，同时还会安排学生进行实际的展示环境参观，以便形成对展示空间的直观印象，让学生了解人体工程学和设计美学在具体展览流程中的运用。经过团队成员多年教学改革，本课程成为“济南大学‘课程思政’示范课程”，济南大学教学研究项目，团队成员发表相关论文3篇。课程负责人以本课程参赛，获得山东省第六届“超星杯”青年教师教学比赛二等奖，济南大学第四届、第五届青年教师教学比赛文科组一等奖，有丰富的教学实践经验。

二、课程教学目标

1.知识目标：包含理论知识和知识应用。基础知识：梳理展示设计起源发展脉络，学习相关知识点，其中涉及环境设计、造型基础、艺术理论、博物馆学、体验与交互设计、照明设计、人体工程学等多重领域。知识应用：将知识点应用到实践过程中，能够分析所见设计项目，具备鉴赏、剖析能力。

2.能力目标：能将创意策划与设计实施融会贯通，用所学内容合理、准确完成主题设计，具备将抽象创意变为现实的能力。

3.素养目标：线上线下参与式学习，培养终身学习能力，通过项目驱动团队合作，提升学生交流沟通能力。注重思政教育，促进技能培养、职业素养与思政教育的集合效应。

三、思政育人目标

1.课程讲授中把培育和践行社会主义核心价值观融入课程教学全过程，从国家意识、法治意识、社会责任意识和个人诚信意识等多个层面，弘扬主旋律，传播正能量。

2.重视传统文化，使学生加深对我国的传统文化的了解，提升其文化自信和民族自豪感，其爱国主义思想也会更加深刻。

3.挖掘整理我国知名设计大家先进事迹和案例，培养学生严谨求实和精益求精的工匠精神，激发学生的家国情怀。

毕业要求	毕业要求指标点	思政目标			
		1	2	3	4
专业知识	具备扎实的设计理论知识，并将知识之间相互联系，同时能操作设计软件和制作模型等手工操作	0.4	0.3	0.2	0.1
能力培养	能融理论知识于实践应用中，具备解决复杂问题、团队协作、创新创意能力	0.2	0.3	0.3	0.2
职业素养	树立正确的世界观、人生观、价值观，不单纯以商业为目的，使设计为人服务、为祖国建设贡献力量	0.2	0.3	0.2	0.3

四、思政案例设计

授课知识点	思政设计	载体途径
展示设计中的人体工程学	塑造学生设计师工匠精神 设计环节中突出工匠精神，重视人的感受	视频资料、多媒体课件
展示设计中的视觉识别系统	弘扬传统文化复兴中国梦 展示中国传统文化和农业发展	视频资料、多媒体课件
博物馆空间的组合布局	增强学生爱国情怀 现代博物馆重视爱国主义教育，突出爱国情怀	视频资料、多媒体课件
可持续展示设计理念	注重设计创新，紧跟时代发展 注重创新能力对国家综合国力竞争的重要性	视频资料、多媒体课件
商业展示空间的组织和布局	塑造学生中国设计理念，重视中国传统文化 重视中国智造、中国梦精神，努力展示中华文化独特魅力	视频资料、多媒体课件
展示空间设计的程序表达	培养学生爱岗、敬业、诚实、守信的职业操守 将社会主义核心价值观中的“敬业、诚信”融入设计师职业精神	视频资料、多媒体课件

五、教学实施过程

<table>
<tr><th>章节名称</th><td colspan="2">博物馆空间的组合布局</td><th>学时</th><td>2</td></tr>
<tr><th colspan="5">一、教学目标</th></tr>
<tr><td colspan="5">能分析博物馆空间功能分区的各自特点，重点理清博物馆展厅的陈列布局和组合形式，并且能在博物馆空间中合理组合空间，提高学生自主探究问题、锻炼设计思维能力</td></tr>
<tr><th colspan="5">二、教学实施过程</th></tr>
<tr><th>教学环节</th><th>教学活动</th><th>师生活动</th><th colspan="2">课程思政</th></tr>
<tr><td rowspan="2">回顾内容</td><td>1.知识回顾、串联前课</td><td rowspan="2">教师：提示之前内容
学生：回忆之前课程内容</td><td rowspan="2" colspan="2">回顾之前内容，并与本节课内容相结合，引发思考</td></tr>
<tr><td>2.理清思路、引发思考</td></tr>
</table>

续表

二、教学实施过程			
教学环节	教学活动	师生活动	课程思政
案例导入（5分钟）	【案例导入】中国国家博物馆方案论证 【图示分析】中国国家博物馆通过老馆再利用的理念，拆除多余空间，从而达到扩充功能形态、优化空间布局的目的，最后使其成为符合现代博物馆功能及观众需求的新型展馆 【设问启下】现代博物馆功能及观众需求是什么	教师：案例导入 学生：激发思考	使学生了解我国基本国情，以博物馆为载体促进精神文明建设
明确目标（2分钟）	明确本堂课内容与教学目标 1.博物馆空间的功能分区【基础】 2.博物馆展厅的组合形式【重点】 3.利用空间组合传递展示信息【难点】	整体把握本课内容	点明重点和难点，明确学习预期，引导学生不断反思自我，提升自我
剖析案例，质疑引入（8分钟）	【设问启下】博物馆有哪些类型的人群？如何满足他们的需求 【图示分析】一般观众、专业观众、管理经营者在图示博物馆中各自流动路线不同，所以他们行走所涵盖的区域也不同 【归纳总结】博物馆功能分区分为对内、对外部分。对外开放部分分为陈列区、观众服务设施；内部作业区分为藏品库、技术用房、学术研究用房和行政办公用房	教师：娓娓道来 学生：听讲、思考、探究	以武当山地质博物馆、中国国家博物馆、美国埃默里大学博物馆三个中外案例，使学生既了解中国传统文化，又能掌握世界文化发展现状

续表

二、教学实施过程			
教学环节	教学活动	师生活动	课程思政
参与式学习（70分钟）	【案例导入】侵华日军南京大屠杀遇难同胞纪念馆 【图示剖析】1.纪念广场入口处设置狭窄的通道，设置视觉屏障引导 2.室内场景史实资料陈列，点点蜡烛寄托哀思，受难者遗骸见证历史 3.和平广场中和平女神手托白鸽缓解情绪，寄托未来 【设置问题】分析纪念馆的组合形式 【微助教平台回答】学生借助微助教手机客户端回答问题 【答疑解惑】展示信息传递过程：序曲—铺垫—高潮—结尾。纪念馆空间通过起承转合的叙述性信息传播，以便达到最佳的信息传递效果	教师：总结本节内容，语言富有表现张力 教师根据回答了解学生掌握知识点的情况 学生：【微助教】回答问题	以侵华日军南京大屠杀遇难同胞纪念馆作为本堂课重点案例，不仅分析其空间组合模式，更重要的是使学生做到“前事不忘，后事之师”，深切感受到民族要自强不息，要团结奋斗，激发了大家的爱国热情和报效祖国的坚定信念
后测（5分钟）	【课堂后测】苏州博物馆采用了哪种空间组合形式 【归纳概况】放射串联式空间组合，以大堂为中心呈放射状布局，展厅之间贯穿连通	教师：引导，归纳 学生：听讲、思考、探究	通过案例检验掌握课堂知识的程度，使学生认识到实践是检验真理唯一标准
回顾总结（5分钟）	博物馆的空间组织和布局是观众活动的重要区域，基于观众的需求，要使参观流线便捷、通畅，尽量避免迂回、重复和堵塞	教师：点出核心重难点 学生：整体把握本堂所学	强调核心，突破重难点

续表

二、教学实施过程			
教学环节	教学活动	师生活动	课程思政
现实价值（1分钟）	从法国巴黎卢浮宫到国内的中国国家博物馆、苏州博物馆在空间组合布局上都极具特色，空间组合是博物馆展示空间保持活力的重要手段	教师：联系实际，拓展知识 学生：自我定位，融会贯通	培育学术精神，引导学生树立正确价值追求，为祖国建设贡献力量
布置作业（4分钟）	查阅资料在下节课分享一个博物馆空间组合的优秀案例	教师：梳理内容、总结归纳 学生：课后阅读、独立思考	培养学生的自主学习能力、创新思维和科研精神
三、教学反思			
1.采用图示案例式教学策略，将教学过程分为“案例—设疑—解惑—应用”的方式进行知识点传授 2.本课重点是从学科的高度制定的，以教师为主导，学生为主体，达到“举一”的目的；本课难点是从学生的角度来制定的，为内容反思部分，以学生为主，教师为辅，达到“反三”的目的 3.在教学过程中，采用“先学后教、当堂训练、课后反思”的教学策略，实现以学生为主的课堂，提高学生积极性 4.在方法探究部分运用到归纳策略，步骤分为“提出问题—分析案例—归纳结论”，帮助学生自主探究知识点 5.围绕教学重难点，合理采用信息化教学策略			

（文化和旅游学院　会展经济与管理专业　赵晓涵）

教育原理

一、课程概况

《教育原理》为特殊教育专业基础理论课。本课程基于校级精品课程《教育学》，围绕“厚基础”人才培养目标，调整学时分配，增加实践教学模块，以课内实践深化理论知识理解促成探究创新能力形成，升华教育情怀感悟，突出了课程的高阶性、创新性和挑战性。

团队在校级教学名师、优秀教学奖获得者的带领下，围绕新时代特殊教育师资人才职业能力，对课程体系、课程思政资源、课程评价方式进行优化和

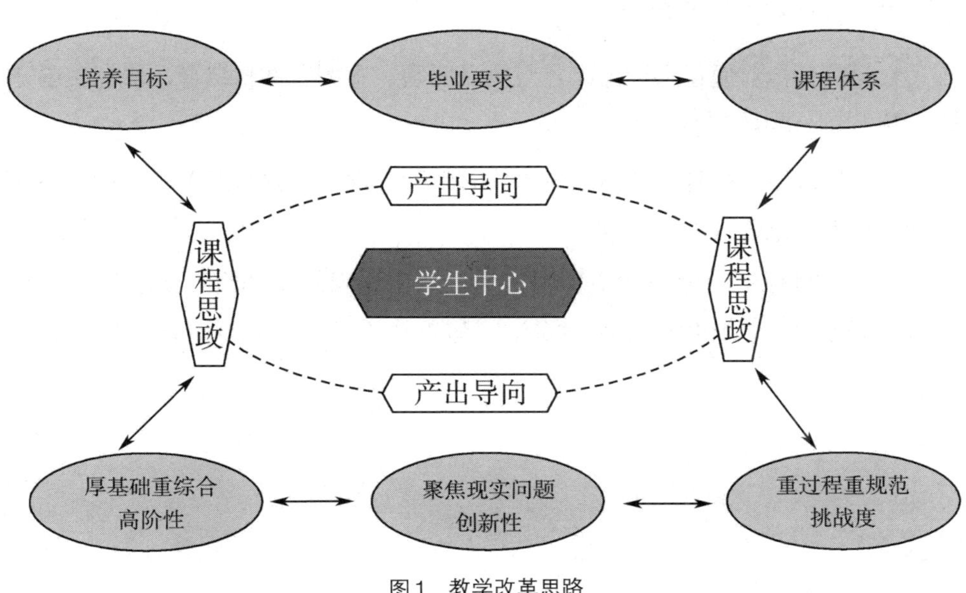

图1　教学改革思路

建设，对课程思政融入点开发以及教学组织与实施进行研讨，通过教学资源共建共享，积极推行教学改革。2020年，本课程入选校级“课程思政”示范课，并将此教学模式应用于全校师范类专业《教育学》的课程教学。“学用一体式”教学方式的改革增强了学生的专业认同感，提高了学生的综合实践能力，扩大了专业影响力。

二、课程教学目标

1.知识目标：通过“学用一体式”课程学习，掌握教育基本概念与原理，了解学校德育的时代价值与基本方法。

2.能力目标：具有问题意识，能合理分析日常教育教学事件，并在独立思考与沟通合作中建构解决问题的途径和方法。

3.素养目标：能做到依法从教，规范从教，认同教师的责任感与自豪感，树立学为人师、行为世范和从事特殊教育事业的理想信念，具有热爱学生、热爱教育事业的教师教育情怀，为后续课程的专业学习和能力发展奠定坚实基础。

三、思政育人目标

1.初阶目标：通过将理论内容与热点话题、案例事件相结合，培育爱国守法、规范从教的教师职业操守。

2.中阶目标：结合课程内容引入优秀教师、爱国教育家的事迹，树立学为人师、行为世范的教师专业理想。

3.高阶目标：结合中国历史与国情，从学科发展史和教育难点热点中梳理与家国情怀、教育情怀的相关资源，培养热爱学生、教育事业的教师教育情怀。

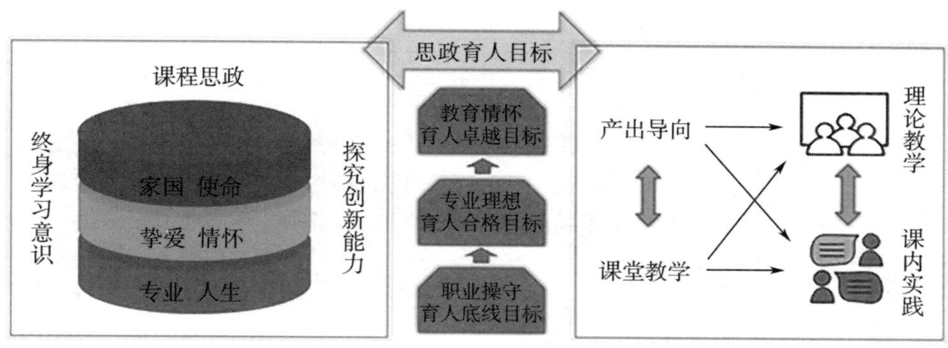

图2　思政育人主题、目标与设计

毕业要求	毕业要求指标点	思政目标		
		1	2	3
1.师德规范。提升思想政治素质，树立正确的职业理想，具有高度的师德规范认同感	1-2：秉持立德树人理念，严格遵守师德规范，立志成为“四有”好老师	0.3	0.3	0.4
6.班级指导。胜任各种班级活动的组织与指导，能够处理特殊需要学生的常见行为问题	6-1：树立德育为先理念，了解学校德育的原理与方法	0.4	0.3	0.3
7.学会反思。具有终身学习意识，具有反思、解决问题的能力	7-1：了解特殊教育教师专业发展内涵，能结合专业标准要求和发展意愿，制定专业发展规划	0.3	0.3	0.4

四、思政案例设计

授课知识点	思政设计	载体途径
绪论 “教育学的产生与发展”	家国情怀　文化自信 感受中国教育思想的博大精深，理解中华民族的精神品质和价值观，增强学生的文化认同	研读《论语》《学记》、主题讨论

续表

授课知识点	思政设计	载体途径
第一章　教育学的发展 “教育学在中国的发展”	家国使命　教育情怀　职业操守 了解老一辈教育家的人格风骨、学术风范、教育成就和教育情怀	观看视频、小组合作研讨并制作纸质或电子版手抄报
第二章　教育与社会发展 第三章　教育与人的发展	专业理想　职责使命 认知教育民主、教育平等、教育公正的含义与时代意义	时事热点分析，剖析自我成长；小组合作学习、课堂汇报
第四章　教育目的 “我国的教育目的”	职业认同　专业理想 引导学生明确立德树人、素质教育与教育创新的历史逻辑和时代使命	思维导图制作、成果分享
第五章　人的全面发展 “美育、劳动技术教育”	专业理想　终身学习　创新意识 明确新时代美育与劳动技术教育的必要性与重要性	研读政策文本、主题讨论、小组合作创作
第五章　人的全面发展 “五育之间的关系”“实践活动使个体发展的现实力量”	职业操守　专业理想 人的全面发展是社会主义教育的终极追求；学生全面发展是教师职业道德的最高目标；个人专业发展的目标与途径	教育活动方案设计与实践探索
第六章　师生关系 “良好师生关系的建立”	职业操守　教育情怀　家国使命 感受、反思教师、特教工作者的工作状态	访谈、讨论、写作
综合实践	职业认同　专业理想 了解无障碍学校建设与融合教育，可增加学生对特殊教育专业的认同感，培养热爱特殊教育工作的专业情感	方案设计与宣传实践

五、教学实施过程

<table>
<tr><td>章节名称</td><td colspan="2">教育学的发展</td><td>学时</td><td>2</td></tr>
<tr><td colspan="5">一、教学目标</td></tr>
<tr><td colspan="5">1.理解我国教育学发展的进程与脉络
2.了解民国教育家的人格风骨、学术风范和教育情怀，掌握其教育思想和代表著作
3.引导学生遵守教师职业操守，树立学为人师、行为世范的教师专业理想
4.培养学生的家国情怀、教育情怀以及教师责任感</td></tr>
<tr><td colspan="5">二、教学实施过程</td></tr>
<tr><td>教学环节</td><td>教学活动</td><td colspan="2">学生活动</td><td>课程思政</td></tr>
<tr><td>前期准备</td><td>布置任务、发送视频、指导小组合作学习</td><td colspan="2">1.根据上一节课的教学内容，自学教材，绘制中国教育学发展轨迹思维导图
2.观看《先生》《民国先生》纪录片
3. 2—3人组成合作学习小组</td><td>了解民国教育家的生平事迹可帮助学生理解中国教育学发展的历史背景与运行逻辑，有助于切入家国情怀、教育情怀、责任担当的育人主题</td></tr>
<tr><td>教学导入</td><td>历史是一面镜子。作为一名教育工作者，应从作为学科或课程的“中国教育学”的起点顺流而下，结伴于教育家，通过寻觅其生平，体会其风骨的方式，去了解中国教育的发展，鉴察其史实，思考其逻辑</td><td colspan="2">搜集资料、研讨思考</td><td>从新时代特殊教育师资人才职业要求导入课程，引出教师职业应具有的责任与担当，顺势切入家国情怀、教育情怀的育人主题</td></tr>
</table>

续表

二、教学实施过程			
教学环节	教学活动	学生活动	课程思政
实践教学	1.提问：古者称师曰“先生”，但并非所有教师都配称“先生”。纪录片中的“先生”为何今日依旧被称为“先生” （教师引导学生明确纪录片中的“先生”学贯中西，不仅有深厚的国学根基，又对西方的民主科学感同身受，他们生于乱世，却不求苟全性命，为国传承与担当，充分展现了中华民族的风骨与教育的传承） 2.提问：何谓“先生”，你眼中当下“先生”的标准是什么 3.小组研讨问题 （教师引导学生总结“先生”应该具有的基本人格与品质，结合当下优秀教师的事迹，鼓励学生制定个人教师专业发展目标，并提出发展路径，树立教师专业理想）	1.学生个人思考，发表个人观点与见解 2.小组合作学习、思考问题、总结归纳	明确教师职业操守，树立学为人师、行为世范、家国情怀与责任担当的教师专业理想
实践活动与成果展示	1.选择一名先生，查阅其生平信息、教育思想，以及教育思想对当代教育的借鉴和启示。同时，搜集整理一个关于这位教育家的感人的教育小故事 2.制作教育家纸质版或电子版手抄报	小组活动、手抄报制作、海报设计、宣传活动	1.搜集整理资料可以锻炼学生逻辑思维能力与动手能力 2.小组合作制作手抄报可以培养学生的沟通合作能力

续表

二、教学实施过程			
教学环节	教学活动	学生活动	课程思政
实践活动与成果展示	3.以“‘大先生’的’小故事’”为主题设计海报，在学院或者公众号进行宣传		3.制作宣传海报，在特教大楼大厅展示，传递树立积极上进的学习风气，培养学生的学习能力，展现教育家的责任担当、教育情怀
活动总结与评价	根据学生在实践活动中的参与情况、讨论过程中的表现以及成果等方面的差异，划定不同实践学习分数等级（差、及格、良好、优秀），采用学生自评、互评与教师评价相结合的方式进行评价	总结与反思	活动总结与评价呼应教育目标，引导学生学会学习，具有终身学习意识
三、教学反思			
以课内实践教学模块赋能理论知识的学习、探究创新能力的形成和教育情怀感悟的升华是本课程教学改革的出发点。按照新时代特殊教育教师职业岗位能力的任职要求和课程培养目标来设计观看视频、小组讨论与分享、手抄报和海报制作等环节，目的在于优化学生的知识结构、能力结构，培养其家国情怀、职业认同、责任担当、终身学习等素养，实现了课程思政与理论知识学习、实践技能训练的融会贯通，突出了本课程的高阶性、创新性和挑战性的设计特点			

（教育与心理科学学院　特殊教育专业　韩吟）

变态心理学

一、课程概况

《变态心理学》是一门心理学与临床医学相交叉的学科。课程是运用症状学的方法对各种心理障碍进行分类；通过病理学的方法对各种心理障碍进行病因考证；通过心理学的方法来进行心理干预和康复的课程。授课对象为心理专业大二学生，通过学习，学生掌握基本的临床心理学知识，为咨询心理学打下良好的专业基础。

在课程团队建设中，变态心理学课程团队构成具有梯形结构特征。有丰富教学经验的教学名师一名，教学骨干副教授三名，具有教学热情的讲师一名。在五名团队教师中，既有异常心理学教师，也有主讲健康心理学、学校心理学和发展心理学的教师。

在课程改革过程中，《变态心理学》2021年9月获批了济南大学2021—2022学年第一学期的线上混合式教学课程。该课程使用的临床案例课程即在线课程《犯罪侧写中的心理学》，在2021年5月被评为山东省一流在线建设课程。

二、课程教学目标

1.知识目标：通过对生理、心理和社会功能来了解各种心理障碍的症状特征与临床诊断标准，掌握常见心理障碍的病因、病机和诊断标准等心理学专业知识。

2.能力目标：通过对心理障碍临床症状的判断，来提高诊断能力与鉴别能力，最终达到一定的心理障碍临床筛查能力。

3.素养目标：在教学中通过对健康素养、人文精神等课程思政元素的融入，培养学生对生命的敬畏和仁爱精神。

三、思政育人目标

1.培养学生自身的心理健康与健全人格。在课程中通过专业知识的学习提升学生的健康意识和健康行为，逐步完善人格再成长。

2.提高学生对他人的心理救助意识。通过课程思政中的自爱、博爱与仁爱来培养学生的利他精神。

3.理解微观的自我和谐与宏观的社会和谐的关系。发挥自身的专业优势来促进全民健康。

毕业要求	毕业要求指标点	思政目标			
		1	2	3	4
健康知识	2-3：能够掌握生理健康与心理健康基本原理	0.4	0.3	0.2	0.1
实践能力	5-2：能够灵活地将理论知识应用到健康实践中去	0.2	0.4	0.2	0.2
专业伦理	9-1：能够遵守生命伦理中的基本社会道德规范和专业伦理规范	0.4	0.2	0.2	0.2

四、思政案例设计

授课知识点	思政设计与融入点	教育方法和载体途径
精神病史	仁爱精神 最初的“精神病院”抱有仁爱精神，把精神不正常的人从愚昧中解救出来	时事新闻
心理变态与常态的异同	人文精神 不论是心理正常人还是心理异常，都需要被社会所关爱	主题讨论

续表

授课知识点	思政设计与融入点	教育方法和载体途径
重度症状的阶段性特征	法制意识 通过对精神病人的犯罪案例来提高学生的法制意识	视频分享
性偏好障碍的年龄界定	文化自信 《黄帝内经》中，古人对性成熟的认识与理解与现代科学一致	主题讨论
抑郁中的自杀行为	健康素养 拥有一定的健康素养，能让抑郁症的人具有自助能力和自救能力	学术论文 视频分享
创伤后应激障碍的病因	科学精神 症状存在，但原因未明。用现代医学模型来探索心理创伤的变化机制	时事新闻
依恋型人格障碍	人格平等 培养大学生的独立和自立的人格，是心理健康的基础	主题讨论 视频分享
吸毒的致幻作用	诚信精神 毒品成瘾中的诚信，探讨躯体诚信与精神诚信的关系	案例分享 主题讨论
失语症的心理因素	责任意识 在责任意识强，但不得不口是心非的时候，人们更容易患失语症	案例分享 视频分享
强迫症中的精致行为	工匠精神 小小的压力会变成动力。探讨强迫症的“行为精致”	视频分享
自闭症儿童的应对	专业素养 从专业素养的视角来看自闭症的遗传因素与后天影响因素	时事新闻 科学前沿
精神分裂中的人性	生命伦理 探讨精神分裂的人需要拥有人权吗，分裂后的生命属于谁	主题讨论 社会动态

五、教学实施过程

章节名称	性与性别认同障碍		学时	22
一、教学目标				
掌握性与性别认同障碍中的生理健康与心理健康的基础知识。锻炼对性变态的临床症状分析和诊断能力。通过课程思政元素来提高学生的心理学伦理素养，促进博爱与仁爱等人文精神的提升				
二、教学实施过程				
教学环节	教学活动	学生活动	课程思政	
课程导入 （3分钟）	讲解课程导入部分的内容，引出性健康等内容，引发学生对自爱、博爱与仁爱等的思考	根据话题积极进行深入思考。从诚实对待自己到诚实对待他人	自爱·博爱·仁爱 大学生可以实现性自由吗？关于性，首先我们要学会洁身自爱。如果自己都不爱自己，那世界上还有谁能真的珍爱自己？如果连自爱的能力都没有，那我们怎么会有能力爱他人？更不用谈博爱了。自爱是做人最基本的起点	
课程前测与分析 （3分钟）	解读学生们的课程前测的数据。同时介绍《黄帝内经》第一篇上古天真论中的关于女子和男子性成熟的年龄	自己与大数据作比较，找出认知上的差异。了解《黄帝内经》中的关于生命的智慧	文化自信 古人对自己的认识要远比我们想象的高明。在《黄帝内经》中，就告诉我们，女子是以7，男子是以8为基数发育发展的，也就是说女子成人能育子的年龄为14岁，男子在16岁的时候达到了性成熟。这数字与现在科学的性成熟年龄是一致的。这就是我们古人的生命智慧。作为中国人，我们应该好好学习中国传统的文化，应该具有文化自信	

续表

二、教学实施过程			
教学环节	教学活动	学生活动	课程思政
学习目标与课程内容（10分钟）	介绍课程学习目标，了解课程知识框架。介绍日本关于“痴汉罪”的相关法律	对学习进行预期认识，了解课程知识框架。根据视频和教师的讲解，思考适合女性心理健康的社会环境	法制意识 在日本就有一种罪叫“痴汉罪”，目的就是保护通勤上班女性的社会性人身安全。女性不再是真正意义上的弱势群体，受教育平等和工作平等让更多的女性走出家门为社会做贡献。我们全社会应该营造更适应女性生存的社会空间环境，没有歧视就没有伤害
理论知识与参与式学习（60分钟）	一起验证自己的性取向。教师一边通过PPT讲解一边带领学生鉴别爱恋的不同方式	掌握理论知识并参与课堂互动活动，和老师一起掌握性别认同障碍的生理性别与心理性别	自我认同与社会认同 性取向一直是人们关注自我的焦点，人们在16岁左右就能明确自己的性取向。患有性别认同障碍的人，自我认同是一个艰辛的历程，但真正的认同压力来自社会的认同。包容的社会是保护性别认同障碍者的有效途径
课程后测与分析（5分钟）	使用在线课程App发布心理学调查问卷	完成后测的学习任务。做大学生精神生活质量量表	生命质量 每个人都有追求幸福的权利。生理中的性本能是每个人的基本欲望之一。在追求自我性快乐和幸福的时候，也要受道德与伦理学的约束。较高的生命质量不仅仅是自我生命的升华，而是在符合社会规范的前提下进行发展与追求

续表

二、教学实施过程			
教学环节	教学活动	学生活动	课程思政
总结（5分钟）	对课题所学的知识和学习目标做回顾性的总结，再强化重点	跟随老师回顾课程知识	人格平等 医学和心理学都认为同性恋不是病，是少数人的性取向。主流的异性恋对同性恋抱有偏见，而同性恋也同时鄙视异性间的繁殖爱。但不论是哪种性取向，每个人的人格应该是平等的，没有高低之分
布置作业（4分钟）	布置课后的后测任务，强化对性的理解	课下查找性别认同障碍的真人案例	生命伦理 通过查找做变性手术的流程，让学生理解生理生命与精神生命的异同
三、教学反思			
教学中充分挖掘课程思政的元素，在课程导入、课程前测、课程目标、课程参与、课程后测、课程总结等各教学环节都能把课程思政融入专业知识中去。具体的教学方法体现在使用课程思政元素的话题让学生认识博爱和仁爱的内涵，提高性犯罪的法律意识和性健康相关的专业素养水平。虽然课程思政为隐性教育，不会很快在学生身上发生质性改变，但多学科多角度的润物无声的持续性课程思政教育，在学生的认知、行为和人格等方面都会发挥积极的促进作用			

（教育与心理科学学院　应用心理学专业　冯晶）